中央高校基本科研业务费专项资金资助
北京外国语大学学术著作出版资金资助

21世纪初
美国南亚安全战略研究

A STUDY OF U.S. SECURITY STRATEGY TOWARDS SOUTH ASIA IN THE EARLY 21ST CENTURY

许 娟 / 著

世界知识出版社

图书在版编目（CIP）数据

21世纪初美国南亚安全战略研究 / 许娟著.—北京：世界知识出版社，2022.5

ISBN 978-7-5012-6514-5

Ⅰ. ①2… Ⅱ. ①许… Ⅲ. ①美国对外政策—研究—南亚 Ⅳ. ①D871.20

中国版本图书馆CIP数据核字（2022）第016982号

书　　名	21世纪初美国南亚安全战略研究 21 SHIJICHU MEIGUO NANYA ANQUAN ZHANLÜE YANJIU
著　　者	许　娟
责任编辑	范景峰
责任出版	王勇刚
责任校对	张　琨
出版发行	世界知识出版社
地址邮编	北京市东城区干面胡同51号（100010）
网　　址	www.ishizhi.cn
电　　话	010-65265923（发行）　010-85119023（邮购）
经　　销	新华书店
印　　刷	艺堂印刷（天津）有限公司
开本印张	787毫米×1092毫米　1/16　15¾印张
字　　数	293千字
版次印次	2022年5月第一版　2022年5月第一次印刷
标准书号	ISBN 978-7-5012-6514-5
定　　价	135.00元

序

许娟博士目前在北京外国语大学区域与全球治理高等研究院任教，如果不是新冠肺炎疫情，我想她的这本《21世纪初美国南亚安全战略研究》专著应该会早一点与读者见面的。许娟于2012—2016年在中国政法大学攻读博士学位，我是她的导师。当时她在云南省社科院南亚研究所工作，读博的专业研究方向也就选择了美国南亚安全战略问题。许娟天资聪慧，做人踏实、低调，学术研究十分严谨。读博期间，她就勤于写作，发表了多篇关于南亚问题的文章。为了研究的进一步深入，她于2014—2015年申请了国家留学基金委项目，去美国进行了一年的交流访问。在中国政法大学顺利毕业后，她又在中国社科院亚太与全球战略研究院完成了两年的博士后研究工作。功夫不负苦心人，经过多年的打磨，许娟博士终于呈献出了这部学术视野独到、浸透着心血、富含劳动成果的学术著作。对我而言，看到学生能够持之以恒地把学术研究搞下去，自然感到十分欣慰。所以，当她邀请我为《21世纪初美国南亚安全战略研究》一书作序时，我便欣然接受。

美国南亚安全战略是美国亚太安全战略的重要组成部分。纵观冷战时期，南亚都不是美国安全战略的关注重点。冷战后，南亚地缘政治格局发生变化，原有格局被打破。美国重新审视南亚的战略地位，调整南亚政策，加大对南亚的渗透力度，拓展地区战略空间。

印度作为南亚大国，自然是美国介入亚太事务、维持亚洲均势不可缺少的力量，也是美国亚太安全战略链条中不可缺少的重要一环。印度在地缘上的优势得天独厚，它三面环海，雄踞南亚次大陆从中央向外延伸的辽阔地域。地缘政治理论相信："权力本身牢固地根植于地球的天然物性之中，……现代国家的力量恰恰来源于其安身立命的国土。"[①] 地缘环境为印度政府的"大印度"战略提供了发展空间。鉴于变动的南亚安全形势，美国加强同印度在防务与安全领域的合作，通过承认印度在南亚地区的核心地位，促使南亚的力量格局向着有利于美国国家安全战略的方向发展。在美国政府看来，与一个强大的、拥有核武器的印度之间的战略合作，不仅能够在世界格局变动中便于稳定和把控南亚局面，也有助于其在亚太地区保持稳定的均势，有利于美国借助印度力量制衡迅速崛起的新兴经济政治军事力量，这对于构建美国主导下的南亚及亚太政治安全格局是十分有益的。因此，进入21世纪，美国霸权的维护与南亚地区的安全战略紧密联系在一起，南亚成为美国维系全球霸权的关键区域。

在地区层面，美国的确需要采用力量制衡手段应对所谓挑战，确保其战略优势。作者在书中说道："长远看，美国南亚安全战略的关键目标是利用南亚（印度）平衡中国。"而冷战后，印度安全战略处处显现了地缘政治的逻辑思维，印度也需要借助其地缘战略地位在美国实施南亚战略中的重要性，维护和扩展对南亚邻国的力量优势，称雄次大陆。同时利用美国对华政策中的遏制成分，战略防范相邻大国势力向次大陆渗透。随着中国力量的迅速增长，防范中国成为印度安全战略的重要任务之一。在战略利益上，美印两国显然找到了结合点。随着美国的安全利益视角从亚太向"印太"拓展，南亚区域在美国安全战略中的分量得到进一步提升。

美国南亚安全战略的制定是依据其战略利益的需要不断调整的。在不同的历史阶段，美国面临的国际环境、判断的主要威胁以及地区力量走势不同，其南亚战略的制定及策略选择也就不同。一旦发生变化，其近期战略目标就要作出调整。苏联解体后，美国在南亚转而采取的"重印轻巴"政策，以及之后出于反恐需要又提升美巴关系，使美国对印对巴关系并举，就说明了这一点。美国的南亚安全战略说到底都是为美国的核心利益服务的，是为打击或压缩主要对手的战略生存空间，构建和保持美国在全球的战略主导地位服务的。所以我们看到，无论是冷战时期对抗苏联、"9·11"事件后打击国际恐怖组织，还是牵制21世纪不断崛起的中国，都是美国调整和制定南亚战略，考量

① 王逸舟:《当代国际政治析论》，上海人民出版社，1995，第181页。

是否让印度在南亚、印度洋乃至太平洋区域发挥作用的重要因素。

《21世纪初美国南亚安全战略研究》一书共分六个部分来探讨21世纪初美国的南亚安全战略。其中包括论述21世纪初美国南亚安全战略的构建；对美国南亚安全战略的三大支柱分析，即美国与主要南亚国家关系、美国安全战略的重要组成部分——南亚反恐战略、美国对南亚核安全的介入；研究美国南亚安全战略从亚太到“印太”的拓展；最后分析美国在其他南亚诸国的安全战略布局。2000年以后的美国南亚安全战略的边界不断延伸，其南亚安全战略视角向海洋拓展。在美国将其安全利益由亚太扩大到“印太”的进程中，美国与印度的安全与军事合作也在不断加强。作者认为，美国在海洋方向上的南亚安全战略目标，主要包括大力加强在印度洋上的战略投入和与印度的战略互动，以及构筑美国主导下的多边合作机制。作者分析客观且具辩证思维，其观点和结论值得一读。

研究美国南亚安全战略的主要任务，还是为了把握中国所处的发展环境。从地缘政治的角度讲，美国在南亚的任何举动都将直接或者间接影响到中国的安全环境。因此，研究美国南亚安全战略，无疑对维护我国的安全利益具有重要意义，这也是作者撰写此书的价值所在。

中美、中印关系是中国对外关系中重要的两对双边关系，也是国际关系的热点问题。新加坡有学者认为，中印关系的重要性仅次于中美关系，以提醒中国应当高度关注印度对华政策走向。本书以朴实的文风和简洁的笔墨，在向读者详细介绍美印关系发展走势的同时，也勾画出美国和印度南亚战略制定中指向中国的战略考量及其影响，相信对国际关系感兴趣的读者会有所助益。

希望许娟博士的这本专著能对我国国际关系研究有所裨益，能为今后的有关研究提供一些新的思路。借此机会，请允许我对《21世纪初美国南亚安全战略研究》一书的出版表示由衷的祝贺，也期待许娟博士能在该领域的研究中不断取得新的成果。

中国政法大学中国和平发展研究中心主任　卫　灵

2021年4月8日于上海浦东新区

目　录

绪 论

第一节 研究设计论证

安全是国际关系研究的核心议题。美国通过制定国家安全战略维护美国国土、公民及海外利益安全。美国南亚[①]安全战略是美国国家安全战略中的一个地区性战略分支。纵观整个冷战时期以及20世纪90年代，南亚均不是美国国家安全战略的重点部署地带。进入21世纪后，由于南亚恐怖主义的兴起、美国在南亚盟友的缺失以及印巴对美国主导的核不扩散体系的挑战等，使美国霸权与南亚地区安全紧密地捆绑在一起，南亚第一次成为美国维系全球霸权的关键区域。

为了将南亚塑造成美国权势霸权的“拥护者”以及机制霸权的“维护者”，美国不仅重新调整了对南亚内陆的战略部署，还前所未有地将战略范围扩展到海洋。本书将从陆权和海权两个维度，研究21世纪初美国南亚安全战略的实质、构成、目标、实施及影响。

一、问题的提出

美国南亚安全战略是美国国家安全战略的组成部分。无论是冷战时期，还是冷战后的20世纪90年代，南亚都不是美国国家安全战略的重点部署区域。以2000年美国克林顿总统南亚之行为标志，美国南亚安全战略出现了重大转变。美国对南亚的新定位可以体现在作为美国最高战略指导的美国年度《国家安全战略》报告中。2001年“9·11”事件爆发后，南亚成为美国反恐主战场，南亚在美国国家安全战略中的重要性得到进一步提升。笔者以“美国南亚安全战略”为篇名关键字段在中国知网进行文献检索后，发现最新有关文献的发表日期止于2010年。[②]然而，从克林顿政府后期，经小布什政府至奥巴马政府时期的美国南亚安全战略是一个相

---

① 本研究将南亚国家界定为：印度、巴基斯坦、孟加拉国、尼泊尔、不丹、斯里兰卡、马尔代夫和阿富汗8国。有学者将阿富汗视为中亚国家，但基于阿富汗为南亚区域合作联盟成员国，同时《美国国家安全战略》报告将阿富汗纳入南亚范畴，故本书将阿富汗划入南亚范畴。

② 发表日期相对较近的研究文献有：袁芳：《冷战后美国的南亚战略及其对中国安全环境的影响》，硕士学位论文，中南大学，2010；张贵洪：《超越均势：冷战后的美国南亚安全战略》，博士学位论文，复旦大学，2003。

对完整的战略阶段（2000—2016年）。在此时间段，美国发起阿富汗反恐战争，实现了对印巴关系的新定位，并将南亚纳入了“印太”战略部署框架下。因此，十分有必要对该阶段进行较为深入的、系统化的研究，并对“印太”框架下美国的南亚安全战略进行展望。

此外，美国霸权的基础在于构建盟友关系和主导以各种多边机制为架构的世界秩序。但冷战结束后，随着美巴同盟的自行消除，导致美国在南亚缺失盟友；同时，印巴两国游离于“主流”核不扩散机制外。这些都对美国霸权形成了挑战。在此情况下，“美国如何维护霸权”这一问题成为本书关注的焦点。

本书的研究目的在于分析美国对新时期南亚安全战略进行调整的原因，讨论美国南亚安全战略的构成、实施手段及影响。

二、研究意义及创新之处

（一）研究意义

1. 南亚在中国周边外交中具有重要地位，深化南亚地区国际关系研究是我们发展和谐周边的需要。南亚位于中国西南周边，南亚8国中有5国（巴基斯坦、印度、尼泊尔、不丹和阿富汗）与中国接壤，是与中国陆路接壤国家最多的一个周边地区。早在汉代，中国就通过南方丝绸之路开启了中国与南亚国家经贸交往的大门。历史上，作为两大古代文明发源地的中国与南亚通过商贾、僧侣间的频繁交流实现了两大地区间文明的互通共荣。近代以来，特别是抗日战争时期，随着“史迪威公路”、驼峰航线和中印输油管道的建成，南亚成为中国战略供给后方。中华人民共和国成立后，中国与南亚国家如印度、巴基斯坦等保持了良好的友谊，中印两国携手共创了日后成为国际关系基本准则的“和平共处五项原则”。但是1962年的中印边界冲突打破了中印关系的和谐友好氛围，至今仍影响着两国关系的发展。很长一段时间，南亚研究在我国的国际问题研究界都是一项冷门。21世纪以后，随着印度综合国力的发展以及南亚地区安全局势的变化，南亚越来越深刻地影响着中国周边的和平稳定。可以说，南亚是中国周边环境的一个缩影，在这一区域内，恐怖主义、核扩散、宗教民族冲突、边界争端，跨境有组织犯罪等各种传统与非传统安全威胁都交织在一起。这一地区拥有众多的人口，既有金砖国家的成员，也有世界上最不发达国家。因此，面对如此复杂的南亚政治社会生态，处理好中国与南亚国家关系将有利于我国和谐周边的建设。

2. 美国是对南亚安全形势具有重要影响的域外国家，对美国南亚安全战略进行系统研究，有利于我们把握美国南亚安全战略的本质及未来发展趋势。本选题的一大立意就是要阐述美国南亚安全战略的霸权实质。尽管从冷战至今，在不同时期美国南亚安全战略的表现有所不同，但是美国将南亚作为一个战略支轴以谋求美国世界霸权的实质并没有改变。“9・11”事件后，美国南亚安全战略发生了巨大的变化，南亚由美国国家安全战略的边缘地带变成了战略前沿。美国也成为决定南亚地区形势最重要的域外国家之一，特别是阿富汗战争打响之后，美国在该地区的反恐进程中发挥了主导作用。奥巴马政府上台后，美国出台了一系列新的南亚安全战略，以应对2014年美国撤军阿富汗后的南亚新局面。

3. 在我国加快推进向西开放战略的时代背景下，研究美国南亚安全战略有利于我们加强对外部环境的认识以规避风险，对促进中国进一步开放具有一定的现实意义。党的十八届三中全会为我国规划了沿边、沿海及内陆“三位一体”的开放新格局，特别是“丝绸之路经济带”上升至国家战略后，我国迎来向西开放的新时代。南亚是我国向西开放的重点地区之一，是中国周边外交布局以及“一带一路”建设的重要区域。研究美国南亚安全战略有助于我们把握南亚周边局势，趋利避害，制定合理、准确的开放政策。

（二）创新之处

第一，在研究切入点上，在马克思主义理论指引下，从国际关系学中的安全理论入手，研究美国南亚安全战略的意图、实施及影响，改变以往从史学角度对美国南亚安全战略的研究，关注霸权国对地区安全复合体的影响。

第二，在研究资料方面，通过对大量最新美国政府文件报告的解读，追踪美国南亚安全战略的最新变化，力图阐释美国南亚安全战略的新趋势。本书绝大部分研究文献均为来自美国政府、智库、研究机构等的原文材料，试图更加准确地分析美国的战略意图。

第三，在研究方法上，注重实地调研，并运用了系统科学分析法。本研究将文献分析与实地调研相结合。笔者利用赴美访学机会，在哈佛大学听取了美国著名国际关系理论家约瑟夫・奈对美国世纪及中国崛起的最新研究介绍，听取了澳大利亚前总理陆克文就中美关系发展的独到见解；在麻省理工大学了解了印度前国家安全顾问梅农对中印关系及发展趋势的认识。笔者还对美国马萨诸塞州大学的部分印度籍、巴基斯坦籍以及美国籍学生、学者进行了访谈，调查美印、美巴和印巴间的相互认可度，并对从阿富汗前线撤回的美国军官进行访谈。本书将美国南亚安全战略视为一个完整的系统，注重分析美国南亚安全战略的构成模式和实施手段，并探讨了各战略支柱与战略整体间的关系，以及整个战略系统的发展方向。

三、国内外研究现状

（一）国内研究现状

随着印度等南亚国家综合国力的上升，南亚在中国外交中的地位越来越显著，国内的南亚研究也不断发展壮大。目前，国内主要形成以北京、上海、四川和云南为主的四大南亚研究基地。主要的研究机构有中国社会科学院亚太与全球战略研究院、北京大学印度研究中心、北京大学巴基斯坦研究中心、清华大学巴基斯坦研究中心、中国现代国际关系研究院南亚研究所、上海国际问题研究院、上海社会科学院、复旦大学国际关系与公共事务学院、四川大学南亚研究所、四川大学巴基斯坦研究中心、四川社会科学院印度研究中心、云南大学国际关系研究院、云南社会科学院南亚研究所、云南财经大学印度洋地区研究中心等。这些机构从政治、外交、军事、经济等角度对南亚国家进行跟踪研究。

1. 以印巴关系为核心分析美国南亚安全战略或政策。学者们的一种共识就是南亚地区安全的关键问题是印巴关系。国内有关美国南亚安全战略和政策的文章也主要是围绕美国如何处理印巴两国间关系而展开讨论。学者们按照历史发展阶段，论述了冷战时期、[①]冷战后、[②]“9・11”事件后[③]的美国南亚安全战略发展进程。还有学者以美国历届政府为时间划分依据，对克林顿政府时期、小布什政府时期和奥巴马政府时期的美国南亚政策做了详尽的研究，以说明不同政府时期，美国南亚安全战略的发展变化。总体上，学者们认为冷战时期南亚并不是美国所关注的重点区域。冷战结束后，美国南亚安全战略开始出现大幅度调整。

---

① 胡志勇:《冷战时期美国的南亚战略与美印关系》,《南亚研究季刊》2009年第4期。

② 刘学成:《冷战后美国安全战略中的南亚》,《南亚研究季刊》1996年第1期；罗祖栋:《冷战结束以来美国的南亚政策目标》,《南亚研究季刊》2001年第4期。

③ 马加力:《“9・11”事件后美国南亚政策的变化》,《南亚研究》2001年第2期。

学者们大多从均势角度分析了美国与印度和巴基斯坦关系，特别是较为集中地研究了冷战后美印巴三者关系的发展态势。例如，吴兆礼认为“冷战结束后美国对印巴采取平衡政策”。[①] 华碧云认为“鉴于以往‘重巴轻印’和‘重印轻巴’都无助于缓和印巴纠纷，美国开始对印巴‘一碗水端平’，采取‘不偏不倚’的立场”。[②] 而张贵洪对此有不同认识，他认为“冷战结束后，美国开始用双边、地区和功能视角对待南亚次大陆，采取‘超越均势’的战略，印度的战略地位明显高于巴基斯坦”。[③]

2. 从反恐及核扩散议题着手对美国南亚战略进行研究。“9·11”事件的爆发不仅改变了美国国家安全战略的发展方向，也深刻地改变了南亚安全环境。自阿富汗反恐战争爆发后，国内涌现出了一大批对美国南亚反恐战略进行研究的文章。具体而言，这些研究的分析视角可以归纳为以下几方面：第一，对美国反恐战略及美巴反恐合作的发展进行阶段性划分和梳理，明确各阶段美国反恐的目标、政策。谢许潭的博士论文《美国与巴基斯坦反恐合作研究》对1947年至2008年的美巴反恐合作进行了全面的历史梳理和理论讨论。[④] 李希若将“9·11”事件后美国南亚反恐战略划分为继承、重塑、挑战和完善四个阶段。[⑤] 第二，分析“9·11”事件后美国历届政府的反恐政策。如熊昊的《小布什时期巴基斯坦与美国的反恐合作评析》一文详细地论述了小布什政府时期，美巴反恐合作的立场、原因及内容。[⑥] 孙逊的《奥巴马政府国家反恐战略评析》一文认为奥巴马政府时期以“退出”为标志的反恐战略取得了阶段性成功，但未能根除美国面临的恐怖主义威胁。[⑦] 第三，研究美国与印度的反恐合作。如邵育群的《美国与印度的反恐合作：内容、问题与前景》一文分析了美印反恐合作的内容、制约因素和发展趋势。[⑧] 第四，美国反恐战略对南亚安全形势的影响。美国反恐战争打响后，一方面南亚成为美国反恐战场，另一方面如张力指出

---

① 吴兆礼：《美国南亚安全政策演变：1947—2006》，《南亚研究》2007年第1期，第29页。

② 华碧云：《美国新南亚安全战略的背景》，《现代国际关系》1995年第3期，第36页。

③ 张贵洪：《超越均势：论后冷战时期的美国南亚安全战略》，博士学位论文，复旦大学，2003。

④ 谢许潭：《美国与巴基斯坦反恐合作研究》，博士学位论文，中共中央党校，2010。

⑤ 李希若：《“9·11”事件后美国反恐战略的演变》，《国际资料信息》2008年第1期。

⑥ 熊昊：《小布什时期巴基斯坦与美国的反恐合作评析》，《世界经济与政治论坛》2010年第3期。

⑦ 孙逊：《奥巴马政府国家反恐战略评析》，《外交评论》2013年第4期，第96页。

⑧ 邵育群：《美国与印度的反恐合作：内容、问题与前景》，《南亚研究》2009年第1期。

的，"9·11"事件及其后续发展是推动印度、巴基斯坦关系正常化的重要催化剂。[①] 第五，美国在阿富汗的反恐行动。阿富汗战争爆发后，我国学者主要关注了美国在阿富汗的反恐军事行动。[②] 随着时间的推移，我国学者开始讨论美国是否会陷入阿富汗战争泥潭。[③] 在奥巴马提出撤军时间表后，我国学者开始对阿富汗战后重建及安全局势前景进行了分析。[④]

美国对南亚核问题的态度及政策也是学术界关注的重点。通过文献搜索可以发现以下几个时间段是研究这一问题的高峰。一是1998年印巴相继跨过核门槛后，出现了大量有关讨论美国对印巴核试验反应的文章；[⑤] 二是2006年美印达成民用核协议后，国内学者围绕美印核协议达成的动因、影响进行了大量的研究。[⑥] 学者们均认为美国在印度核问题上采取了"双重标准"，并影响到了伊朗及朝鲜核问题的解决。

3. 从中美印三边关系的角度分析美国南亚安全战略对中国的影响。已有期刊文献关注到了美国南亚战略对中印关系的影响。学者们都承认美国南亚战略给中印关系带来了一些负面的影响，但也促使"中印关系在南亚地区问题上有新的合作前景"。[⑦] 同时，"美印关系的亲疏远近，特别是美国有针对性的外交动作，会影响到中印关系，但绝不是关键性的因素"。[⑧]

国内关于中印美三边关系的代表性专著——张贵洪所著的《中美印三

---

① 张力：《"9·11"事件后美国反恐战略对南亚安全格局的影响》，《四川大学学报（哲学社会科学版）》2006年第6期，第28页。

② 朱锋：《美国发动阿富汗战争及其近期反恐怖政策》，《和平与发展》2001年第4期。

③ 刘青建：《试析美国在阿富汗的困局》，《现代国际关系》2009年第2期；李建波、崔建树：《美国在阿富汗的困境研究》，《国际展望》2012年第6期。

④ 杨恕、宛程：《美国撤军和阿富汗总统大选后的重建问题》，《阿拉伯世界研究》2014年第6期；卢玲玲、闫伟：《美国撤军后阿富汗重建前景》，《现代国际关系》2013年第11期；邵育群：《试析美国撤军后中美在阿富汗问题上的合作空间》，《现代国际关系》2013年第8期。

⑤ 江亦丽：《印巴核试验与美国的南亚政策》，《当代亚太》1998年第8期；张晓平：《论美国在印度核试验事件中的情报失误》，《解放军外国语学院学报》1998年第6期。

⑥ 赵青海：《美印核合作及影响》，《国际问题研究》2006年第4期；傅小强：《美印核合作：双重标准?》，《世界知识》2007年第1期；赵伯乐：《防止核扩散的两大难题——以印美核关系为例》，《东南亚南亚研究》2009年第1期；沈丁立：《印度民用核能合作的国际化》，《世界知识》2015年第6期。

⑦ 赵干城：《美国的南亚战略与中印关系》，《亚非纵横》2011年第5期，第6页。

⑧ 卫灵：《美国南亚政策调整下的中印关系研究》，《中国浦东学院学报》2015年第4期，第81页。

边关系研究》和幕永鹏《中美印三边关系：形成中的动态平衡体系》[①] 都对中美印关系的发展进行了阶段分析，但两本书所采用的研究视角和研究方法不同。前者主要从国际关系三大理论，即现实主义、自由制度主义和建构主义的视角，系统地梳理并分析了中美印三边关系的发展过程；从非对抗性、脆弱性和外部性对中美印三边关系的互动模型和双边关系中的第三国因素进行了全面阐述。而后者按照纪年体的历史对照法，以中印、中美、印美关系发展为线索，对中美印三边互动情况进行了梳理，并得出结论认为，中美印三边关系处于错综复杂的亚洲地缘环境中，受中、美、印三国国内、地区以及国际等因素影响，具有低相关性、不对称性、不平衡性、非对抗性和不稳定发展性等特点。

（二）国外研究现状

1. 美国研究概况。美国南亚安全战略主要体现在美国政府及国防部一系列报告文件和美国智库、学者的研究成果中。

（1）美国官方文件及立场。在1999年、2000年、2002年、2006年、2010年和2015年发布的美国年度《国家安全战略》报告都指出了21世纪初，美国的国家利益面临广泛而复杂的挑战。美国现在必须发展力量与影响力，塑造能够克服21世纪挑战的国际秩序。同时，强调“美国的国家安全战略应着眼于重振美国的领导地位，使美国能够在21世纪更有效地推进美国利益”。[②] 在南亚反恐问题上，由小布什政府的单边反恐转向了合作反恐，并且更加强调了美国与南亚“样板国家”将开展进一步合作。2015年美国出台了新的美国年度《国家安全战略》报告，再次强调了美国的持久国家利益：美国国土、公民、盟友及伙伴的安全；一个在开放的世界经济体系中的强大的、富有创新性、不断增长的美国经济，以带动机遇和繁荣；尊重国内及全球的“普世价值”；由美国所领导的基于规则的国际秩序，以通过更强劲的合作应对全球挑战，从而提升和平、安全和机遇。

由美国国防部发布的《四年防务评估报告》是美国军方评估一段时间内美国安全目标及所面临的潜在威胁以指导美国军事战略部署的重要指南，也是美国军事理论的对外宣示途径。1996年第一份报告问世。2001年

① 张贵洪：《中美印三边关系研究》，时事出版社，2013；幕永鹏：《中美印三边关系：形成中的动态平衡体系》，世界知识出版社，2011。

② The White House, “National Security Strategy 2010,” May 2010, accessed June 2, 2015, https://obamawhitehouse.archives.gov/sites/default/files/rss_viewer/national_security_strategy.pdf, p.1.

美国的《四年防务评估报告》是“9·11”恐怖袭击事件后小布什政府公布的第一份军事安全战略规划，该报告将“反恐”作为美国第一要务。在2006年出台的《四年防务评估报告》中，美国除了指出“反恐”将是一场美国举国投入的“长期战争”外，还将中国称为“美国最大的潜在军事挑战者”。2009年奥巴马政府上台后于2010年发布了任期内第一份《四年防务评估报告》，这份报告的新亮点是提出了通过与盟国和伙伴国合作，更好地整合民事机构和组织来防止和遏制冲突发生的重要性。在论述中国崛起时，认为“中国可在重塑亚洲战略版图、提供国际公共产品方面扮演更重要角色……美国欢迎一个强大、繁荣和成功的中国的崛起”。[①] 但也再次提出“中国军事威胁论”。2014年的《四年防务评估报告》指出，美国面临迅速变化的安全环境。我们（美国）正在重新定位，将注意力集中于决定我们的未来的战略机遇和挑战：新技术、新的权力中心和一个正在变得更加波动、更难以预测以及在某些情况下对美国更具威胁的世界。重新平衡和保持美军的海外存在与态势，更好地保护美国国家安全利益。随着阿富汗战事的结束，我们（美国）准备将当地行动转向专注于反恐和为阿富汗安全部队提供培训、咨询和协助的有限使命。[②]

（2）美国智库及高校研究。受美国南亚政策顾问小组资助，由亚历山大·埃文斯（Alexander Evans）等人执笔的《阿富汗后的美国与南亚》[③]是目前美国学界研究当代美国与南亚关系较为权威的一份报告。该报告回顾了自1947年以来美国的南亚政策，以大量的解密档案以及对90多位政策制定者和学者的采访为资料。该报告认为一个稳定繁荣的南亚符合美国的国家利益。过去美国在这一地区丧失了太多的机会，美国在2014年12月宣布阿富汗战争结束后将迎来更大的挑战。在阿富汗以及反恐不再成为美国南亚政策主导议题时，美国不应该再错过南亚，不要重蹈冷战后的覆辙。报告指出美国南亚政策存在两大问题：一是相较于东亚，美国对南亚的关注较少，现在美国必须加强与南亚的联系；二是以往美国都是单

---

① U.S. Department of Defense, “Quadrennial Defense Review 2010,” February 2010, accessed April 2, 2015, https://archive.defense.gov/qdr/QDR%20as%20of%2029JAN10%201600.pdf, p.60.

② U.S. Department of Defense, “Quadrennial Defense Review 2010,” March 4, 2014, accessed April 2, 2015, https://archive.defense.gov/pubs/2014_Quadrennial_Defense_Review.pdf, p.VIII.

③ Alexander Evans, “The U.S. and South Asia after Afghanistan,” December 2012, accessed May 23, 2015, https://asiasociety.org/files/pdf/as_us_southasia.pdf.

向度的处理南亚事务，现应在亚洲乃至全球框架内整合南亚事务。报告还为今后美国南亚政策提出了详尽的具有可操作性的建议。受美国外交关系协会资助，由弗兰克·维斯那（Frank G. Wisner II）、尼古拉斯·普莱特（Nicholas Platt）以及马歇尔·布顿（Marshall M. Bouton）等人完成的《南亚新议题：美国对印度、巴基斯坦及阿富汗的政策》①也对未来美国南亚安全战略的发展提出了建议，他们认为，美国对南亚的中期战略是建立与南亚地区三个关键国家——印度、巴基斯坦、阿富汗的稳定和持续的双边关系。基于印度的民主政治、稳定的社会关系、快速发展的经济，美国应与印度建立长期的政治安全关系。从中期战略而言，美国应该改善过去与印度疏远的关系，建立真正的伙伴关系。巴基斯坦是美国在该地区面对的最为复杂的挑战之一。在面对印巴这两个有核国家时，美国应该积极促进包括克什米尔问题在内的其他问题的解决，阿富汗的重建也是美国南亚政策关注的重点。

美国卡内基国际和平基金会也是美国南亚研究的前沿阵地，该组织设立了专门的南亚研究小组，囊括了美国国家安全委员会主席特别助理以及美国驻印度大使在内的诸多权威政府官员和知名学者。南亚研究小组主要关注南亚地区核扩散、安全以及经贸等问题。该基金会还定时发布《政策简报》，其中发表了大量有关当代美国南亚安全战略研究的论文，例如：阿什利·泰利斯（Ashley J. Tellis）的《南亚跷跷板：美国在南亚次大陆的新政策》，②该论文以2005年美国恢复向巴基斯坦出口F16战斗机一事为案例，讨论了美国对南亚两大国家——印度和巴基斯坦的外交政策。泰利斯认为，印度与巴基斯坦对美国都是非常重要的南亚国家，但是美国基于两国的实力对两国采取了完全不同的政策。帮助印度成为21世纪的世界大国是美国新南亚战略的标志。为了推动美印关系的进一步发展，两国建立了战略伙伴关系，设立了战略、经济、能源三大对话机制。但是美印两国关系并没有像预想的那样毫无障碍地发展，两国在伊朗问题、外包服务等问题上分歧不断。在巴基斯坦方面，美国也面临了重大的挑战。美国

① Frank Wisner II, Nicholas Platt, Marshall M. Bouton and Dennis Kux, *New Priorities in South Asia: U.S. Policy towards India, Pakistan and Afghanistan* (New York: Council on Foreign Relations Press, 2003).

② Ashley J. Tellis, "South Asian Seesaw: A New U.S. Policy on the Subcontinent," May 2005, accessed May 24, 2015, https://carnegieendowment.org/files/PB38.pdf.

斯坦利基金会也重视对南亚问题的研究，2003年该基金会举办了第44届战略与和平会议，会上学者们对美国南亚战略进行了讨论，会后形成了名为《美国南亚新战略：超越危机管理》[①]的会议综述。该文章批评美国只是将巴基斯坦视为反恐以及阿富汗重建问题上的短期伙伴，缺乏与巴基斯坦发展长期战略关系的规划。美国亚太安全研究中心是研究美国南亚战略的知名智库。波莉·纳亚克（Polly Nayak）在该中心不定期简报上发表的《“9·11”后美国南亚安全政策——对未来挑战及影响》[②]一文首先简要回顾了“9·11”事件之前美国的南亚政策。该文认为自反恐战争开始后，美国加强了与阿富汗、巴基斯坦以及印度的合作。在阿富汗，美国的首要任务是确保亲美政权的重建，而反恐基于次要地位。美巴关系是以反恐同盟为基础的，但问题不断。美印关系在“9·11”事件后得到了加强，特别是在军事合作领域取得了显著进展。

美国芝加哥大学的劳埃德·鲁道夫（Lloyd I. Rudolph）与苏珊娜·霍伯·鲁道夫（Susanne Hoeber Rudolph）合写的《美国南亚外交政策的制定：基于历史的“离岸制衡”视角》[③]一文认为美国的南亚政策继承了英印殖民时期“离岸制衡”思想。无论是冷战时期美巴结盟对抗印度，还是克林顿时期美国对南亚政策的调整以及“9·11”事件后美国南亚政策的实质都是美国在实施离岸制衡。来自伊利诺伊香槟分校的斯蒂芬·科恩（Stephen P. Cohen）撰写的《美印巴关系回顾与展望》[④]一文中，将美印巴关系划分为冷战和后冷战两个阶段。美国乔治城大学的克里斯丁·费尔（C. Christine Fair）在《反恐战争十年后的美巴关系》[⑤]一文详尽分析了阿富汗

---

① The Stanley Foundation, “A New U.S. Strategy for South Asia: Going beyond Crisis Management,” October 16-18, 2003, accessed June 2, 2015, https://www.yumpu.com/en/document/read/32048524/a-new-us-strategy-for-south-asia-going-beyond-crisis-management.

② Polly Nayak, “U.S. Security Policy in South Asia Since 9/11 - Challenges and Implications for the Future,” February 2005, accessed June 2, 2015, https://apcss.org/Publications/Ocasional%20Papers/USSecurity3.pdf.

③ Lloyd I. Rudolph and Susanne Hoeber Rudolph, “The Making for U.S. Foreign Policy for South Asia Offshore Balancing in Historical Perspective,” *Economic and Political Weekly*, 2006, Vol.41, No.8.

④ Stephen P. Cohen, “The United States, India, and Pakistan: Retrospect and Prospect,” July 1997, accessed March 23, 2015, https://www.ideals.illinois.edu/bitstream/handle/2142/21/CohenOP.pdf?sequence=1&isAllowed=y.

⑤ Carol Christine Fair, “U.S. Pakistan Relations: Ten Years after 9/11,” in *Afghanistan, Pakistan and Strategic Change: Adjusting Western Regional Policy*, eds. Joachim Krause and Charles King Mallory (London: Routledge, 2015), pp. 221-234.

战争以来的美巴关系，认为美巴裂痕会对地区和国际安全局势产生重大影响。

3. 印度及巴基斯坦研究概况。印度学者对美国的南亚安全战略也十分关注。印度多个智库，如印度国防分析研究所、印度和平与冲突研究所、政策研究中心、观察家研究基金会、尼赫鲁大学国际关系研究院等智库和高校均有大量研究印美关系、美国南亚政策的学者。例如，印度观察家研究基金会杰出学者、印度著名国际问题专家拉贾·莫汉（C. Raja Mohan）就曾撰写《美国在南亚的角色》。[①] 莫汉认为："南亚地区的国际恐怖主义、伊斯兰极端势力、大规模杀伤性武器、核扩散、失败国家、政府能力建设以及传播民主，特别是亚太秩序、海洋安全等议题都与美国的外交政策息息相关。"自20世纪90年代，美国就开始考虑重新发展与南亚的政治、外交关系。2001年"9·11"事件后美国南亚关系得到了新的发展。莫汉指出："美国南亚战略的目的主要有以下几方面：第一，地区反恐；第二，深化美印合作；第三，应对中国在南亚的崛起；第四，提升地区经济一体化水平；第五，发展美国在该地区的软实力。"[②] 巴基斯坦拉合尔女子大学的文布莱恩·贾瓦德（Umbreen Javaid）与卡马尔·法蒂玛（Qamar Fatima）合写了《美国对巴基斯坦与印度的外交政策2001—2008》[③]，该文阐述了小布什政府时期美国与南亚两大国——印度与巴基斯坦的外交关系。文章首先介绍了美国外交决策制定模式。从反恐、阿富汗战争、美国对巴援助以及美国对巴基斯坦的关切这四个方面讨论了美国对巴基斯坦的外交政策。从美印战略伙伴关系、反恐合作、三位一体（民用核能合作、太空合作、高科技合作）、核不扩散与经济合作这五个角度阐述了美国对印度的外交政策。最后作者认为南亚两大核心国家印度与巴基斯坦尽管与美国相距半个地球的物理距离，但美国的外交政策却深受这两国的影响。在"9·11"事件前，防止核扩散是美国在这一地区的主要议题，但"9·11"事件后打击恐怖主义和宗教极端势力成为美国在这一地区的主要任务。

---

① C. Raja Mohan, "The U.S. Role in South Asia," accessed March 24, 2015. https://asiafoundation.org/resources/pdfs/5SouthAsiaNKARA2008.pdf.

② *Ibid.*

③ Umbreen Javaid and Qamar Fatima, "US Foreign Policy Parameters towards Pakistan and India (2001-2008)," *Journal of Political Studies*, 2012, Vol.19, Issue 2.

以上这些丰富的研究成果和文献资料为本书提供了坚实的研究基础，但受到研究时效和写作篇幅的限制，大多数文章仅对美国南亚安全战略的某一部分做了详细分析，尚未对21世纪美国南亚安全战略进行动态的、体系化的研究。并且，已有研究较少关注除印度、巴基斯坦、阿富汗外，美国与其他南亚国家的互动，这为笔者留下了得以继续研究的空间。

四、研究架构

总体上，本书将从陆权和海权两大视角分析美国南亚安全战略。在陆权维度，美国南亚安全战略核心议题为处理与南亚国家特别是印巴关系、反恐、防止核扩散；在海权维度，美国南亚安全战略的重点为加大对印度洋投入，积极构筑“印太”地区多边安全机制。短期内，美国南亚安全战略的核心目标在于协调印巴关系；长远看，美国南亚安全战略的关键目标是利用南亚（印度）平衡中国。

为了确保研究的科学性和客观性，本书将南亚安全战略视为一个系统并提出两个假设：一为合理情形下，美国为了维护自身霸权，将运用接触手段协调与南亚国家关系；二为美国通过制衡手段，实现“印太”地区势力均衡。本书围绕美国南亚安全战略的三大支柱（印巴关系、反恐和防止核扩散）及其拓展，对假设展开深入论证。

第一部分，论述新时期美国国家安全战略及南亚安全战略面临的新挑战，由此促使美国对国家安全战略及南亚地区安全战略进行调整。调整后的美国南亚安全战略核心目标在于维护美国霸权。为此，需要协调印巴关系并发挥南亚地缘平衡作用。

第二部分，研究美国与南亚国家关系。为了抓住主要问题的主要方面，本书集中论述美国与南亚第一强国印度及其“对手”巴基斯坦的关系。分析新时期美国处理印巴关系的指导原则是什么，对印巴的战略新定位是什么，以及制约美国与印巴关系的因素有哪些。

第三部分，重点论述美国南亚反恐战略。分别对小布什政府时期和奥巴马政府时期的美国南亚反恐战略加以关注。本书认为奥巴马政府时期的美国南亚反恐战略很大程度上继承了小布什政府时期的反恐战略，仅是强调了巧实力的运用。

第四部分，分析美国南亚核安全战略。南亚核扩散威胁到了美国主导下的国际核不扩散体系。本书认为美国对印巴采取了有区别的核政策。对印度，美国采用核接触战略；对巴基斯坦，美国使用了核限制战略。这加剧了印巴核不平衡态势。

第五部分，从海权视角分析美国南亚安全战略的新维度。为了进一步维护美国的安全战略利益，美国将南亚和印度洋纳入了“印太”战略范畴。为了构筑“印太”地区多边安全机制，美国积极推动美印日三边安全合作与美日印澳“四方安全对话”机制的形成。

第六部分，关注美国在孟加拉国、斯里兰卡、马尔代、尼泊尔和不丹的安全战略布局。以往这些南亚“小国”并不是美国南亚安全战略的重点和优先选项，但随着印度、中国与这类国家关系的深入发展以及美国“印太”战略的推行，美国提升了与这部分南亚国家的合作水平。

第二节　安全理论的发展与同盟定义辨析

安全是国际关系研究的重要议题之一。在国际关系学发展初期，国际关系学主要关注的是战争与和平这类事关国家生死存亡的议题，也就是所谓的“高级政治”问题。随着经济、公民社会等在国际事务中发挥越来越重要的作用，社会经济发展、公民福利等“低级政治”也被纳入国际关系研究中，安全的定义也随之不断发展。

一、安全的内涵及划分

一般而言，安全是指免于受到伤害或受到袭击。安全既可作为一种客观存在，也可体现为主观认知。安全是人类生存和发展的一个核心价值理念，如托马斯·霍布斯指出“如果没有安全，那么将没有工业、没有艺术、没有文字、没有社会，最糟糕的是，将会有持续不断的恐惧、暴力死亡的危险，人类的生活也将是孤独的、贫困的、恐怖的、野蛮的和短暂的”。[①]尽管对什么是安全，存有一般性的认识，但是学界关于安全的范围和内涵却具有较大争议。无论在学术理论还是实践方面，安全都是一个不断演化的概念。长期以来，对于安全概念的解释主要是从现实主义和结构现实主义的角度来分析。有学者指出“安全研究产生于马基雅维利和霍布斯式的

---

① Thomas Hobbes, *Leviathan* (Oxford: Basil Blackwell, 1946), Chapter 13.

现实主义”。[①] 国家中心主义成为安全研究的主要分析模式。随着冷战结束，安全研究出现了变革性的突破。一些专注机制问题的理论家开始审视在欧亚出现的区域性安全协定。一种更为激进的观点则认为，安全的目标是保障全人类而不仅是国家，并且应当关注伤害的源头而不仅限于关注对国家的军事威胁。[②]

根据安全所指涉的领域，可将安全划分为解决“高级政治”议题的传统安全和化解“低级政治”问题的非传统安全。非传统安全的提出扩大了以军事、政治、外交为主要研究视角的传统安全研究，安全的边界得以延伸。通常主权国家被视作安全的提供者和安全威胁的应对者，因此安全研究通常采取国家中心视角并将安全分为国家安全（National Security）和国际安全（International Security）。随着对安全议题的深入研究以及全球治理、非传统安全威胁等议题的出现，学者们开始探讨以人为主体的人类安全（Human Security）。

（一）国家安全和国家安全观

17世纪威斯特伐利亚体系形成后，主权国家开始登上国际政治舞台，现代国家安全研究随之发展。国家安全主要指一国政府为了保护国土及本国公民，运用各种力量投放手段，例如用政治实力、外交、经济实力、军事实力等应对所有的国家危机。沃尔弗斯从主观和客观的角度对国家安全概念进行了界定，他认为“国家安全的客观含义是免于威胁以获得主观上的价值，同时免于这种价值受到袭击的恐惧”。[③] 卡特政府时期的美国国防部长布朗将国家安全所包含的范围扩大到经济安全和环境安全等方面。哈佛大学的查尔斯·迈尔教授从国家实力的角度解释了国家安全，即“国家安全最好被描述为一种控制国内和外国情形的能力，以让公众相信有必要享受他们的自决和自治、繁荣及福祉”。[④] 本书认为国家安全既是一种状态又是一种认知，其目的在于确保本国国土以及公民免受威胁。国家安全既

---

① Michael Sheehan, *International Security: An Analytical Survey* (Boulder: Lynne Rienner, 2005), p.5.

② 马丁·格里菲斯、特里·奥卡拉格汗、史蒂芬·罗奇:《国际关系关键概念》，朱丹丹译，北京大学出版社，2015，第285页。

③ Prabhakaran Paleri, *National Security: Imperatives and Challenges* (New Delhi: Tata McGraw-Hill, 2008), p.52.

④ Charles S. Maier, *Peace and Security for the 1990s*, Unpublished paper for the MacArthur Fellowship Program, Social Science Research Council, June 12, 1990.

是一国政府能力的体现又是政府责任所在。

国家安全观是一国对其国家安全的认知。学界对何谓国家安全观并未形成统一的认识。有人将国家安全观视为一种安全政策，如有学者指出的“安全观是一个国家对其自身安全利益及其在国际上所应承担的义务和所应享受的权利的认知，是对其所处安全环境的判断，同时，也是对其准备应对威胁与挑战所要采取的措施的政策宣示。”① 还有学者将国家安全观等同于安全理论，如“国家安全观是有关国家安全问题的理论，是国家具体安全政策和安全战略的指导思想”。② 本书认为，国家安全观是一国政府对国内及外部安全现状及威胁的综合认识，并提出相应的政策加以应对。在结合本国国情的基础上，国家安全观整合并吸收各类国家安全理论，是对国家安全理论的实践指导。

（二）国际安全

国际安全又称全球安全。国际安全的哲学基础可以追溯到康德的《论持久和平》一文，康德认为“由主权国家构成的体系将会被另一种国际秩序所代替。国家利益将让步于公共利益，主权国家将由国际法所管制”。③ 国际安全在于强调单一国家难以实现共同安全，各国应当相互协调，通过多边国际组织维护安全。国际安全可以通过军事活动、外交协议等途径实现，通常以国际法作为行为准则。国际安全研究兴起于20世纪，第一次世界大战后成立的国际联盟较早实践了这一安全理念。第二次世界大战后建立的联合国进一步推行了国际安全的实施。在《联合国宪章》第一章中就指出“维持国际和平及安全；并为此目的：采取有效集体办法，以防止且消除对于和平之威胁，制止侵略行为或其他和平之破坏。”④ 由于国际安全的实施需要国家部分让渡主权，由此受到争议。2003年美国绕开联合国对伊拉克发动战争也对国际安全的推行造成了负面影响。

（三）人类安全

人类安全是国际关系安全理论的最新分支。“人类安全”一词首先出现

---

① 罗援:《两种安全观念两种安全模式——东亚地区安全合作的现状与展望》,《世界经济与政治》2001年第3期，第30页。

② 刘文汇:《论国家安全观的衍变》,《求实》2002年第3期，第37页。

③ Kim R. Holmes, “What is National Security?” accessed May 1, 2015, http://index.heritage.org/military/2015/important-essays-analysis/national-security/.

④ 联合国:《联合国宪章》，http://www.un.org/zh/sections/un-charter/chapter-i/index.html，访问日期：2015年1月23日。

在1994年联合国《人类发展报告》中。人类安全颠覆性地提出安全的核心在于人而非国家，国家（政府或军队）不再是安全保障的唯一提供者，国家（政府或军队）也可能成为不安全来源。人类安全以“免于匮乏”和“免于恐惧”为目标。人类安全的内容十分丰富，包括“经济安全、粮食安全、健康安全、环境安全、个人安全、社群安全和政治安全”。[①] 由于人类安全突出强调了国家公民安全以及对个人的赋权，使得人类安全在一些国家成为较为敏感的词汇。目前，对于人类安全的讨论和实践还主要限于学界及非政府组织。

二、西方安全理论学派

西方安全研究可分为以强调军事、外交和政治手段为主的美国学派，以及从国内及社会学视角进行分析的欧洲学派。

（一）美国学派

美国学派在西方当代三大国际关系理论——新现实主义、新自由主义和建构主义的分析架构内讨论了安全问题。新现实主义来源于以汉斯·摩根索为代表的现实主义。二者均强调国际体系的本质为无政府状态。这就意味着在国际社会中没有一个可凌驾于主权国家之上的权威以管理国家行为。在这样的情况下，国家就成为国际关系的主要行为体，通过持续不断地对权力的积累以维护国家个体在国际社会中的生存。肯尼思·华尔兹是新现实主义的代表人物，在他所著的《国际政治理论》一书中再次强调了无政府秩序与均势，认为“国家间的自然状态就是战争状态”。[②] 他认为冷战的结束并没有改变安全的实质。有学者指出了现实主义和新现实主义对安全研究的主要不同之处：第一，现实主义是一种归纳性的理论，通过分析国际系统中国家间的互动和行为解释国际政治。而新现实主义在于阐释国际系统的无政府状态决定了国家对外政策的选择。第二，现实主义将权力视为目标，而新现实主义不仅将权力视为目标，还将其作为一种手段。第三，现实主义认为无政府状态是这个体系的一个条件，国家依据自身的大小、地缘、国内实力、领导人能力而对这个状态做出反应。而新现实主

---

① United Nations Development Programme, “Human Development Report 1994,” March 1994, accessed June 9, 2015, http://hdr.undp.org/sites/default/files/reports/255/hdr_1994_en_complete_nostats.pdf.

② 肯尼思·华尔兹:《国际政治理论》，信强译，上海世纪出版集团，2003，第135页。

义认为无政府状态决定了国际体系，以同等的方式限制了所有国家的行为。[①] 如果说新自由主义在于强调国际组织对无政府状态下国家间战争的限制作用，那么新现实主义则将通过国际组织实现合作置于次要位置。新现实主义认为，战争是国际社会的持续状态。合作不是不可能，但只是暂时的。因为国家总是关注相对收益而非绝对收益。这意味着，在另一国获得更大相对收益时，一国可能不会选择合作，尽管这样会危及双方的安全。[②] 悲观新现实主义者和乐观新现实主义者对国际组织及合作的认识并不一致。悲观主义者认为由于存在被欺骗的危险以及对相对收益的关注，要实现合作比较困难。但乐观新现实主义者认为合作不仅是可能的，而且合作在维护安全状态方面发挥了重要的作用。[③]

美国现实主义学派的安全研究主要讨论了国家在自助的国际社会中如何生存和发展。为了维持安全，基于现实主义理论，美国政治家及学者提出了权力均势和霸权稳定两种方案。为了应对威胁，来自美国芝加哥大学的米尔斯海默提出了进攻性现实主义，与之相对的是来自乔治华盛顿大学的格拉瑟倡导的防御性现实主义。

新自由主义是对自由主义的继承和发展。二者均从国际法、国际组织、政治一体化以及民主等方面讨论了国际和平与安全。新自由主义理论的假设是国家通过国际机制实现合作。罗伯特·基欧汉是新自由主义的领军人物。他将机制定义为“持续的、具有联系的一整套法则（正式或非正式）用以指导行为体角色、限制活动和塑造期望”。[④] 新自由主义同样承认了国际社会的无政府特性，但认为可以通过合作加以制约。主权国家仍然是主要行为体，但不是唯一行为体。权力依然是国家的主要关切，但不意味着国家总是寻求权力。

新现实主义和新自由主义对安全的解释和认识不同，但具有一定共

---

① Steven L.Lamy, “Contemporary Mainstream Approaches: Neo-Realism and Neo-Liberalism,” in *The Globalization of World Politics*, eds. John Baylis and Steven Smith (New York: Oxford University Press, 2005), pp.208-209.

② Nicoleta Lasan, “International Relations Theory and Security,” *Revista de Administratie Publica si Politici Sociale*, 2012, p.40.

③ John Baylis, “The Concept of Security in International Relations,” in *Globalization and Environment Challenges*, eds. Hans Günter Brauch and Úrsula Oswald Spring (Berlin: Springer, 2008), pp.497-498.

④ Robert Keohane, *International Institutions and State Power: Essays in International Relations Theory* (Boulder: Wesview Press, 1989), p.3.

性：其一，承认国际社会的无政府状态；其二，国家是国际社会中的主要行为体。

随着冷战结束，美国学界发现新现实主义和新自由主义不能很好地解释当下国际现象，进而建构主义兴起。亚历山大·温特将建构主义运用于国际关系研究当中。温特强调了社会因素对人类互动的影响以及社会结构对行为体利益和身份构建的作用。对于安全，建构主义不再将安全作为一种客观存在，而是将其作为一种主观认知，并且不是一成不变的。换句话说，建构主义者不把安全视为一种可以被发现、被分析家和理论家探讨的现实存在，而是将安全视为可通过人类主体间认知实现构建和重构。[①]

（二）欧洲学派

欧洲学派大致集合了哥本哈根学派、女性主义、批判主义以及后现代主义等。其中以巴里·布赞为代表的哥本哈根学派对安全的研究最具开创性。该学派拓展了安全的内涵和外延，安全的概念不再局限于军事领域。巴里·布赞从五个方面界定了安全的目的，即军事、政治、经济、社会和环境。正如巴里·布赞所说："哥本哈根学派的安全研究角度更为彻底，探讨了相关目标的威胁并将这些威胁安全化（Securitization）。"[②] 只要一国领导人将一特定事务视为外在威胁，这个问题就可以成为安全问题。国家不再是安全的唯一重要主体，巴里·布赞认为"安全不仅是'国家的''国际的'，也是'社会的'"。[③] 在布赞的分析视角下，安全的主体由国家扩大到了人。在批评"美国学派"现实主义安全观的同时，布赞并不完全否认现实主义安全研究。他指出"'规范主义'或者'后实证主义'的研究范式中展示了多么强大的思辨魅力和人文精神，国际安全研究最显著的驱动力是'世界主要大国间权力配置的变动和不变动'"。[④]"9·11"事件后，"国家安全的回归"不仅是由于恐怖主义组织的暴力威胁，更重要的是"中国崛起"[⑤] 以及由此带来的国际安全影响。"从20世纪90年代起，美国一直坚

---

① Steve Smith, *The Concept of Security in A Globalized World* (London: Routledge, 2006), p.7.

② Barry Buzan, "Rethinking Security after the Cold War," *Cooperation and Conflict*, 1997, Nol.32, No.1, p.13.

③ Barry Buzan, *People, States and Fear: The National Security Problem in International Relations* (Sussex: Wheatsheaf Books Limited, 1983), p.18.

④ 巴里·布赞、琳娜·汉森:《国际安全研究的演化》，余潇枫译，浙江大学出版社，2011，第54页。

⑤ 同上书，第287页。

持一个根深蒂固的观点：从长远来看，中国是美国独享超级大国地位的主要威胁”。[①] 由此可见，尽管“欧洲学派”拓展了“美国学派”对安全的认识，但是并没有跳出从国家权力角度分析安全议题。并且，“欧洲学派”安全研究更为突出的问题是，如果将任意事务都贴上安全标签，那么就没有真正的安全存在。

总体上，新现实主义的安全观更为美国政府所青睐。历届美国政府均将追求和扩大权力作为美国的主要利益所在。冷战时期，在新现实主义的主导下，美国安全议题主要集中于苏联与美国之间爆发战争的可能性。冷战后，美国安全问题聚焦于如何维护美国的国际主导地位。为了分担安全责任并且获得其他国家对美国安全治下国际和平的认可，美国通过结盟构筑了集体安全网。

三、霸权国对地区安全复合体的影响

地区安全复合体理论最早由哥本哈根学派代表人物巴里·布赞提出。巴里·布赞在《地区安全复合体与国家安全结构》一书中，将安全复合体定义为“一组单位，它们的主要安全化进程、去安全化进程或者两者如此紧密地相互联系在一起，以至于不能把它们的安全问题彼此分割开来合理地进行分析或解释”，其核心是“国际体系中的安全和去安全化的实质部分将自动出现在地区群体中”。[②] 在巴里·布赞看来，地区层次在国际安全结构中的重要性正在上升，地区层次是“国家安全和全球安全两个极端之间彼此交汇的地方，也是大多数行动发生的地方”。[③] 巴里·布赞进一步将地区安全复合体分为标准地区安全复合体、中心化安全复合体、大国安全复合体和超级复合体。巴里·布赞将南亚视为标准地区安全复合体，即本地区不包含全球层次大国。在地区安全研究的组织框架方面，巴里·布赞指出了全球层次，也就是全球大国在地区中的角色将影响地区安全复合体。在《地区安全复合体与国家安全结构》中，巴里·布赞花了一定的篇幅论述了超级大国也就是霸权国对南亚安全的影响。他已关注到，在2001

① 巴里·布赞、琳娜·汉森：《国际安全研究的演化》，余潇枫译，浙江大学出版社，2011，第287页。

② 巴里·布赞、奥利·维夫：《地区安全复合体与国际安全结构》，潘忠岐等译，上海人民出版社，2010，第44页。

③ 同上书，第42页。

年发动阿富汗战争以前，美国远远没有深入且连续地参与南亚次大陆安全事务。[①]

地区安全复合体本身就存在内核安全结构，霸权国对地区安全的参与成为这种内核安全结构发生变化的动因。巴里·布赞将霸权国对地区安全复合体的影响分为渗透和覆盖。有学者认为现实中霸权国对地区安全结构的影响远不止这两类，而进一步将霸权国对地区安全的影响归纳为被动型与主动型。[②]

中国学者也关注到了地区安全秩序与大国崛起之间的关系，并将地区安全秩序界定为“地理范围内国家维护安全的行为模式及其塑造的稳定均势状态”。[③] 在具体的研究区域上，中国学者主要关注的是亚太地区安全。[④] 随着以印度为代表的南亚地区对国际格局发展演变的影响以及印度洋重要性的上升，学者们也将南亚地区安全和“印太”地区[⑤] 作为研究议题加以讨论。

本研究认为，应根据不同特性的地区安全复合体形态讨论霸权国对其影响。可将地区安全复合体划分为单一中心、双中心、多中心和无中心四类。

在单一中心地区安全复合体中，存在一个具有绝对实力优势的地区大国主导地区事务，如冷战时期的东欧中亚地区，苏联为该区域的唯一中心。霸权国对此类地区安全形势影响如何，将由地区中心力量与霸权国关系决定。若地区中心力量与霸权国为敌对或是恶性竞争关系，霸权国对地区事务的介入将遭到中心国家的强烈反对；若地区中心力量为霸权国追随者或合作者，那么霸权国将能够深度介入地区安全事务，中心国家视与霸

---

① 巴里·布赞、奥利·维夫:《地区安全复合体与国际安全结构》，潘忠岐等译，上海人民出版社，2010，第98—120页。

② 被动型指不论霸权国本身的战略诉求如何，其存在即被复合体内部国家视为对本国生存、安全或自主性的障碍，导致复合体内部国家安全关系加强，以应对霸权国带来的影响；主动型即霸权国出于国家利益考虑，积极向复合体渗透或融入，以左右地区安全态势，实现本国战略目标。孙云飞、刘昌明:《“印太”地区安全符合体的形成与美国霸权护持》,《教学与研究》2019年第12期。

③ 孙学峰:《地区安全秩序与大国崛起》,《当代亚太》2018年第6期，第7页。

④ 王辑思:《亚太地区安全架构：目标、条件与构想》,《国际安全研究》2016年第1期；庞中英:《地区安全治理的未来：走向亚洲协调》,《国际安全研究》2016年第5期。

⑤ 杨思灵:《南亚地区安全：多重层次分析视角》,《国际安全研究》2016年第6期；孙云飞、刘昌明:《“印太”地区安全复合体的形成与美国霸权护持》,《教学与研究》2019年第12期。

权国合作为其利益所在。

在双中心地区安全复合体中，存在两个势均力敌的地区强国力量，如第三次印巴战争前的南亚，印度和巴基斯坦为主导南亚地区安全局势的两个国家。在这种地区安全结构中，一个中心力量可能借助霸权力量打压另一个中心，霸权国很可能卷入双中心的竞争当中。

在多中心地区安全复合体中，有多个地区中心存在，如中日韩共存的东亚地区。若众多力量联合起来制衡霸权国在该区域发挥影响力，霸权国将遭受巨大的挑战。因此，在此类地区安全结构中，霸权国通常采取分化策略，以防止多中心凝聚成反霸集团，并较为关注该地区的内核力量调整变化。

在无中心地区安全复合体中，霸权对地区安全事务介入的深度将直接决定该地区安全态势的稳定性和发展前景。

四、同盟及相关概念辨析

在无政府的国际社会中，国家在加强自卫的同时，往往通过与其他国家合作增加安全感。同盟（Alliance）是国家间安全合作的重要形式。为了说明何为同盟，首先需要阐释哪些国家合作形式[①]不是同盟。

由于语言习惯，大多情况下国内学者都将Alliance和Alignment翻译为“结盟”或“同盟”。但实际上，在英文当中这两个词的含义有较大差别。为了有所区分，本书将Alignment翻译为“联合体”。“联合体”指国际社会中国家间一定程度上的友好关系。如两国国家利益重合或对某一事物具有共同关注就可以结成联合体。联合体的含义要比同盟广泛得多。例如，美国与沙特阿拉伯在一些地区事务上结成了联合体，但是我们不能将这种关系称为同盟，因为两国间没有任何正式的确立军事合作关系的条约及协定，虽然他们在地区事务上相互支持。由此，可以将同盟视为联合体的一种形式，同盟很大程度上是在特定联合体的基础上通过条约形式所产生的。

另一个含义与同盟较为相近的词就是协约关系（Ententes）。美国学者

① 关于“国家合作形式”的概念解释详见：Devin T. Hagerty, “Are We Present at the Creation? Alliance Theory and the Indo-US Strategic Convergence,” in *US-Indian Strategic Cooperation into the 21st Century: More than Words,* eds. Sumit Ganguly, Andrew Scobell and Brian Shoup (London: Routledge, 2006), pp.13-16.

将协约关系定义为“一种典型的两个主权国家间的灵活性条约关系”。换句话说，可将协约关系视为一种亲密的、但尚未达到军事协定所确定的联合体关系。同盟关系更强调对特定安全威胁的法定集体作战行动，而协约关系既可以针对联合作战行动，也可以涉及非战斗性维和行动。因此，相较于同盟，协约关系要更为灵活、松散。

英文当中还有另一个词“Ad hoc Coalitions”（中文可译为“特设联合”或“临时性联合”）也经常用于描述两国间为了应对特定威胁而达成的短期、临时性合作关系。例如，1990年海湾战争期间，美国联合34个国家组成的反伊拉克联合就是一种特设联合，这种关系在一定程度上并不需要具有强制力的条约进行约束。

基于此，联合体范围最广包含了同盟、协约和特殊联合三类关系。同盟与其余类别关系的最大区别就在于，同盟以强制性约束力军事条约为合作基础，在规定两国及多国对共同安全威胁进行联合作战的同时，也规定了各国对彼此安全负责。

第三节　对美国国家安全战略及美国南亚安全战略的界定

作为当今世界唯一霸权国家，美国国家安全战略的覆盖范围和领域极广。历任美国总统任期内发布的美国年度《国家安全战略》报告充分表述了美国为维护霸权所采取的一系列全球行动和战略意图。南亚是美国国家安全战略布局的一个区域，其在美国年度《国家安全战略》报告中的比重正经历着从过去“着墨不多”到“用笔深入”的变化。

一、美国国家安全战略与大战略

美国国家安全战略是对美国全球范围内安全目标、责任及实施的行动纲领。美国国家安全战略通过美国年度《国家安全战略》报告对外发布。根据《1986年戈德华特—尼克尔斯国防部重组法案》的规定，美国年度《国家安全战略》报告由美国总统掌管的政府行政部门所撰写。美国总统每年需向国会上交有关美国国家安全战略的报告。新任总统上任150天内需向国会提交此报告。不过，现实中有些年度美国并没有发布此类报告。从1987年罗纳德·里根总统发布第一份美国年度《国家安全战略》报告到

2015年，美国共发布了29份国家安全报告。其具体内容需要包括以下几方面：第一，美国在世界范围内的利益、目的和事关美国安全的重要目标；第二，为遏制侵略和实施美国国家安全战略而制定的美国外交政策、美国因此而需承担的全球责任以及所需保持的国家防务能力；第三，为保护和提升美国利益及第一部分提到的目的和目标，对美国政治、经济、军事和其他实力要素的短期和长期运用的建议；第四，美国是否具备足够能力实施国家安全战略，包括对美国国家实力所有要素能力的平衡，以支持国家安全战略的实施；第五，其余有助美国国会知晓的事关美国国家安全战略的事宜。每年需同时提交保密和非保密版本的国家安全战略报告。①

美国年度《国家安全战略》报告对美国国防战略的制定具有指导作用。根据1999年8月美国众议院第106会期第一次会议记录记载，由美国国防部发布的《美国四年防务评估报告》应该与美国年度《国家安全战略》报告一致。此外，由美国参谋长联席会议主席向美国国防部所提交的《美国军事战略》也以美国年度《国家安全战略》报告作为指导依据。《美国军事战略》报告需要描述影响美国国家利益和美国国家安全的战略环境及其所面临的机遇和挑战。报告需要表述对美国国家利益和安全所面临的最重要地区及国际挑战，如恐怖主义、大规模杀伤性武器及不对称威胁等。此外，还需要提出解决的方法和途径。美国国防部呈交国会的年度报告也以美国年度《国家安全战略》报告为指导。因此，美国年度《国家安全战略》报告具有统领和指导美国国防战略的核心作用。

美国年度《国家安全战略》报告对美国外交战略的执行同样具有指向作用。从冷战至今，美国对外战略大致经历了遏制战略、超越遏制战略、接触与扩展战略、反恐主导下的单边主义战略和再平衡战略。以上所有的外交战略都在历届美国总统所发布的美国年度《国家安全战略》报告中得以体现。由此，美国年度《国家安全战略》报告成为对外宣示和确立美国外交战略的重要标志性文件。

美国年度《国家安全战略》报告不仅在于确保美国在全球范围内的利益，也在于维护美国的地区性利益。通常情况下，在确立了美国全球安全战略目标后，美国通过将世界划分为欧洲和欧亚、东亚和太平洋、西半

① National Security Strategy Archive, "50 USC § 404A – Annual National Security Strategy Report," accessed July 2, 2014, http://nssarchive.us/50-usc-%C2%A7-404a-annual-national-security-strategy-report/.

球、中东、北非、东南亚和南亚及撒哈拉以南非洲等板块，进而整合美国的地区战略。

基于此，本书发现，美国年度《国家安全战略》报告具有指引美国国防战略和外交战略的作用，囊括了美国全球战略和地区战略目标。由于国家安全战略的综合性，因此有学者指出，“在美国，谈到国家战略，一般就是指美国年度《国家安全战略》报告”[①]。并且，这里提到的“安全”不仅包含传统的军事安全还包括了非传统安全要素。所以，我们不能单纯地把美国国家安全战略等同于美国军事战略或美国对外战略。虽然，美国年度《国家安全战略》报告为综合性指导战略，但需要特别强调的是，不能将国家安全战略等同于“大战略”（Grand Strategy）。来自美国国防大学的理查德·胡克（Richard Hooker）在他所撰写的《美国大战略》一文中指出：

> 一种对大战略的理解就是探索长期以来由持久的、核心的安全利益所决定的国家（政府）行为及国家（政府）如何保护和增进这些利益。在某种程度上，它更多地是指国家（政府）做了什么而非国家（政府）说了什么。因此，大战略与国家安全战略、国家军事战略、四年防务评估或国防战略指导有关，但不对等。大战略超越了政党及单个政府对安全的宣示。这样看来，美国大战略表现出极大的持久性，以最重要的、任何政府都将为之投入、立法、消除威胁或保卫的利益为导向。[②]

换言之，大战略是一国持久性战略，不以政府更迭而出现巨大转折或变化。大战略包含国家安全战略，并居于其上。由于本书主要探讨了一定时间段内（2000—2016年）美国在南亚所实施的战略，故选择从美国年度《国家安全战略》报告的角度对此进行分析。

二、美国南亚安全战略的内容及目标

美国南亚安全战略是美国国家安全战略中的地区性战略，是美国国家安全战略的组成部分。美国南亚安全战略是美国南亚战略的核心内容，以

---

① 周建明、王海良：《国家大战略、国家安全战略与国家利益》，《世界经济与政治》2002年第4期，第21页。

② R. D. Hooker Jr, *The Grand Strategy of the United States* (Washington, D.C.: National Defense University Press, 2014), p.1.

运用各种实力手段，消除来自南亚的安全威胁。尽管美国没有官方文件指出何为美国南亚安全战略，但是根据历年来美国年度《国家安全战略》报告，我们可以分析出美国南亚安全战略的主要内容为：第一，运用外交手段发展与南亚国家伙伴关系甚至是同盟关系，其中，美印关系及美巴关系最为重要；第二，运用经济手段促使与南亚国家合作，维护美国自由贸易秩序；第三，在必要的情形下，通过有效的军事力量打击来自南亚区域的威胁；第四，通过危机管理，处理南亚地区紧急性突发事件，如局部冲突、核试爆；第五，通过情报手段，收集南亚地区事关美国安全的情报信息。总之，美国南亚安全战略为一定时期内美国政府通过对各种实力手段的运用，维护美国在南亚地区的国家安全利益。它既是美国政府对南亚安全形势判断的认知集合，又是制定美国南亚安全政策的最高指导依据。

美国南亚安全战略的主要目标在于：第一，防止印巴冲突上升为大规模冲突，甚至是核战争；第二，消除来自南亚地区的恐怖主义威胁；第三，防止南亚地区核及大规模杀伤性武器扩散；第四，在南亚地区推行民主自由价值；第五，提升南亚国家对全球性事务（如国际金融秩序、气候变化）及地区合作的参与；第六，利用南亚地区人口红利，提高南亚国家在全球贸易和金融领域中的作用；第七，发挥南亚在“印太”地区中的均势作用，防止亚洲出现任何单一主导力量。

本书认为美国南亚安全战略可划分为陆权和海权两方面（如图1所示）。新时期，美国南亚安全战略的部署区域已不局限于南亚内陆，还扩展到印度洋海域。在陆权维度，美国南亚安全战略核心目标在于协调印巴关系，一方面防止印巴冲突再次爆发，另一方面发展与印巴战略伙伴关系；在海权维度，美国南亚安全战略的核心目标为提升印度的战略价值以平衡“印太”地区国际权力转移的变化。

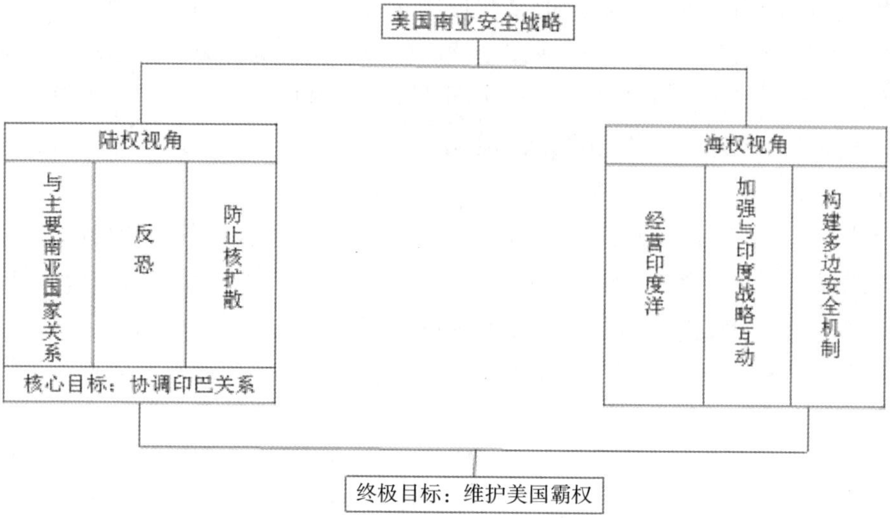

图1　美国南亚安全战略架构

第一章

21 世纪初美国南亚安全战略的构建

400多年前，当第一批欧洲清教徒以开拓“山巅之城”（A City Upon a Hill）的宗教热忱登上马萨诸塞湾时，他们将天赋使命和救赎的责任感深深地嵌入了日后被称为美利坚合众国的国家政治意识形态中，由此形成了以推崇所谓自由、民主、平等、个人主义、共和主义和自由放任主义的“美国精神”（Americanism）及与此相关的“美国例外主义”（American Exceptions）。19世纪，美国人在这种精神的指引下开疆拓土，将美国扩张成为连接太平洋与大西洋的两洋国家。20世纪上半叶的两次世界大战将美国正式推上国际舞台，美国以全球战略取代了孤立主义。当横隔在以美国为首的西方资本主义阵营和以苏联为首的东方社会主义阵营间的“铁幕”落下后，美国先后以遏制战略和超越遏制战略成为世界头号强国，开启了单极世界时代。随着全球化的加深以及新兴国家特别是以中国和印度为代表的亚洲国家的崛起，美国强烈地意识到21世纪给美国带来的机遇与挑战，美国有必要对其全球和地区安全战略进行调整。南亚这个曾经位于美国战略边缘的地区，以突出的地缘战略价值、多元化的政治发展模式、惊人的社会经济发展速度、复杂的安全局势、不断加深的共享利益和巨大的发展潜力等跃居为美国重点战略区域之一。

美国南亚安全战略是美国国家安全战略中的一部分，在深入研究美国南亚安全战略之前，有必要从宏观角度探讨美国国家安全战略的发展变化，认清国际总体形势、美国国内政治生态及外交政策走向对美国南亚安全战略的影响。故而，本章第一部分将讨论21世纪美国国家安全战略的发展变化；第二部分回顾美国安全战略分支——美国南亚安全战略的发展历程，阐释新时期美国对南亚安全战略进行调整的必要性；第三部分从美国维护霸权的角度出发，运用系统论方法对新时期美国南亚安全战略模式进行模拟分析。

第一节　21世纪初美国国家安全战略的调整

20世纪80年代末90年代初，苏联政权改旗易帜后，美国进入了建国后最为鼎盛的时期，其影响力和繁荣程度都达到了峰值。美国拥有了世界上最强大的军队，扩大了北约组织（NATO）的规模与实力，继续巩固了与欧洲国家的安全合作，加深了与盟友关系，介入中东、巴尔干半岛、希腊与土耳其、印度与巴基斯坦、北爱尔兰、秘鲁和厄瓜多尔、厄立特里亚和埃塞俄比亚等国家和地区的冲突调停，继续推动了核不扩散以及对生化武器和常规武器的限制。同时，美国还不遗余力地在全球推广美式“普世价值”——民主和自由，推动东欧地区自由市场，扩大世贸组织（WTO）成员规模。然而，随着全球化的加快，美国认识到“地球另一边的事务能深刻地影响到美国的安全与繁荣”。[①] 国家间相互依存和相互作用的加深以及21世纪国际形势的新变化，加速了美国对国家安全战略的调整。

一、美国面临的新变化与新挑战

2000年美国年度《国家安全战略》报告正文开篇就写道：“在这个全球化加速的世界里，科技正成指数性增长；信息将全球沟通变得廉价和及时；经济的相互依赖性不断增加；边界更具渗透性；人们渴望政治及经济自由；群体寻求自身民族认同。这些发展趋势有些能增加我们（美国）的实力和安全，有些成为新的挑战。”[②] 从国家安全战略角度出发，进入21世纪后美国面临的新变化和新挑战主要有：

（一）意识形态斗争由两大阵营的较量转变为宗教极端主义对世俗主义的冲击

社会主义阵营与资本主义阵营之争主导了冷战以及后冷战时期的意识形态较量。进入21世纪后，尽管美国仍视共产主义为威胁，但政治哲学领域内的意识形态之争开始淡化。然而，随着宗教极端主义以及恐怖主义的出现，自冷战后，美国发现自己再次置于心理与意识的激烈竞争中，这一次美国反对的是伊斯兰极端主义。[③] 特别是在美国反恐战争打响后，华盛顿认识到“反恐战争不仅是武力较量更是思想之战——打击恐怖主义和他

① The White House, “A National Security Strategy for a New Century,” October 1998, accessed June 3, 2015, https://nssarchive.us/wp-content/uploads/2020/04/1998.pdf, Preface iii.

② The White House, “A National Security Strategy for a Global Age,” December 2000, accessed June 3, 2015, https://history.defense.gov/Portals/70/Documents/nss/nss2000.pdf, P.1.

③ Ariel Cohen, “War of Ideas: Combating Militant Islamist Idealogy,” *Georgetown Journal of International Affairs*, 2004, Vol.5, No.1, p.113.

们的凶残思想”。[①] 虽然美国政府一再强调反恐战争不是宗教战争，但正如法国著名历史学家马克西姆·罗丁森（Maxime Rodinson）所指出的那样：“早在现实问题产生之前，西方基督教国家就将伊斯兰世界视为威胁”。[②] 因此，当塞缪尔·亨廷顿（Samuel Huntington）的“不祥预言”以“9·11”事件应验时，“文明冲突论”大获市场。不仅美国学界，许多美国民众也将恐怖主义与伊斯兰联系在一起，将恐怖分子与穆斯林大众联系在一起。早在1993年，美国智库两次调查了美国民众对穆斯林的认知，结果是“超过50%的调查者认为穆斯林是反西方和反美的”[③]，“穆斯林是最不受欢迎的宗教群体”[④]。美国政府针对伊斯兰国家的某些政策，也加深了伊斯兰世界与美国的隔阂，使得越来越多的穆斯林认定“他们在美国所主导的国际秩序中受到了轻视。小布什政府推行的‘自由民主进程’仅仅是一个安抚他们以维护美国全球霸权的伎俩”。[⑤] 美国希望以民主自由这种“更好”的现世思想代替伊斯兰原教旨主义中的政治思想。但在政教密切关联的伊斯兰世界里，将政治哲学从宗教信仰中抽离并意图取而代之的做法更加剧了伊斯兰世界对美国霸权的质疑。

（二）安全议题在全球化时代的发展

全球化不仅促进了商品、服务、人员和资本在全球的流动，也促使安全的范围跨越了国界。和平与发展是当今时代主题，但是地区、种族、宗教冲突不断，非传统安全威胁不断涌现，学界开始对安全目标进行批判性讨论，这些都促使美国开始重新审视安全的内涵。

第一，安全的外溢效益打破了美国地缘安全禀赋。几个世纪以来，美国以两洋为天然屏障抵御了外界对美国国土安全的不利影响。但是“9·11”事件的爆发沉痛地打击了美国引以为傲的地缘优势，让美国深刻地认识到“像阿富汗那样的弱国，都可以威胁到我们（美国）这样的强国

---

① The White House, “National Security Strategy 2006,” March 2006, accessed June 9, 2015, https://www.comw.org/qdr/fulltext/nss2006.pdf, p.9.

② Maxime Rodinson, *Europe and the Mystique of Islam* (London: I. B. Tauris, 1987), p.3.

③ 1993年8月6—8日由族群关系国家会议、福特基金会和乔伊斯基金会联合资助，L.H. Research进行的、共2755人参与的调查。

④ 1993年3月16—23日由美国穆斯林委员会资助，佐格比国际进行的、共905人参加的调查。

⑤ Zeyno Baran, “Fighting the War of Ideas,” Octoerber 1, 2005, accessed July 8, 2015, https://www.foreignaffairs.org/articles/europe/2005-10-01/fighting-war-ideas.

的国家利益”。[1]“9·11”事件的发生也促使美国在事后成立了国土安全部，其主要核心任务为：“阻止恐怖主义、促进安全，保卫并管理美国边境，执行和管理移民法，确保网络安全，应对自然灾害。”[2]

第二，安全威胁来源不断扩大。冷战时期美国的安全威胁来源比较单一，但随着冷战结束以及科技、经济的不断发展，美国面临了更加广泛的安全威胁。美国政府认为：“对美国人民和全球安全最大的威胁来自大规模杀伤性武器，特别是核武器。与我们（美国）日常生活和军事行动密切相关的空间和网络极易受到攻击。对石油的依赖限制了我们的选择并污染了环境。环境变化以及流行病也危害了地区安全以及美国人民的身体健康”。[3]恐怖主义如幽灵般的存在更让美国感到恐惧。这些变化的出现导致美国所面临的主要安全威胁由政府行为体主导的入侵战争转变为非政府行为体为主的跨境恐怖袭击以及潜在的生化、核扩散和环境、资源问题，让单一国家在全球化时代应对安全威胁的能力减弱。

第三，安全目的及手段的发展。自1994年，在联合国发布的《人类发展报告》中将人类安全作为与国家安全相对应的范式提出后，受到了广泛关注。国家安全通常被认为是军事防御，人类安全主要强调普通人的福祉。国家安全的最终目的是国家和政府，而人类安全是以实现个人的“免予匮乏和免予恐惧”（Freedom from Want, Freedom from Fear）[4]为终极目标。有美国学者认为：“政府政策应该反映这样一种思想，这就是人类安全即国家安全，因为如果人们不能感到安全的话一个国家是不可能实现安全的。”[5]美国国家安全战略开始逐渐强调个人安全，如在2010年美国年度《国家安全战略》报告中，安全被定义为“美国的安全以及公民、盟国和

① The White House, “National Security Strategy 2002,” September 2002, accessed June 2, 2015, https://20092017.state.gov/documents/organization/63562.pdf, Preface.

② 对美国国土安全部的详细任务介绍参见美国国土安全部网站，https://www.dhs.gov/our-mission，访问日期：2015年4月21日。

③ The White House, “National Security Strategy 2010,” May 2010, accessed June 2, 2015, https://obamawhitehouse.archives.gov/sites/default/files/rss_viewer/national_security_strategy.pdf, p.8.

④ United Nations Development Programme, “Human Development Report 1994,” accessed June 29, 2015, http://hdr.undp.org/sites/default/files/reports/255/hdr_1994_en_complete_nostats.pdf.

⑤ Lori Yeni Komshian, “U.S. Foreign Policy and Human Security,” December 3, 2012, accessed June 9, 2015, http://prospectjournal.org/2012/12/03/us-foreign-policy-and-human-security/.

伙伴的安全”。[①]

（三）亚洲世纪的到来

美国积极关注亚洲世纪的发展及影响。2013年，《国际经济》期刊曾邀请了35位专家对亚洲世纪能否形成展开了讨论。经济学家们大多认为亚洲世纪是可能实现的，如美国商业银行的首席经济学家詹姆斯·格拉斯曼（James E. Glassman）认为，“亚洲的奇迹不仅在于快速发展，还在于不断提高的生活水准”。[②] 也有部分国际问题专家们认为对亚洲世纪的判断不能仅限于经济角度。如前美国国家安全顾问布热津斯基认为：“如果亚洲世纪指的是国民生产总值（GNP），那的确如此，但只是全球现实的一部分。”[③] 来自美国战略与国际研究中心的爱德华·勒特韦克（Edward N. Luttwak）也持相同观点：“单凭快速增长的国内生产总值（GDP）很难形成亚洲以及崛起的东亚强国。”[④]

尽管有关亚洲世纪的争论还在继续，但亚洲持续的远高于欧美的经济增长速度为亚洲世纪的到来注入了强大动力，也促使美国认识到其未来的繁荣与亚洲紧密相关。21世纪后，美国外交安全政策逐渐从“二战”后形成的以欧洲为中心调整为以亚洲为中心。通过参与诸如东盟、东亚峰会、亚太经合组织等多边机制美国加快了与亚洲地区接触的步伐，并通过推动跨太平洋伙伴关系协定（Trans-Pacific Partnership Agreement）等重塑美国在亚洲的主导定位。在双边领域，美国通过战略对话、高层互访等，加强与亚洲国家的外交关系。同时，美国加大对亚洲国家的贸易与投资，加深与相关国家的安全合作。

美国重视与该地区新兴国家——中国、印度与俄罗斯关系。美国认为“印度的潜力、中国的崛起以及俄罗斯的进攻性都将深刻地影响到未来大国关系”。[⑤] 在2015年的美国年度《国家安全战略》报告中明确指出：“美国希望与中国发展积极的、富有建设性的和全面的战略伙伴关系。美国欢迎

---

① The White House, “National Security Strategy 2010,” May 2010, accessed June 2, 2015, https://obamawhitehouse.archives.gov/sites/default/files/rss_viewer/national_security_strategy.pdf, p.7.

② “The Asian Century: Reality or Hype?” accessed March 27, 2015, http://www.internationaleconomy.com/TIE_Su13_AsiaCenturySymposium.pdf, p.10.

③ *Ibid.* p.9.

④ *Ibid.* p.16.

⑤ The White House, “National Security Strategy 2015,” February 2015, accesed June 29, 2015, https://obamawhitehouse.archives.gov/sites/default/files/docs/2015_national_security_strategy_2.pdf, p.4.

中国担负起责任，与美国和国际社会一道推动全球经济复苏、应对气候变化以及防止核扩散。同时，美国将监控中国军队现代化，并据此做好准备以确保美国及其盟友的地区和全球利益不会受到负面影响。”[①] 美国认为，美国和印度作为世界上最大的两个民主国家，由于共享利益和民主价值以及密切的民间交往巩固了两国的战略伙伴关系。美国寻求与印度一道共同维护南亚和世界其他地区的和平稳定。基于相互利益基础，美国寻求与俄罗斯建立稳定、实质性和多维度的关系。在积极推动俄罗斯成为“美国在欧洲和亚洲负责任的伙伴同时，美国也将继续支持俄罗斯邻国对其主权和领土完整的诉求”。[②]

（四）现行国际机制面临挑战

美国霸权不仅建立在以硬实力为基础的权势霸权之上，也通过主导国际秩序所依托的国际机制实现机制霸权。“二战”后，以美国为主导建立起来的北约、联合国、世界银行、国际货币基金组织以及各种全球性政治、经贸协定等构成当今的国际秩序架构。这些国际机制的成功运作及发展确保了美国在世界的优势地位，也让世界上其他国家能共享“美国治下”的红利。然而，美国发现美国主导的国际机制存在短板：

首先，维持现有国际机制的成本投入加大，需以集体行动共同推动国际机制的发展。2015年美国《国家安全战略》报告写道，“推动国际机制现代化、加强国际规则、遵循国际法不仅仅是美国一个国家的责任”。[③] 美国期望通过集体行动以应对各种挑战，同时保证美国对“共享空间——网络、太空、大气层和海洋”[④] 的进入。尽管美国以霸权主宰着当今国际秩序，但不可否认的是其余各国既是该秩序下的既得利益者也是“搭便车者”和寻求改变者。在全球化时代，为了维持国际秩序的顺利运行，美国需要投入更大的财力、物力和人力。美国希望发展起更多的分担者与其一道共同维持国际机制的发展，以免过度消耗国力。

其次，非国家行为体的发展对国际机制的挑战。在无政府状态下的国

① The White House, “National Security Strategy 2015,” February 2015, accesed June 29, 2015, https://obamawhitehouse.archives.gov/sites/default/files/docs/2015_national_security_strategy_2.pdf, p.24.

② The White House, “National Security Strategy 2010,” May 2010, accesed June 2, 2015, https://obamawhitehouse.archives.gov/sites/default/files/rss_viewer/national_security_strategy.pdf, p. 44.

③ The White House, “National Security Strategy 2015,” p.40.

④ *Ibid.*

际社会中，国际机制在促进国家间合作，制约冲突方面的确发挥了重要作用。但是由于国际机制是国家间以协议、协定等方式构成的或松散或紧密的关系集合，旨在对国家行为体构建契约关系，而不能对个人、公民社会以及跨国公司等非国家行为体的活动进行规范。随着全球化程度的加深，以往局限于国家内部的、并由所属国管辖的个人以及团体的跨国活动越来越活跃，传统国际机制难以对其实行有效管控。此外，随着非国家行为体的发展，还出现了国家与跨境恐怖分子相互对抗的不对称战争。以往的国际机制能够推动国家间和谈和战后重建，然而主体身份的不对等加大了国际机制对此类事件的协调难度。

最后，现行国际机制对违规者惩罚力度不够。当一国认为其国家根本利益与国际机制发生冲突或国家从国际合作中受益较少时，国家往往会拒绝遵守国际规则甚至退出相关多边机制。制裁和禁运是最常见的惩罚措施，但通常情况下，这不至于对违规者造成致命性打击。因此，当违规风险较小或者遵守收益不大时，国际机制对国家的吸引力会减弱。

二、21世纪初美国国家利益、安全战略核心及目标

确定国家利益，据此制定相应战略是一国政府职责之所在。美国总统向国会提交的美国年度《国家安全战略》报告就全面阐述了与美国安全相关的、美国在世界范围内的利益和目标，以及为抵抗威胁所采取的行动，以及国家安全战略的实施。

（一）美国国家利益的划分

美国政府明确地将国家利益划分为三个层次：切身利益（Vital Interests）、重要国家利益（Important National Interests）和人道主义及其他利益（Humanitarian and other Interests）。切身利益指的是广泛的事关美国生存、安全和活力的重大利益。这包括美国及其盟国领土安全、美国公民安全、社会经济福祉以及保护重大基础设施——如能源、银行和金融、电信、交通、供水系统，以及防止遭到攻击而瘫痪的应急服务。美国政府将采取必要措施保护这些利益，包括必要和恰当的时候果断地采取单边军事行动。重大国家利益是指那些不会影响国家生存，但能影响国家福祉以及美国人赖以生存的世界的要素。例如，保护全球环境免遭严重危害以及应对可能导致大规模的和失衡的难民潮危机。在特定情形下，美国将会采取措施维护人道主义及其他利益，例如，对自然和人为灾害做出反应，促进

人权以防止对人权的侵害，支持民主，促进法治和平民对军队的控制，支援人道主义排雷以及推进可持续发展及环境保护。[①]

2010年和2015年的美国年度《国家安全战略》报告反复强调了四项持久国家利益（Enduring National Interest）:（1）美国及其公民、美国盟友及伙伴的安全;（2）在开放的国际经济体系中的强大的、创新的、不断增长的美国经济以提升机遇和繁荣;（3）尊重国内及世界范围内的“普世价值”;（4）一种以美国为领导的基于法律的国际秩序，这个秩序能推动和平、安全和机遇，通过合作应对全球挑战。[②] 根据美国政府对美国利益等级的划分，第一项国家利益为切身利益，因为事关美国及其盟友生死存亡；第二和第四项涉及美国福祉和全球利益，属于重大利益范畴；第三项利益涉及美国民主人权思想是为人道主义及其他利益。

（二）以确保美国的霸权（全球领导地位）为战略核心

在明确国家利益之后，美国还进一步为其安全战略的制定和实施确立了指导思想，这就是维持美国在全球的领导地位，即霸权。冷战后，美国成为世界唯一超级大国，将“美国世纪”推到了巅峰。然而，进入21世纪后，国际形势的新变化以及新挑战，让有关“美国衰落”的论调不断被提及。早在1987年，保罗・肯尼迪（Paul Kennedy）所著的《大国的兴衰》一书就对大国由于过度扩张而造成的经济相对衰退从而导致衰落的规律做出了重要论述。2001年“9・11”事件的爆发和2008年次贷危机的蔓延似乎印证了这一论断。2014年，国际货币经济组织（IMF）发布的一项报告显示，以购买力平价（PPP）基准来算，中国2014年的GDP为17.6万亿美元，而美国为17.4万亿美元。这是美国自1872年取代英国成为世界头号经济体以来首次被超越，[③] 这再次引发了美国世纪是否终结的大讨论。2015年，美国前总统吉米・卡特在美国全国广播公司的一档节目里曾表示：“我们（美国）在世界范围内的影响力相对衰落是不可避免的……我认为中国、印度、巴西和南非等国不断增长的经济和文化影响力将取代美国在过

① The White House, “National Security Strategy 2000,” December 1999, accessed June 2, 2015, https://nssarchive.us/wp-content/uploads/2020/04/2000.pdf, pp.1-2.

② The White House, “National Security Strategy 2010,” May 2010, accessed June 4, 2015, https://obamawhitehouse.archives.gov/sites/default/files/rss_viewer/national_security_strategy.pdf, p.7.

③ Ben Carter, “Is China's Economy Really the Largest in the World?” accessed March 8, 2016, http://www.bbc.com/news/magazine-30483762.

去享有的很大一部分权力和优势。"[①] 美国民众对美国国际地位的认知也发生了巨大的变化。2002年美国皮尤调查（Pew Poll）显示，2002年有55%的美国人认为比起过去几十年，美国在世界中的地位更加重要和强大，只有17%的人持相反意见。而2013年的调查结果几乎与之相反。[②] 但以乔治·弗里德曼和约瑟夫·奈为代表的复兴派却认为"美国才刚刚开始展现其实力，21世纪将是美国世纪"，[③] "美国世纪的结束日期尚不确定"[④]。对美国政府而言，维护美国在全球的领导地位是不容置疑的。美国具有向全球各地投放军队的能力，拥有最先进的科技和教育，所以"问题从来都不是美国是否需要领导，而是怎么领导"。[⑤] 进入新世纪后，美国政府开始调整美国全球战略以确保其领导地位能适应新形势的发展。

（三）安全战略目标的确立

为了确保美国的优势地位，适应全球化时代的到来，进入21世纪后，美国历届政府都对战略目标做了调整。在2000—2001年，美国将战略目标确定为安全、繁荣和民主人权三个方面。具体目标为：（1）加强国内外安全：塑造国际环境，应对威胁和危机，对不确定的未来做准备；（2）促进繁荣：加强金融合作，提升贸易体系开放度，增强美国竞争力，保证能源安全，促进可持续发展；（3）增进民主和人权：发展中的民主政体，坚持普世人权和民主原则，人道主义活动。[⑥] 冷战后，美国经过10年发展巩固了一霸格局。应对未来不确定的挑战成为此时美国国家安全战略的重要目标之一。2001年，乔治·沃克·布什（小布什）接任威廉·杰斐逊·克林顿成为美国第43任总统。小布什总统在上任之初将重点放在了国内经济、

---

① Jimmy Carter, "American Decline 'Inevitable', but not Obama's Fault," accessed July 7, 2015, http://www.breitbart.com/video/2015/07/07/carter-america-in-decline-inevitable-but-not-obamas-fault/.

② Pew Research Center, *America's Place in the World 2013* (Washington, D.C.: Pew Research Center, 2013), pp.4-10.

③ George Friedman, *The Next 100 Years: A Forecast for the 21st Century* (New York: Doubleday, 2009), p.18.

④ Joseph S. Nye, *Is The American Century Over?* (Malden: Polity Press, 2015), p.14.

⑤ The White House, "National Security Strategy 2015," February 2015, accessed June 2, 2015, https://obamawhitehouse.archives.gov/sites/default/files/docs/2015_national_security_strategy_2.pdf, Preface.

⑥ The White House, "National Security Strategy 2000," December 1999, accessed June 2, 2015, https://nssarchive.us/wp-content/uploads/2020/04/2000.pdf; The White House, "National Security Strategy," December 2000, accessed June 23, 2015, https://history.defense.gov/Portals/70/Documents/nss/nss2000.pdf.

教育以及医疗改革上，但是不久之后，“9·11”事件爆发彻底改变了美国的战略重心。美国政府将战略优先调整为“赢得反恐战争的胜利以及推动自由以替代暴政和绝望”。[①] 在小布什政府任期内发布的两次美国年度《国家安全战略》报告（2002年和2006年）中列出了多达八项的战略目标和任务:（1）捍卫人类尊严;（2）加强打击全球恐怖主义联盟以防止恐怖分子袭击美国和美国的朋友;（3）与其他国家合作平息地区冲突;（4）阻止美国的敌人以大规模杀伤性武器威胁美国、美国的盟国以及美国的朋友;（5）通过自由市场和自由贸易助推新时期全球经济增长;（6）通过开放社会体和民主基础建设扩大发展圈（Circle of Development）;（7）与其他主要全球力量中心发展合作;（8）改革美国国家安全机构以应对21世纪的机遇和挑战，抓住机遇迎接全球化挑战。[②] 相较于前一届政府，小布什政府时期的美国国家安全战略目标仍集中于安全、繁荣和民主三个方面，不过由于反恐战争的爆发，安全议题尤为突出并出现了一些变化：其一，这一时期美国不再将人道主义干涉作为安全战略优先议题，转而打击恐怖主义，并提出“全球反恐战争”概念，这意味着如果其他国家不支持美国的反恐“大计”便成为美国敌人。其二，安全的对象由美国自身，扩展到了美国盟友及朋友。美国在强调对他国进行安全保护的同时，也意在突出军事盟友应承担起维护美国安全的责任。其三，成立国土安全部，将国内安全和外部安全统一起来，将本土安全力量和海外安全力量相整合。在此安全战略目标指导下，小布什总统任期八年内为打击恐怖主义和大规模杀伤性武器先后发动了阿富汗战争和伊拉克战争。南亚第一次成为美国国家安全战略的重点部署区域。

由于两线作战的拖累，美国财政由盈余转为赤字。2008年高喊“变革”口号的贝拉克·侯赛因·奥巴马上台后，为了扭转美国内外交困开始对国家安全战略做了大幅度调整，将战略目标设定为安全、繁荣、价值和国际秩序四个方面。2010年的战略目标为:（1）安全：加强国内安全和应对能力，瓦解（Disrupt）、摧毁（Dismantle）和击败（Defeat）分散在阿富汗、

---

① The White House, “National Security Strategy 2006,” March 2006, accessed June 5, 2015, https://www.comw.org/qdr/fulltext/nss2006.pdf, Preface.

② The White House, “National Security Strategy 2002,” September 2002, accessed June 1, 2015, https://20092017.state.gov/documents/organization/63562.pdf; The White House, “National Security Strategy 2006,” March 2006, accessed June 2, 2015, https://www.comw.org/qdr/fulltext/nss2006.pdf.

巴基斯坦境内以及世界各地的“基地”组织及其分支，使用武力，控制核能和生化武器的蔓延并确保核材料安全，增强大中东和平、安全和机会，加强对实力较强的伙伴的投入，重视网络安全。（2）繁荣：增强教育和人力资本，提升科学、技术和创新，实现平衡和可持续增长，加速可持续发展，更合理地使用纳税人缴纳的经费。（3）价值：增强我们（美国）榜样的作用，推动国外民主人权，通过满足基本需求提升人的尊严。（4）国际秩序：确保形成强大的联盟，与其他21世纪的影响力中心建立合作，加强合作机制和制度，就关键的全球挑战保持广泛合作。[①] 与前两届政府相比，奥巴马第一届任期内将美国国家安全战略目标由三方面扩大到了四个领域，提出了国际秩序的作用。在吸取小布什政府时期过分强调单边主义导致与欧洲关系紧张的教训基础上，奥巴马政府时期开始重新强调机制对美国霸权的重要性。某种程度上，奥巴马政府实现了霸权与合作的共生。正是通过机制构建，美国加强了与其他国家合作，将美国自身利益与他国利益挂钩，将美国主导的规则作为他国应遵循的准则，通过合作而非单一力量保证了美国霸权的持续性。

为了尽快结束反恐作战，重振美国经济，奥巴马收缩了美国两线作战，于2011年和2014年，分别宣布了伊拉克战争和阿富汗战争结束。2015年，奥巴马总统发布了任期内第二份美国年度《国家安全战略》报告，将今后美国的战略任务调整为：（1）安全：增强国防，加强国土安全，打击恐怖主义持久威胁，提升预防冲突能力，防止大规模杀伤性武器的扩散，应对气候变化，确保对共享空间的进入，提高全球健康安全；（2）繁荣：增强经济运行，提升能源安全，领导科技和创新，塑造全球经济秩序，终止极度贫困；（3）价值：生活在我们（美国）的价值中，促进平等，支持新兴的民主国家，赋权公民社会和年轻化领导，预防大规模残暴行为；（4）国际秩序：推动亚太再平衡，加强与欧洲持久盟友关系，寻求中东和东非的稳定和平，投资非洲，加深美洲地区的经济和安全合作。[②] 相较于前一阶段，奥巴马第二届任期内国家安全战略的最突出亮点表现为两个方面：一是安全的范围更加广泛，除反恐外，还包括了环境安全、空间安全

① The White House, “National Security Strategy 2010,” May 2010, accessed June 1, 2015, https://obamawhitehouse.archives.gov/sites/default/files/rss_viewer/national_security_strategy.pdf.

② The White House, “National Security Strategy 2015,” February 2015, accessed June 2, 2015, https://obamawhitehouse.archives.gov/sites/default/files/docs/2015_national_security_strategy_2.pdf.

和人身健康安全；二是强调了亚太再平衡。在美国撤军伊拉克和结束阿富汗战事之后，重塑美国在“印太”地区的领导地位，成为奥巴马政府的当务之急。在“印太”地区巩固已有盟友关系，加强伙伴关系成为奥巴马政府推行“再平衡”战略的关键。

总体上，从克林顿政府后期经小布什到奥巴马政府，美国对安全目标的界定经历了一个相对模糊（应对不确定未来）——单一化（反恐）——综合化（反恐、网络安全、气候变化、亚太再平衡等）的过程。

三、美国国家安全战略的调适：从克林顿主义到奥巴马主义

美国国家安全战略具有较强的时代性。美国安全战略适时根据当前国际形势、美国内政外交局面，甚至是总统个人、政府团队及所属政党的执政理念偏好进行调整。不同时期的美国国家安全战略往往通过“总统主义”（Presidential Doctrine）的确立和实践得以开展。尽管何为“总统主义”没有较为明确的定论，但美国国家安全战略史上从来不缺乏以总统名字命名的战略学说。例如，追求美洲人的美洲的门罗主义、谋求对别国内政进行干涉的杜鲁门主义等。一般而言，总统主义是指一系列有关如何实施安全战略以及制定相关决策的战略性政策安排集合。每一届政府的美国年度《国家安全战略》报告是时任“总统主义”形成的宣示性标志。“总统主义”以实现美国国家安全战略目标为宗旨。需要强调的是，“总统主义”让历届政府得以运用不同的战略手段并对各力量资源进行重组分配，但始终以实现美国国家安全战略总目标——霸权为核心。

克林顿是首位“二战”后出生的美国总统，是带领美国进入21世纪的跨世纪总统。克林顿总统于2001年1月卸任，他奠定了21世纪美国安全战略及对外关系的基础。克林顿主义的核心内容可以归纳为三个方面：第一，民主的扩大（Democratic Enlargement）。此战略手段旨在“加强民主市场，培育和巩固新的民主体和市场经济体，反对侵略，支持在敌视民主的国家进行自由化，帮助民主和市场经济植根于具有重大人道主义关切的地区”。[①] 在克林顿政府时期的美国年度《国家安全战略》报告中继续将“民主”作为美国安全战略的重要目标之一。第二，选择性接触（Selective

① Douglas Brinkley, “Democratic Enlargement: the Clinton Doctrine,” *Foreign Policy*, 1997, No.106, p.110.

Engagement）。2000年的美国年度《国家安全战略》报告对“选择性接触”战略做了详细部署安排。该报告写道：“美国对世界的参与是有限的……因此我们的接触必须是有选择的，集中于那些与我们利益最为相关的威胁和机遇。”① 克林顿政府通过加强与中国和印度等国的接触，实践了这一战略。第三，人道主义干涉（Humanitarian Intervention）。克林顿表示：“无论是在非洲、中欧还是世界其他地区，如果有人试图以种族、民族背景以及宗教为由驱逐或大规模屠杀无辜平民，并在我们能阻止范围内，我们将进行阻止。”②

以新保守主义思想为主导的小布什政府在“9·11”事件后对美国政府机构进行了自杜鲁门政府以来最大规模的重组。与克林顿政府不同的是，小布什政府认为武力的使用不仅在于进行人道主义干涉，还可以推翻“暴政”建立民主政权以进一步促进美国安全。小布什于2002年在西点军校的讲话以及同年发布的美国年度《国家安全战略》报告，被视为“小布什主义”形成的标志。“小布什主义”的核心在于强调先发制人（Preemptive Actions）以及单边主义（Unilateralism）。尽管这两个战略手段都不是由小布什首创，但在小布什任内尤其突出。小布什政府认为，“冷战威胁的本质要求美国及其盟友强调以威慑阻止敌人使用武力……威慑是有效的防卫手段，但是美国不能简单地用遏制对抗恐怖分子”。③ 为了寻求先发制人的合法性，美国将先发制人与预防性战争对等，绕过联合国、不顾欧洲盟友反对发动了伊拉克战争。不过很快美国意识到恐怖主义等全球性问题不可能凭美国一国之力解决，转而修复与盟友关系并拓展伙伴关系。与此同时，小布什也注重在全球范围内发起颜色革命。

奥巴马上任后，为了重塑美国领导地位，恢复受到战争拖累的美国经济及外交困局。奥巴马对小布什政府时期的政策做了重大改变。第一，以“巧实力”取代单一的以强调武力为主的“硬实力”。奥巴马政府认为：“一项灵巧的国家安全战略不单依赖武力。实际上，从长远看，我们与其

---

① The White House, “National Security Strategy 2000,” December 1999, accessed June 2, 2015, https://nssarchive.us/wp-content/uploads/2020/04/2000.pdf, p.3.

② William J. Clinton, “Remarks to Kosovo International Security Force Troops in Skopje,” June 22, 1999, accessed June 21, 2015, http://www.presidency.ucsb.edu/ws/?pid=57770.

③ The White House, “National Security Strategy 2002,” September 2002, accessed June 12, 2015, https://20092017.state.gov/documents/organization/63562.pdf, p.15.

他国家一道消除恐怖主义意识形态及根源远比在战场上清除恐怖分子更重要。”[①] 战略手段上，除使用武力外，奥巴马还强调外交、经贸、情报、法律、科技以及人际关系等。[②] 奥巴马上台后对小布什政府时期过度使用武力进行了批判，将从阿富汗和伊拉克撤军提上了正式日程。第二，强调集体行动（Collective Action）。在网络、空间、海洋、气候等全球问题上推崇多边合作与行动。奥巴马政府改变了小布什政府时期过分推崇单边主义的做法，强调多边机制的作用，重新恢复了对东亚地区合作机制的参与，积极参加东盟峰会并在“印太”地区发起新的合作机制。第三，提出全方位接触（Comprehensive Engagement）[③]，扩大接触的范围和领域。全方位接触战略首先强调与盟友关系并继续加深与中国、印度和俄罗斯等国的合作，不仅强调政府间接触，还提出了民众间接触。接触的范围包括打击恐怖主义、核不扩散、气候变化、全球经济不稳定等一切任意单一国家不可能解决的问题。第四，提出“亚太再平衡”。将美国战略力量重新集中到亚太地区，确保美国在亚太的主导地位。

从克林顿主义到奥巴马主义反映出美国安全战略实施手段的自我调控性和适应性。这种调适不仅体现在美国的全球战略层面，还体现在地区战略层面。

第二节　美国南亚安全战略的发展进程

美国南亚安全战略是美国国家安全战略的组成部分。美国南亚安全战略根据美国战略利益和国际格局的改变而随之调整，以维护美国利益为核心，在不同时期，既保持了一定程度的延续，也具有明显变化和发展。

历史上，美国与英属印度接触不多。1895年，美国著名作家马克·吐温的《赤道圈游记》一书反映了美国人对遥远印度次大陆的好奇和向往。20世纪三四十年代，美国曾支持英属印度民族独立运动。冷战期间，美国

① The White House, “National Security Strategy 2015,” February 2015, accessed June 2, 2015, https://obamawhitehouse.archives.gov/sites/default/files/docs/2015_national_security_strategy_2.pdf, Preface.

② *Ibid.* p.4.

③ The White House, “National Security Strategy 2010,” May 2010, accessed June 1, 2015, https://obamawhitehouse.archives.gov/sites/default/files/rss_viewer/national_security_strategy.pdf, p.11-12.

战略重心在欧洲，南亚位于美国安全战略外围。从1987年罗纳德·威尔逊·里根总统时期发布的第一份美国年度《国家安全战略》报告到20世纪90年代末克林顿总统时期的美国年度《国家安全战略》报告中，我们可以发现南亚仅是位于非洲之前的倒数第二个战略部署区域。1992年，美国才从1958年成立的近东和南亚事务局中分离出独立的南亚事务局。2006年，它又从欧洲和欧亚事务局中吸收了中亚事务办公室。美国南亚安全战略的发展经历了一个由边缘走向中心的过程。

一、冷战时期的美国南亚安全战略

纵观整个冷战时期，南亚并不是美国的战略前沿。美国在南亚一系列战略部署的背后实际上是美苏两个超级大国的争霸。那时，美国南亚安全战略的目的是遏制苏联在南亚的扩张和控制冲突升级，以避免美苏两大国的正面冲突。这一时期，美国在南亚的安全战略布局主要涉及以下方面。

（一）与巴基斯坦和印度关系

处理与巴基斯坦及印度关系是美国南亚安全战略的核心内容。冷战期间，美国与巴基斯坦结成了同盟以对抗与印度签有《和平友好合作条约》的苏联。但美巴结盟并不牢固，美印关系也非毫无发展。

1. 不对等的美巴同盟。1947年8月14日，巴基斯坦独立后，美国很快就与巴基斯坦建立了外交关系，成为最早与巴建交的国家之一。巴基斯坦建国初期希望同时发展与苏联和美国的关系，但没有得到苏联的积极回应。此时的美国为了防止苏联扩张，正积极拉拢巴基斯坦和印度。但印度坚决地执行被美国视为不道德的不结盟政策。因此，与巴基斯坦结盟成为美国的唯一选项。1954年，美国与巴基斯坦签订了《双边防务协定》。1955年，巴基斯坦成为东南亚条约组织和中央条约组织的成员国。1979年，苏联入侵阿富汗时，美巴结盟达到了顶峰。

但是，建立在非共享战略利益基础上的策略性同盟关系非常脆弱，也为日后美巴关系的淡化埋下了伏笔。这种脆弱性的实质在于美巴关系的不对等，具体表现为：第一，战略主体地位不对等。美国作为领导西方阵营的霸主，其实力远超于羸弱的巴基斯坦。美国并不需要借助巴基斯坦的军事力量以抵抗来自苏联的威胁。美国看重的是巴基斯坦的地缘战略价值，但巴基斯坦倚重的是美国的军事威慑。小国选择与大国结盟在能得到战略庇护的同时，也会受制于大国左右。第二，战略目标不对等。在巴基斯坦看来，与美国成为盟友不仅能得到巨额援助以发展这个百废待兴的国家，同时也能借助美国力量对抗敌手印度。但美国的战略目标是防止苏联在南亚的势力扩张。第三，战略认知的不对等。大多数巴基斯坦人认为："作为对使用巴基斯坦军事设施的回报，美国在任何情况下都需要对巴基斯坦的安全负责，而不仅仅是应对共产主义的进攻。"① 但是，任何一届美国政府都不愿意将这种责任扩大到巴基斯坦与印度的矛盾中。这种策略性的利己主义同盟关系也与美国所坚持的民主价值所违背。为了得到巴基斯坦的支持，美国选择与民主背离的巴基斯坦军政府合作。在1979—1989年苏联入侵阿富汗期间，美国实施代号为"飓风行动"（Operation Cyclone）的秘密活动，甚至资助伊斯兰极端分子抗击苏联。

2. 疏离起伏的美印关系。印度独立后，由于印度外交政策导向致使美印关系总体上较为冷淡。在此期间，有几个时间节点标志着美印关系的急剧恶化：第一，1971年8月，印度明显偏离"不结盟"，与苏联达成了具有准军事同盟性质的《和平友好合作条约》，标志着印度外交政策向苏联"一边倒"。在同年11月爆发的第三次印巴战争中，美国公开表示支持巴基斯坦，将"企业号"航母开进了孟加拉湾，对印度进行恫吓。第二，1974年5月，印度进行了第一次代号为"佛祖的微笑"的核试爆。这根本性导致了之后20多年美印关系的疏远。第三，1984年，美国联合碳化物公司下属的位于印度中央邦博帕尔的一家公司发生泄漏事件，造成数十万人直接或间接死亡。美国公司对此事件逃避责任，直接影响了两国关系以及日后印度对外国投资责任的认定。

然而，尽管美印两国的安全战略出发点和目的大相径庭，却能在部分地区事务实现合作。1959年，艾森豪威尔访问印度，他是印度独立后第一位到访的美国总统。此时美国认为加强与包括印度在内的南亚国家合作能有效地阻止共产主义中国的扩张。1961—1963年，肯尼迪在任期间将印度视为战略伙伴。肯尼迪认为，"在过去10年，中国共产党不断向前推进。印度也取得了一些进展，但是如果印度政府不能带领其4.5亿人民取得成功，不能推进自由，那么全世界人民特别是不发达地区的人民将决定发展

---

① Peter R. Blood, *Pakistan: A Country Study* (Washington, D.C.: Federal Research Division, Library of Congress, 1995), p.52.

他们资源的唯一道路就是共产主义制度。”[1] 肯尼迪总统时期的驻印度大使是著名经济学家约翰·肯尼思·加尔布雷斯（John Kenneth Galbraith）。在他的帮助下，印度建立了第一个计算机科学系。1962年中印边界冲突期间，美国向印度提供了大量军事援助。

印度与美国的外交关系也充分说了印度外交“战略自主”的特色。在整个冷战期间，印度“不结盟”外交，一方面确保印度能在美苏两霸间左右逢源，另一方面又促使印度成为第三世界“不结盟”运动的领导者。

（二）对南亚地区的危机管理

由于南亚地区的固有矛盾，美国在部署南亚安全战略时不得不考虑应对南亚地区冲突危机。这样一则避免印巴相互牵制关系被彻底打破，二则避免将居于“幕后”的两霸推向战争边缘。冷战期间，美国对南亚的危机处理在一定程度上有效阻止了危机进一步升级，但未能从根本上化解危机。

冷战期间的两次印巴战争，全面考验了美国的危机化解能力。印巴较量的背后是美苏两个超级大国的博弈。若地区战争升级为大规模热战，那么美苏间的冷和平将被打破。1965年9月，第二次印巴战争爆发，美国为了阻止危机升级，切断了对巴基斯坦以及印度的援助。这次阻止较为有效，印巴两国均同意停火。但是，美国盟友巴基斯坦认为自己遭到了背叛。之后，美巴关系开始出现转向。巴基斯坦加强了与中国关系并改善了与苏联关系。1971年，在印度与苏联结成“准盟友”后不久，第三次印巴战争爆发。印度煽动东巴（现孟加拉国）从巴基斯坦分离出来。为了获得巴基斯坦军政府的帮助以实现中美接触，并阻止推崇社会主义的印度入侵西巴以取得南亚的主导地位，美国公开倒向了巴基斯坦，为其提供了大量的军事援助。解密的美国中央情报局文件显示，“印度企图肢解巴基斯坦并摧毁其武装力量，在冷战中失去盟友是美国不可承受的损失”。[2] 尼克松称印度是“苏联的走狗”（Soviet Stooge）。[3] 不久之后，苏联向印度派出了舰队以及载有核弹的潜艇迫使美国第七舰队撤出印度洋。

---

① Deepak Nagpal, “India and the US – From 1947 to Present,” accessed March 19, 2016, http://zeenews.india.com/exclusive/india-and-the-us-%E2%80%93-from-1947-to-present_1474527.html.

② U.S. Government, “Nixon/Kissinger Saw India as ‘Soviet Stooge’ in 1971 South Asia Crisis,” June 29, 2005, accessed July 2, 2015, https://nsarchive2.gwu.edu/news/20050629/index.htm.

③ *Ibid.*

1974年，印度第一次核试爆也给美国南亚乃至全球安全战略带来了挑战，尽管美国早就开始关注印度核项目，但没有预料到印度会进行核试验。地区层面，美国一度压制巴基斯坦赴印度“后尘”，从而导致南亚地区核竞赛。但是，巴基斯坦并不屈服于美国的压力和警告，仍然加紧核试验研究，于1983年进行了第一次次临界核试验。印巴的先后试爆，使核不扩散体系遭到打击。印度成为第一个除五大常任理事国之外拥有核能力的国家。1978年，卡特政府通过法案要求包括印度在内的不在《核不扩散条约》框架下的国家统一接受国际原子能组织的监管，但遭到了印度拒绝。全球核态势从此发生巨大转变。

（三）经济及军事援助

冷战期间，为了有效遏制共产主义，美国对全球范围内具有重要战略意义的发展中国家提供了援助，以防止它们倒向社会主义阵营。南亚国家中的巴基斯坦和印度是美国援助的主要对象。

20世纪五六十年代，为了打造一支现代化的巴基斯坦军队、阻止共产主义势力南下、保持印巴实力相对平衡，美巴达成结盟。美国向巴基斯坦提供了大量的军事援助。1954—1965年，美国向巴基斯坦提供了超过6.3亿美元的直接援助和超过6.7亿美元的武器低价出售和防务援助。① 除此之外，美国还向巴基斯坦提供了大量的民用援助和人道主义援助。到1964年，美国对巴基斯坦的援助总量占到了巴基斯坦GDP的5%左右。② 1965年，第二次印巴战争爆发，美国终止了对巴基斯坦的军事援助。1979年，苏联入侵阿富汗期间，美国增加了对巴基斯坦的军事援助。大量的资金和武器经由巴基斯坦提供给在阿富汗境内打击苏军的“圣战”组织。美国向巴基斯坦提供的经济和军事援助，帮助了巴基斯坦军事能力和社会经济的发展，增加了巴基斯坦与印度较量的底气，却也留下了严重的后患。

尽管美国对印度的“不结盟”立场给予谴责，但是在朝鲜战争以及印度粮食危机等事件的催化下，为了防止印度赤化，1955—1971年，美国向印度提供了大量的援助。美国援助主要用于印度公共部门，只有5%左右的援助用于私营部门。一开始美国主要着重对印度粮食和农业技术等提供

---

① Stephen P Cohen, *The Pakistan Army* (Karachi: Oxford University Press, 1992), p.138.

② Viqar Ahmed and Rashid Amjad, *The Management of Pakistan's Economy 1947-82* (Karachi: Oxford University Press, 1984) in "U.S. Aid to Pakistan: Effectiveness and Challenges," accssed September 29, 2016, http://www.ir•ia.com/USAID-to-Pakistan.html.

援助，之后逐渐转向工业和基础设施建设。1962年中印边界冲突期间，美国也短暂地向印度提供了军事援助。随着1971年第三次印巴战争的爆发以及印度与苏联结成“准同盟”，美国停止了对印度的援助。1987年，考虑到印度在南亚的重要性，美国恢复了对印度的经济援助，但规模远远小于之前的总量。美国援助有效促进了印度经济社会的发展，特别是在1967—1968年印度开展“绿色革命”期间，美国为印度提供了大量的技术和资金支持。美国也成为印度最大的资助来源国之一。同时，美国援助也囊括印度政治民主架构建设，这为日后美印关系的恢复及提升奠定了基础。

二、20世纪90年代的美国南亚安全战略

随着柏林墙的倒塌、克里姆林宫红旗的落下，美国成为全球唯一超级霸主。美国南亚安全战略中的苏联因素随之消失。南亚对美国而言不再是对抗苏联的一颗战略棋子，美国需要根据南亚自身特点以及冷战后全球格局变化对南亚安全战略进行调整。

（一）与印巴关系发生巨大变化

冷战后初期，南亚对美国的战略价值下降。因为苏联的瓦解让美国对共产主义在南亚扩张的担忧消失，美国不再需要通过南亚遏制苏联。

1. 美巴关系急剧降温。1990年，老布什政府以巴基斯坦违反《普雷斯勒修正案》（Pressler Amendment）为由取消了对巴基斯坦的援助。而在此之前，尽管美国早就掌握了巴基斯坦进行核活动的证据，但为维持盟友关系，美国总统还是向国会保证巴基斯坦没有核设施。克林顿政府第一届任期内，也未对南亚特别是巴基斯坦投入过多关注。1997年，巴基斯坦成为世界上仅有的三个承认阿富汗塔利班政权的国家（其余两个国家是沙特和阿联酋）。1998年，美国驻坦桑尼亚和肯尼亚大使馆遭到恐怖袭击，美国认为这两起事件均与本·拉登领导的“基地”组织有关。美国寻求巴基斯坦帮助抓获藏匿在阿富汗的本·拉登，但巴基斯坦对美国的请求毫无反应。在遭到巴基斯坦拒绝后，美国希望联合国安理会介入以促使巴基斯坦向塔利班施压。

2. 印度地位开始上升。20世纪90年代初期，印度在拉奥总理的领导下经济改革成效明显。印度惊人的发展让美国开始重新审视与这个国家的关系。美国智库和战略界开始呼吁美国政府与印度建立新型关系。1991年，美国和印度海军开始加强双边关系，两国进行了联合军演。虽然此次

军演规模较小，但前所未有。之后，美印两国又进行了多次代号为“马拉巴尔”（Malabar）的系列军演。1994年，印度总理拉奥访问美国，这是继拉·甘地之后首位访问美国的印度总理。1995年，美国国防部长威廉·佩里（William Perry）到访印度，与印度签署了《美印防务关系协议》并建立了防务政策论坛。美国南亚安全战略开始出现“印度第一”的迹象。

（二）南亚核扩散[①]

1998年，印度以受到“中国威胁”为借口在拉贾斯坦邦的博克兰进行了震惊世界的公开核试验，巴基斯坦以应对印度核威慑为由，在俾路支省贾吉地区进行了核试验，印巴核竞赛随之展开。印巴两国对核不扩散体系的公开挑衅立即招致联合国安理会的谴责。不久，联合国通过了1172号决议，要求印度和巴基斯坦停止核项目并签署《全面禁止核试验条约》（CTBT）以及《禁止生产裂变材料条约》（FMCT）。美国对印巴两国都进行了制裁。制裁导致印度股市大跌，巴基斯坦的外汇储备也到了崩溃边缘。与此同时，美印之间开始了14轮的外交对话。美国希望印度签署《全面禁止核试验条约》，停止弹道导弹研发，并提高出口管控。[②]然而，印度却称，只有制定了明确的核武器裁减时间表才会同意以上提议。[③]其实，在1999年，美国国会就否决了《全面禁止核试验条约》。美国一方面施加压力要求印度签署条约，另一方面本国却拒绝签署，再次表现出美国霸权双标行径。克林顿政府时期，美印两国虽然都有提升双边关系的强烈愿望，但在具体核事务上，美国表示，若印度不在核问题上让步并接受国际核监管的话，美国将拒绝同印度讨论核合作。1998年，公开核武器之后，印巴两国间的安全状况并未好转，双方在核威慑的保护伞下，不断触碰对方的安全底线。双方因为都认为对方不会首先将战争升级为核战，由此会克制、容忍侵扰行为而做出有限反应。

（三）对卡吉尔战争的危机管理

相互核遏制并不能确保和平。1999年5月，卡吉尔冲突的爆发就推翻了冷战时期有关两个有核国家不会动武的假设。而在此前不久的1999年2

---

① 许娟、陈利君：《安全困境视角下的南亚核安全关系网》，《南亚研究》2014年第1期。

② Strobe Talbott, *Engaging India: Diplomacy, Democracy and the Bomb* (Washington, D.C.: Brookings Institution Press, 2006), p.63.

③ Sumit Ganguly, “Giving India a Pass,” August 17, 2005, accessed August 19, 2015, www.foreignaffairs.org/20050817faupdate84577/sumit-ganguly/giving-india-a-pass,html.

月，为了打破印巴双方长达半个世纪以来的仇视和敌对，印度总理瓦杰帕伊开拓性地乘坐巴士到达巴基斯坦拉合尔，与巴基斯坦总理谢里夫进行了会谈。印巴的边界争端，让印度认为遭到了侵犯并决定予以回击。从冲突一开始，美国就对此给予高度关注，因为这是国际关系史上第一次两个有核国家间进行的直接常规武装冲突。为了避免冲突上升并导致核战争，美国很快做出反应，公开要求巴基斯坦后撤。美国的表态，让印巴双方都感到意外，因为“巴基斯坦认为美国会站到巴基斯坦一边反对印度，而印度不敢相信美国会根据是非曲直处理危机，而不是自然而然地站在长期盟友巴基斯坦一边”。[①] 美国对这场危机的处理影响了美印关系的发展，印度开始转变对美国的负面认识。这场危机后，谢里夫总理也陷入了困境，撤军决定在巴基斯坦遭到了批评。不久，穆沙拉夫发动军事政变，谢里夫被迫下台。

纵观整个20世纪，南亚始终只是美国国家安全战略的外围地带。美国与南亚国家关系互动是基于区域外苏联及俄罗斯关系的影响。换言之，主要是由于外生动力而非区域自身吸引力，南亚才受到美国的关注。

三、21世纪初美国南亚安全战略的环境变化

（一）美国国内环境变化

进入21世纪之后，美国面临了诸多深刻的内部挑战，其中对美国政治和社会影响较大的有以下几方面：第一，经济增长放慢，债务问题严重。从2000年到2014年上半年，美国实际国内生产总值的年均增长率为1.7%，为2000年以前历史年均增长率的一半左右。[②] 1980年，美国的公共债务为9.09千亿美元。1990年，公共债务翻了三倍多达到3.2万亿美元。2001年，上升为5.7万亿美元。[③] 2010年1月，这个数字飙升到14.3万亿美元。[④] 2007

---

① Riedel Bruce, “American Diplomacy and the 1999 Kargil Summit at Blair House,” accessed January 11, 2016, http://citeseerx.ist.psu.edu/viewdoc/download?doi=10.1.1.473.251&rep=rep1&type=pdf, p.5.

② National Income and Product Accounts, “Gross Domestic Product, Second Quarter 2014 (Advance Estimate); Includes Historical Revisions,” July 30, 2014, accessed September 2, 2015, https://www.bea.gov/news/2014/gross-domestic-product-2nd-quarter-2014-advance-estimate-includes-historical-revisions.

③ “US Spends Its Way to 28 Eiffel Towers: Made out of Pure Gold,” *The Times*, March 17, 2006.

④ *Ibid.*

年末爆发的次贷危机更让美国经济雪上加霜。第二，失业率下滑，缺乏技术工人。20世纪90年代，美国就业保持了持续增长，但是由于受到经济下滑影响，2001年以及2007—2009年却出现了下滑。直到2014年，就业总人数才恢复到2007年危机爆发前，但是就业率仍低于2007年水平。[①] 在就业率下滑的同时，却出现了“技能鸿沟”（Still Gap），即由于劳动者缺乏雇主所要求的技能，而失去就业机会。第三，人口老龄化。美国大部分人口出生于“二战”后，进入21世纪后，这批“婴儿潮”逐步进入老年，由此带来的医疗和养老问题将对美国经济造成一定的压力。对美国而言，开辟新市场的同时为本国输入高技能人才迫在眉睫。南亚拥有占世界五分之一的人口，是21世纪最重要的新兴市场之一。因此，维护南亚地区和平稳定，开拓南亚市场，鼓励南亚经济社会发展十分符合美国利益。近些年来，南亚特别是印度为美国提供了大量熟练使用英语的高技能信息技术人员。印度班加罗尔与美国硅谷间的密切联系，推动了美国信息产业的发展。第四，印裔美国人在美国政治生活中的作用提升。目前大概有320万的印裔生活在美国境内，是美国第二大亚裔团体，他们大多受过良好教育并且家境较为殷实。近年来，印裔对美国政治生活的参与度逐渐提升，积极参与院外游说活动并资助议员竞选。较高的政治参与觉悟以及抱团意识使得印裔在美国政治中的作用不断提高，并对美印关系的进一步发展发挥了重要的作用。比如美印民用核能协议的达成就部分得益于在美印裔的积极推动。

（二）南亚国家内部环境变化

进入21世纪后，南亚国家内部环境也发生了深刻的变化。整体上，南亚国家经济实现了较快的发展，成为亚洲乃至世界经济的引擎之一。印度成为南亚发展的“领头雁”，并且深刻地影响着南亚经济一体化的发展。由于反恐战争的爆发，以往南亚地区内的主要矛盾——印巴冲突实现了一定程度的缓解，尽管这种缓解是在外力作用下实现的。

在经过三次印巴战争后，印度获得了在南亚的绝对优势。但是缓慢的社会经济发展水平限制了印度在国际舞台上的进一步发展。自1991年印度进行经济改革后，印度经济实现了奇迹般的增长，印度一跃成为亚洲第三

① Ben Casselman, “The Job Market’s Five-Year Recovery in 10 Charts,” accessed June 9, 2015, http://fivethirtyeight.com/features/the-job-markets-five-year-recovery-in-10-charts/.

大经济体以及金砖国家成员国。强劲的经济发展势头为印度实现“大国梦”奠定了基础。为了能成为与中国平起平坐的大国，印度积极发展核武器、致力于在联合国中发挥更重要的作用。综合国力的上升，也促使印度不断扩大战略安全空间，从喜马拉雅山、克什米尔延伸到了印度洋。同时，苏联解体后，印度一改过去亲苏立场，转而发展起了全方位外交。印度在继续保持与俄罗斯关系的同时，逐步改善了与美国、中国等大国关系，修复了与南亚邻国及东南亚周边国家关系。进而印度跻身为世界多极中的重要一极。这也是印度第一次凭借自身实力的发展，成为让美国不容小觑的国家。

进入21世纪，巴基斯坦经济发展表现同样出色，巴基斯坦也逐渐成为亚洲重要的新兴市场。2005年，巴基斯坦成为亚洲第二大经济发展最快的国家。巴基斯坦希望以温和的伊斯兰国家形象，发展与世界上大多数国家的良好关系。同时，巴基斯坦也担负起了世界伊斯兰国家间关系“桥梁”的重要作用。在政治改革进程方面，巴基斯坦虽多有反复，但发展势头趋好，政局总体上相对稳定。尽管在综合实力上不及印度，但是基于巴基斯坦的地缘优势、与中东伊斯兰的国家联系，特别是继印度之后成为拥有核能力的国家等因素，让各大国难以忽略巴基斯坦在地区安全稳定中的作用。“9・11”事件后，巴基斯坦再次成为前线国家，为打击恐怖主义发挥了重要的作用。

1996年，阿富汗塔利班建立了阿富汗伊斯兰酋长国，控制了阿富汗90%左右的领土，其余北方领土由阿富汗北方联盟控制。尽管阿富汗塔利班政权不被世界上大多数国家所承认，但阿富汗进入一个相对稳定的时期。然而，由于阿富汗塔利班对“基地”组织提供了庇护和协助，最终导致美国再次将饱受摧残的阿富汗拉入战争的泥潭。

（三）南亚周边大国的崛起与复兴

中国和俄罗斯是环绕在南亚板块东部和北部的两个大国。冷战时期，美国为了遏制来自共产主义的威胁，将南亚作为战略棋子，用以平衡资本主义阵营和社会主义阵营的实力。冷战后，苏联解体，社会主义阵营受到巨大冲击。在较为被动的情形下，中国在经历改革的阵痛后，开创了中国特色社会主义新局面。20世纪90年代初以来，中国经济、军事、科技实力发展迅速，并积极参与世界双边及多边合作。中国的高速发展成为21世纪最重要的世界性议题。作为苏联继承国的俄罗斯，迎来了21世纪对俄罗斯最具影响的领导人普京的上台。普京掌权后，开始对俄罗斯社会经济进行大幅改革，试图恢复昔日苏联时代的超级大国地位。在外交上，普京继续推行了既向西方又向东方的“双头鹰”政策，俄外交环境得到积极改善。俄罗斯既是新兴国家代表的“金砖国家”成员国，又是传统工业大国联盟“八国集团”的一员。不过，俄罗斯这位铁腕领袖的政策也遭到西方国家的指责。第二次车臣战争的爆发以及对北约东扩的强硬抵制，让美国不得不担心俄罗斯再次成为对美国霸权的最大挑战。此外，中亚是俄罗斯的传统势力范围，上海合作组织的建立将中亚五国与俄罗斯和中国的发展利益紧密连接在一起。

冷战时期及20世纪90年代，美国南亚安全战略模式已不再适应新形势的发展。为了继续维护21世纪美国的领导地位，美国开始在南亚进行新的布局和调整。

第三节　21世纪初美国南亚安全战略的模式构建

正如上文所提到的，21世纪美国国家安全战略的核心是确保美国霸权地位。2012年1月，美国国防部公布的一份军事战略报告就以《维持美国的全球领导地位：21世纪国防的优先任务》为题，直言不讳地表明了美国的战略意图。作为美国地区性安全战略的南亚安全战略，同样以维护美国霸权地位为最终目的。在全新的安全环境下，美国优化战略设计、转变战略思维，重新构建了新时期的南亚安全战略。

一、美国霸权与南亚地区安全

按照约瑟夫·奈对权力的划分方式，可将作为权力集中最高形态的霸权划分为以强调军事为主的硬实力和以强调文化为主的软实力两个层次。依照罗伯特·基欧汉的研究范式，又可以将霸权剖析为权势霸权和机制霸权两个方面。权势即权力，主要指硬实力。美国权势霸权表现为美国的军事优势和绝对安全理念。机制指国际机制，即“一系列围绕行为体的预期汇聚到的一个既定国际关系领域而形成的隐含的明确的原则、规范、规则和决策程序”。[①] 美国机制霸权指的是第二次世界大战后形成的以美国为主导的多边国际“主流”制度安排。本书主要以安全战略论述为核心，故选取权势霸权和机制霸权这两个维度加以分析。

（一）美国权势霸权与在南亚地区安全

美国权势霸权的基础在于美国超强的军事实力以及盟友关系的构建。在全球范围内投射军力的能力能确保美国本土及海外利益的绝对安全。盟友的构建分担了美国地区性安全责任，同时构筑起了美国主导下的集体安全体系。新时期，南亚地区安全态势影响到了美国权势霸权的基础：

第一，南亚恐怖主义的出现直接威胁到了以往以打击现实及潜在挑战国家为目标的美国防务安全。换言之，过去美国的防务计划以国家为中心，将国家实体视为对美国权势霸权挑战的基本要素单位，美国所发起的战争也大多是以国家实体为主的军事行动。然而，“9·11”事件的爆发，暴露了美国以国家为导向的防务计划的缺陷，作为非国家行为体的恐怖主义在美国本土对美国进行了前所未有的袭击。为了改变这种以国家作为单一威胁来源的安全理念，2001年美国出台的《四年防务评估报告》指出需要改变以往以“威胁为基础”的安全模式，转化为以“能力为基础”的防务模式，即“美国必须具备阻止和打击那些依赖于以出其不意、欺诈和非对称战争为手段、实现其目标的敌人的能力。”[②] 这也是历史上首次由于南亚地区内部的安全形势变化迫使美国改变了对安全威胁来源要素的认知，并将打击非国家行为体——恐怖分子作为新世纪美国安全战略的优先议题。

第二，南亚地区内盟友的缺失，促使美国重新考虑与南亚地区内主要国家的关系。美国得以享有权势霸权的一个很重要原因就是在全球范围内结成同盟。冷战时期，美国为主导的北约击败了苏联为首的华约组织。冷战后，北约组织仍在维护欧亚大陆地区的安全态势方面发挥着重要的作用。在亚洲，美日安全同盟关系是美国维护东亚利益的基石所在。在东南亚地区，美国与东盟国家关系也确保了美国在该地区的利益。中亚地区是俄罗斯势力范围所在，但美国也一直通过颜色革命等手段进行渗透。自

---

① 〔美〕罗伯特·基欧汉：《霸权之后：世界政治经济中的合作与纷争》，苏长河等译，上海世纪出版集团，2015，第57页。

② Department of Defense, “Quadrennial Defense Review Report 2001,” September 30, 2001, accessed June 23, 2015, https://archive.defense.gov/pubs/qdr2001.pdf, Foreword.

苏联解体后，南亚地区特别是巴基斯坦对美国的地缘战略价值迅速减弱。1998年，印巴相继进行核试爆后，美国与印巴双边关系更是降到低点。在亚洲，南亚成了美国安全战略部署较为薄弱的区域。然而，南亚地理位置十分重要。在南亚地区的西侧存在着三个与美国具有严重分歧的国家——伊朗、伊拉克和叙利亚，在这三个国家的南面则是与美国关系友好的海湾国家。南亚是沟通中亚和东南亚的重要“桥梁”。南亚北部是曾作为世界两霸中一霸的苏联继承国俄罗斯。因而，美国需要重新调整与南亚国家关系，寻找美国在南亚的“代理人”，让其担负起维持南亚地区秩序稳定责任的同时，成为美国全球均势战略的重要支点。

（二）美国机制霸权与南亚地区安全

当今“主流”国际机制均为美国所主导。国际机制的建立既是美国霸权形成的标志，也是美国霸权得以维系的重要支柱。在国际机制框架内，美国在为各国及世界提供“公共产品”的同时，也形成了各国对美国所主导制度的依赖。正如美国权势霸权不断受到国家行为体以及非国家行为体的冲击那样，美国机制霸权作为守旧机制在面临来自新机制考验的同时，也受到了“违规者”对机制权威性的挑战。美国机制霸权同样也受到了南亚地区安全形势的影响，这主要表现为以下几个方面。

第一，南亚稳定繁荣攸关美国自由贸易机制霸权。与英国通过建立殖民地完成原始积累从而成为世界性帝国不同，美国霸权的经济基础是在全球市场内进行自由贸易，并以美元为世界性贸易结算货币。南亚地区人口总量庞大，随着印度为代表的南亚国家经济迅速提升，南亚成为美国出口和投资的巨大且富有潜力的市场。在南亚地区推动市场化和现代化建设，消除贸易壁垒，促进经济一体化水平，鼓励南亚国家放宽进出口限制，十分有利于美国自由贸易机制的持续运转。然而，南亚地区充斥着各种传统和非传统性安全威胁，正如美国前总统克林顿于2000年出访南亚时所表示的那样，“南亚是地球上最危险的地方”。[①] 几乎世界上所有类型的冲突都可以在南亚找到原型。若南亚地区陷入混乱，将严重阻碍美国所推崇的自由贸易机制的发展。不仅如此，与南亚濒临的印度洋是世界海上贸易和能源运输的重要通道，南亚国家的稳定和海洋发展战略直接关乎印度洋航线的

① Muhammad Alamgir, “America’s Interests in South Asia,” August 19, 2011, accessed June 13, 2015, https://muhammadalamgir.wordpress.com/2011/08/19/america%E2%80%99s-interests-in-south-asia/.

畅通和沿线区域的稳定。

第二，印巴核违规直接挑战了美国核不扩散机制。由于对美国所主导的核不扩散机制的霸权属性不满，印度在南亚率先发展了核能力，这又成为驱使巴基斯坦追求与印度实现核平衡的动力。印巴两国不仅在纵向数量级上增加了核武库，也在横向核技术扩散方面存在一定漏洞。印巴两国核能力并不主要针对美国，但是由于印巴间存在不可调和的矛盾，印巴两国相继具有核能力后，增加了小规模冲突上升为大规模核冲突的可能，这影响到了美国在南亚的安全利益。因此，尽管南亚爆发核战争的可能性不大，但是美国仍将“阻止冲突上升为核战争作为优先重点之一”。[①] 为了更好地维护美国核不扩散机制的权威性，美国需要南亚国家由“违规者”转变为“遵守者”。

第三，南亚国家政治形态与美国民主制度的传播。历届美国领导人都是坚定的民主和平论者。克林顿总统曾表示：“保持我们国家安全并维持长久和平的最好方法便是支持其他地区的民主发展。民主国家之间不会互相争战。”[②] 小布什总统曾说过：“我这么强烈支持民主的原因，正是因为民主国家之间不会互相交战。这是因为绝大多数社会的人民都厌恶战争，因为他们了解战争是毫无意义的……我对民主能促进和平有着极大信心。这也是为什么我如此强烈相信中东的前进之路是促进民主。”[③] 南亚国家政治形态较为多样，既有民主议会制较为完备的国家，如印度；也有正向民主制度过渡的国家，如巴基斯坦；更有保持君主制的不丹。按照民主和平论的观点，加强南亚国家民主化建设有利于维持南亚内部稳定。同时，南亚地区聚集了约5亿的穆斯林，占世界穆斯林总人口的三分之一，是伊斯兰文明的主要汇集地。在美国看来，民主制度的传播有利于消除伊斯兰文明与西方文明之间的冲突。

基于以上讨论，美国为了维护权势霸权和机制霸权，进而对南亚安全战略进行重构，以将南亚塑造成美国权势霸权的“拥护者”以及美国机制

---

① Robert A. Lamb, Sadika Hameed and Kathryn Mixon, “South Asia Regional Dynamics and Strategic Concerns: A Frame work for U.S. Policy and Strategy in South Asia, 2014-2026,” January 2014, accessed June 23, 2015, https://rdlamb.com/wp-content/uploads/SAsiaDynamics.pdf, p.23.

② Bill Clinton, “1994 State of the Union Address,” accessed July 21, 2015, http://www.washingtonpost.com/wp-srv/politics/special/states/docs/sou94.htm.

③ “President and Prime Minister Blair Discussed Iraq, Middle East,” November 11, 2004, accessed June 23, 2015, http://georgewbush-whitehouse.archives.gov/news/releases/2004/11/20041112-5.html.

霸权的“维护者”。

二、21世纪初美国南亚安全战略的模式选择

安全战略的构建是一个复杂的过程。为了分析的便利化，我们将美国南亚安全战略视为一个系统。国家间关系为系统内要素，各要素间相互作用、相互影响，最终决定系统的发展方向，系统也反作用于各要素。

在美国南亚国家安全战略中，协调美国与印度和巴基斯坦关系为美国南亚安全战略三大支柱——美国与主要南亚国家关系、反恐及核问题的核心所在。印巴间具有不可调和的结构性矛盾，这种矛盾将在美国绝对性地倒向一方时，必然地促使与另一方关系绝对性恶化。美国在美印巴三边关系中具有绝对优势。本书假设将美国对外战略选项划为军事结盟、合作接触、维持现状、部分对抗、全面遏制五类。军事结盟指以双边安全协定为约束，相互确保在遭到第三国侵略时提供安全协助，是两国安全合作的最高形式；合作性接触旨在通过对话协商促进双边合作；维持现状指既不合作也不对抗；部分对抗会对两国关系造成一定负面影响，但不会伤及两国核心利益；全面遏制为采取敌对方式进行制约，导致两国关系根本性恶化。在美国霸权深受南亚安全状况影响的局势下，美国主动加深合作将带来正向关系收益，对抗将导致负向关系收益。假定军事结盟收益为2、合作接触收益为1、维持现状收益为0、部分对抗收益为–1、全面遏制收益为–2，将得到如表1所示16组排列组合模式。

表1　美国与印度和巴基斯坦外交决策模式收益分析

模式	1	2	3	4	5	6	7	8	9	10	11	12	13	14	15	16
印度	2	–2	1	–1	1	0	1	0	0	–1	–2	0	–2	1	–2	–1
巴基斯坦	–2	2	–1	1	1	1	0	0	–1	0	0	–2	1	–2	–1	–2
收益	0	0	0	0	2	1	1	0	–1	–1	–2	–2	–1	–1	–3	–3

模式5收益最高，实现这一收益需要美国同时保持与印巴合作关系。这对美国来说是一大挑战，因为以往美国在发展与印巴一国正向关系时，会受到印巴固有矛盾的牵制，导致与另一国关系减弱。

模式6和模式7收益均为1，这需要美国在与印巴其中一国保持合作性接触的同时，对另一国采取默认式的容忍，并且合作的程度不能切实地损

害到另一国的核心利益，否则另一国为了自保将采取更为激进的政策。美国为了抵制这种激进的回应不得转而采取限制态度，这就会导致模式3和模式4的情形发生。

模式2曾在20世纪70年代出现过，那时以美巴结盟为一方，苏印军事合作为另一方。模式2虽然加速了苏联的瓦解，美国成为最终霸主，但是此后美国与印巴关系迅速降温，美国在南亚没有获得更多的收益。由于印度坚持“不结盟”政策，模式1的情况较难实现。

在美国霸权深受南亚安全局势影响的情况下，对南亚采取不作为而保持现状的方式显然不符合美国的战略利益。在理性决策下，模式8较不合理。模式9至模式16收益均为负值，显然不符合美国的安全战略利益。

模式5和模式6、模式7逐次有利于美国发展与南亚国家的良好关系，以使其服务于美国霸权。在未达到最高安全合作模式军事同盟的情形下，美国越加深与南亚内国家的合作程度，越有利于巩固美国的霸权。

美国南亚安全战略系统要素除了美国与南亚地区内国家关系外，还需要考虑美国、南亚与第三方域外国家关系。美国在维持自身霸权的同时，力图在世界其余地区建立均势，以通过其余大国间相互制衡、相互牵制，化解挑战势力的出现。

通过以上分析，本书假定在理性决策情形下，美国为了维护自身霸权将运用接触手段协调与南亚各国关系，并在危机处理中主要采取与南亚国家合作方式化解危机；同时，通过制衡手段利用正在上升中的南亚力量平衡南亚周边大国的地区影响力。

小　结

冷战后，美国确立了在世界上独一无二的霸主地位。20世纪90年代是美国霸权的鼎盛时期。进入21世纪后，由于国际形势、美国国内等因素的变化，促使美国对其国家安全战略进行调整，以继续维护美国在全球的霸权。南亚是美国国家安全战略的一个部署区域。历史上，南亚曾是美国国家安全战略的边缘地带。以2000年克林顿总统南亚之行为标志，南亚在美国安全战略中的位置得到前所未有的提升。这主要是由于南亚地区安全形势深刻地影响了美国国家安全战略的核心利益——霸权。然而，由于印巴间不可调和的矛盾，美巴冷战同盟的消失，印度对“不结盟”外交理念的坚守，使得美国难以通过常规结盟手段对南亚安全局势进行掌控。本书将美国南亚战略视为一个系统，将各类关系视为系统要素，笔者认为对内协调与印巴关系是美国南亚安全战略的重要目标所在，对外利用南亚实现地区间平衡是美国南亚安全战略的另一核心战略意图。

第二章

美国南亚安全战略支柱之一：美国与主要南亚国家关系

发展与南亚国家关系是美国南亚安全战略的重点之一，其中，处理与印度和巴基斯坦关系又是重中之重。由于印巴的内部结构性对抗，使得多年来美印和美巴关系成为一组动态零和博弈，让美国不得不小心翼翼地处理与这两个国家的关系。进入21世纪，特别是“9·11”事件后，美国开始不再受制于印巴固有的矛盾局限，不再直接介入印巴纠纷，不再将印度和巴基斯坦从词义上“连接”（Hyphenation）起来，而从印巴两国特性以及美国战略利益出发处理与印巴两国关系。本章首先将论述新时期以“去连接”（De-hyphenation）为指导方针的美国对印巴关系原则，之后分别讨论美国与印度和巴基斯坦关系。

第一节　美国协调印巴关系的指导原则："去连接"

以往美国将印度与巴基斯坦视为相互制约的对立连接体，美国与印巴任意一国关系的发展都会受到两国矛盾的牵制。美印关系以及美巴关系总是呈现为此消彼长的态势。然而，美国对印巴关系的这种处理方式并不有利于美国与印巴两国关系的同时推进。进入21世纪后，美国在印度和巴基斯坦的安全战略利益空前增加，若继续坚守这一战略思维必将有损美国在南亚的安全战略利益。因而，美国政府及战略界对如何协调与印巴关系形成了新的认识和方针。

一、印巴“去连接”的提出

长期以来，美国一贯将印度和巴基斯坦“挂钩”，在讨论一国问题时总是受到与另一国关系的牵制，进而产生了“印巴”（Indo-Pak）一词。尽管“印巴”切实考虑到了两国间的对抗关系，但是随着印度和巴基斯坦发展鸿沟的扩大以及国际格局的演变，仅从两国内部矛盾角度处理与两国关系显然不再符合时代发展趋势以及美国自身战略利益。

为了改变美国在与印巴两国关系中的被动局面，在1999年底克林顿政府时期发布的美国年度《国家安全战略》报告中就提出：“美国寻求根据印度和巴基斯坦各自的价值以及美国战略、政治和经济利益在各自国家中的分量和广度来建立关系。”[①] 在2000年美国新一届总统大选前，美国智库兰德公司就发布了一份报告称，“基于美国对印度和巴基斯坦关系的‘脱钩’（Decoupling）考量，华盛顿应当追求区别化的地区政策”，[②] 并提出了今后指导美国与印巴关系的“去连接”政策（De-hyphenated Policy）。在兰德公司的原文报告中列出了“去连接”政策的三个特征：第一，美国对印巴的脱钩性系统化考量就是美国要从客观评估一国对美利益的内在价值出发，处理与其关系，而非基于美国与一国关系对另一国关系影响的担忧；第二，美国需要认识到印度正在成为一个亚洲大国，因此较之过去，美国应当更加广泛地接触印度，同时不局限于南亚而是在更大范围内评估与印度进行合作或对抗的潜力；第三，美国需要认识到，巴基斯坦是一个处于严重危机中的国家，美国需要接触巴基斯坦社会而不仅是巴政府，以协助巴减缓社会和经济动乱，实现“软着陆”。[③] 日后成为美国国务卿的赖斯在担任小布什竞选顾问期间，也同样提倡美国对印巴的“去连接”政策。2000年她在《外交事务》期刊中批评以往美国“存在一种强烈的认识倾向，这就是将印度和巴基斯坦连接起来，仅考虑二者间的克什米尔和核竞争。但是印度是中国战略评估的重要因素，它也同样需要纳入美国考虑范围”。[④]

出乎意料的是，“去连接”政策提出后，美国国内出现了对此政策的批评和争议。如美国南亚问题专家罗伯特·维尔辛（Robert Wirsing）认为：“考虑到次大陆安全问题的内部连接模式，‘脱钩’是不可能实施的。”[⑤] 不过，美国卡耐基国际和平基金会的资深研究员、小布什政府时期南亚政策咨询专家阿什利·泰利斯（Ashley J. Tellis）指出，这些“批评家们误解了去连接政策……去连接概念并不是忽略美国与一国政策对另一国的影响……比起处理复杂的令人沮丧的印巴关系，华盛顿与南亚各国进行独立

① The White House, “National Security Strategy 2000,” December 1999, accessed June 2, 2015, https://nssarchive.us/wpcontent/uploads/2020/04/2000.pdf, p.44.

② Frank Carlucci, Robert E. Hunter and Zalmay Khalilzad, “Taking Charge: A Bipartisan Report to the President-Elect on Foreign Policy and National Security,” accessed March 6, 2015, https://www.rand.org/content/dam/rand/pubs/monograph_reports/2006/MR1306.pdf, pp.45–47.

③ *Ibid.*, p.88.

④ Condoleezza Rice, “Promoting the National Interest,” *Foreign Affairs*, 2000, Vol. 79, No.1, p.56.

⑤ Robert Wirsing, *Kashmir in the Shadow of War: Regional Rivalries in the Nuclear Age* (New York: M.E. Sharpe, 2003), p.10.

的外交接触更符合美国利益”。[1] 因此，“去连接”政策的实质在于跳出印巴两国关系的局限，以更广泛的战略眼光审视美国南亚安全战略。在此方针指导下，美国能同时发展与印度和巴基斯坦的关系并且也注意到了两国关系的敏感性，如在与巴基斯坦结成反恐盟友的同时，对印度予以“安抚”，强调将帮助印度发展成为具有影响力的大国；向巴基斯坦恢复出售F-16战斗机的同时，加紧与印度的民用核能合作。在消除印巴旧“连接”的同时，美国外交还建构了新的“连接”。奥巴马政府时期又提出了“阿巴”新战略（AF-PAK），将阿富汗与巴基斯坦视为一个单一体以整合反恐行动。但是阿巴的连接遭到了巴基斯坦的极力反对，[2] 美国于2010年正式停用了这一新的连接词汇。

印巴关系的“去连接”，在印度国内颇受欢迎。印度并不将巴基斯坦视为是能与其相匹敌的国家，并且强烈反对将巴基斯坦西部安全（阿巴边界）与东部安全（印巴边界）连接起来。然而，巴基斯坦对美国的这项政策感到非常失望，因为这意味着美国倒向印度一边，巴基斯坦所期望的国际势力介入印巴争端的愿望也会落空。

二、“去连接”政策的运用及影响

印巴“去连接”政策拓宽了美国南亚安全战略的空间，美国更能基于自身利益发展与印巴两国关系。“去连接”政策的运用主要体现在美国对印巴两国的区别对待、美国克什米尔政策变化以及鼓励印巴和谈合作三个方面。

（一）以地区稳定为前提，加深对印巴区别对待

随着印度经济的突飞猛进，美国对印巴两国的政策愈发凸显差异。2000年克林顿的南亚之行就反映出美国对印巴的区别待遇。克林顿在印度

---

① Ashley J. Tellis, “The Merits of Dehyphenation: Explaining U.S. Success in Engaging India and Pakistan,” *Washington Quarterly*, 2008, Vol.31, p.28.

② 穆沙拉夫在接受德国《明镜周刊》采访中表示：“我极力反对阿巴这一词。主要有两个原因：第一，战略上将巴基斯坦与阿富汗置于同等地位。我们（巴基斯坦）不是这样。阿富汗没有政府，国家动乱，但巴基斯坦不是。第二，更为重要的是，这整个游戏中还有印度因素。我们有克什米尔争端，如果没有这个矛盾就不会有虔诚军这样的极端分子存在。” “SPIEGEL Interview with Pervez Musharraf, Obama ‘Is Aiming at the Right Things’,” accessed August 1, 2016, http://www.spiegel.de/international/world/spiegel-interview-with-pervez-musharraf-obama-is-aiming-at-the-right-things-a-628960.html.

访问了5天，而在巴基斯坦仅停留了5个小时。小布什政府上台后，美国更加强化了这种差别政策。尽管“9·11”事件的爆发使巴基斯坦对美国的短期重要性增加，但美国已经开始重视印度的上升地位以及印度在亚太地区战略平衡中的重要作用。进而，即使巴基斯坦成为美国战时盟友，但不再是能与印度“相提并论”的国家。不过，巴基斯坦的地缘战略位置和国家内部动荡让美国不得不继续关注这个“问题国家”，因为巴基斯坦一旦陷入混乱必定牵连印度、阿富汗以及整个南亚次大陆的稳定，这会让印度失去与其他新兴国家抗衡的能力，从而会极大地影响到印度对美国“战略平衡手”的价值。此外，在美国利用巴基斯坦反恐的同时，美国加紧拉拢印度，印美关系取得了突破性进展，这是冷战期间不可能实现的。奥巴马进一步强调了“深化与印度关系是第一序列战略优先”。2009年1月，奥巴马成为首位在总统宣誓就职演说中提及“印度教”[①] 的美国总统，这一举动在印度受到了广泛好评。2010年奥巴马对印度进行了首访，打破了美国总统访印必访巴的传统惯例，让人们惊呼美国南亚安全战略由“印度第一”转变为“印度唯一”。

对比美国与印度和巴基斯坦的政策，可以发现二者差异性愈发扩大：第一，美国总统访问两国次数差距加大。自2000年和2006年美国总统出访巴基斯坦后，就再无美总统到访过巴基斯坦。然而，美国总统加大了与印度的联系，奥巴马总统成为第一位在任期内两次访问印度的美国最高元首。第二，美国与印巴合作的领域范围广度差异增加。美国与巴基斯坦的合作主要集中在反恐等军事安全领域；美国与印度的合作范围较为广泛，涵盖了经济、防务安全、核能、太空技术、能源与气候变化、教育等领域。第三，在多边组织层面，美国与印巴互动频率度不同。随着印度国际地位不断上升，美国开始协助印度参与国际多边事务并帮助其发挥更重要的作用，如支持印度成为联合国常任理事、成为亚太经合组织（APEC）成员、鼓励印度加入跨太平洋伙伴关系协定（TPP）等；而美国与巴基斯坦很少在国际组织层面进行互动。第四，对两国的发展归类不同。美国不再将巴基斯坦视为与印度在同一发展水准的国家，将印度与中国一道视为能左右地区及全球发展格局的新兴经济体；对于巴基斯坦，美

① “President Barack Obama's Inaugural Address,” Januray 21, 2009, accessed June 2, 2015, https://www.whitehouse.gov/blog/2009/01/21/president-barack-obamas-inaugural-address.

国将其归于同阿富汗那样的问题国家，仅对地区安全存在影响。第五，对印巴两国政府可信度评估不同，由此导致合作程度不同。美国认为印度是民主的遵循规则的宪政国家，而巴基斯坦政府可信度较低。以上这些因素导致了美国对印巴战略部署的差异——印度成了美国长期战略运筹对象，而巴基斯坦逐渐沦为美国短期政策作用国家。

（二）以非调停者身份处理印巴危机

克什米尔问题一直是印巴矛盾的根结所在。针对克什米尔问题，以往美国总是扮演冲突调停者角色。1999年卡吉尔冲突后，在美国的压力下，印度与巴基斯坦达成了停火协议，但是此协议仅维持了10个月左右，印巴两国又在实际控制线两侧陈兵百万导致“双峰危机”（Twin Peaks Crisis）爆发。但此次美国采取了相较以往较为不同的处理方式。自此以后，美国确立了处理克什米尔问题的新立场。

2001年10月1日，印控克什米尔地区首府斯利那加地方议会发生爆炸。印度认为此次恐怖袭击与巴基斯坦支持的恐怖分子有关。为了确保巴基斯坦能全力以赴地配合西线反恐，美国试图平息印度的不满并表示将打击一切恐怖组织，而未对巴基斯坦做出实质性的警告。出于对美国反恐的支持，爆炸发生后，印度内政部长也表示，“印度理解美巴的反恐合作”。[①] 两个月后，印度议会遭受恐怖袭击，印度首府新德里不再是免受恐袭威胁的“净土”。印度将矛头指向以巴基斯坦为基地的虔诚军组织。印巴两国关系骤然紧张，很快印度中断了与巴基斯坦的陆路和航空联系，自1971年印巴战争后印度第一次撤离了驻巴基斯坦高级专员。印度在议会遭袭后的第五天开始动员军队。同时，印度谴责美国对反恐使用“双重标准”。为了对抗印度，巴基斯坦也不顾国际社会的劝阻，将集结于西线进行反恐的军队调往东线以应对一触即发的战争，将危机推到了峰值。2002年5—7月又再次发生了冲突，将危机推到了第二个顶峰。小布什政府一方面鼓励印度保持克制，另一方面派出美国国务卿鲍威尔和副国务卿阿米蒂奇对巴基斯坦进行施压，以敦促巴基斯坦总统做出永久不越过实际控制线对克什米尔进行渗透的保证。美国对此次危机处理的目的不在于根除印巴矛盾，美国认识到克什米尔对美国并无切身战略关联，正如一位美国官员所

---

① Celia Dugger, “A Nation Challenged; Repercussions: India Wants to End Group in Kashmir Attack,” *New York Times*, October 2001, B-5.

说的那样，“对印巴的危机处理只是一种手段，而不是目的。美国的目标是保证阿富汗政策的持续运行”。[①] 因此，在危机后，美国表示：“美国不可能监控（印巴）边界事态发展，这是印巴两国该做的，也应由两国对话解决。”[②] 2006年小布什总统南亚之行期间，再次强化了美国在印巴争端中的立场，他表示：“美国将不把自己视为印巴双边矛盾的调停者，特别是在克什米尔问题上。”[③] 同样，在2008年孟买恐怖袭击发生后，美国没有在印巴间进行积极斡旋，仅表示美国对印度反恐的支持以及希望巴基斯坦清除武装势力，同时强调反对印度武力报复巴基斯坦。2010年奥巴马访问印度期间也明确表示，“美国不会介入克什米尔问题”。[④]

“9·11”事件前，美国为印巴克什米尔问题的解决做出过多次努力，但大多以失败告终。1999年美国对卡吉尔冲突的积极介入反而导致了危机的升级。反恐战争打响后，美国更加明确了在南亚的安全战略目标，不再将解决与克什米尔相关的冲突作为政策优先。在危机出现时，美国帮助平息危机；在危机高峰时，美国不再直接干预但竭力避免危机升级为核冲突；在危机后期，美国鼓励印巴两国自行进行对话，反对武力解决。美国的逻辑是，美国不再直接出面调停印巴冲突，避免卷入克什米尔危机。这既能有效阻止印巴两国相互核讹诈的升级，也能让美国集中精力打击恐怖主义。这也就是“去连接”政策的优势所在。但是由于克什米尔问题的复杂性和长期性，美国的这种政策导向能否最终促成印巴克什米尔问题的自行解决还有待观察。

（三）承认印巴存在矛盾的同时，鼓励双方合作

美国认识到印巴矛盾的持久性，美国对印巴冲突的战略目标为避免边界纠纷上升为大规模武装冲突，避免常规武装冲突上升为核战争。为实现此目标，在确保印巴相互克制的同时，还需要避免双方对彼此战略意图的误判。印巴隔阂多年，两国间交流较少，特别是印巴两国军队没有任何的

---

① Polly Nayak and Michael Krepon, “US Crisis Management in South Asia’s Twin Peaks Crisis,” September 2006, accessed June 14, 2015, https://www.stimson.org/wp-content/files/file-attachments/Twin_Peaks_Crisis.pdf, p.13.

② John Cherian, “Another Armitage Mission,” *Frontline*, 2002, Vol.19, Issue 18.

③ Teresita C. Schaffer, “India, Pakistan and the United States,” accessed January 20, 2016, http://2001-2009.state.gov/p/us/rm/2006/62991.htm.

④ Arundhati Roynov, “Kashmir’s Fruits of Discord,” November 9, 2010, accessed June 14, 2015, http://www.nytimes.com/2010/11/09/opinion/09roy.html?_r=0.

交流机制。因此，对美国而言，促进两国间相互理解和增进往来成为消除误解、建立互信的有效途径。美国积极鼓励两国进行直接对话，认为“印巴两国关系的提升将有利于地区持久和平、稳定和繁荣，有利于两国人民的福祉”。[①] 美国欢迎印巴两国在诸多领域加强合作，如深化油气供应合作、发展互认签证制度、扩大边贸规模等。美国也积极支持印巴间的互联互通基础设施建设，如印巴阿友谊路的建设等。

总体上，美国对印巴的“去连接”政策相对较为成功，既有利于确保美国短期反恐利益，也有利于巩固美国长期霸权优势利益；既能利用巴基斯坦对美国的反恐价值，也能推动美印关系的大幅度升级；既能避免美国陷入印巴矛盾泥潭，从更广泛的维度布局美国南亚安全战略，也能让美国兼顾到南亚内部系统结构的不稳定。对于印度而言，美国的“去连接”政策能让其受益，不仅提升了印度的战略地位，促进了美印关系的发展，赋予了印度更大的发展空间，还能实现印度反对外部势力介入印巴争端的战略诉求。然而，对巴基斯坦而言，美国的“去连接”无疑让巴基斯坦失去了美国对其提供的安全保障，失去了与印度对等较量的战略地位，增加了巴基斯坦的不安全感，加大了南亚地区安全结构进一步失衡的可能。

第二节　美印战略关系：盟友还是战略伙伴？

基于20世纪90年代以来印度在经济发展上的杰出表现，美国政府官员、战略家和学者就美国与印度事务逐渐达成了两点共识：一是承认印度正在成为世界性大国；二是认识到美国和印度需要发展更紧密的战略关系。相较于印度独立后至1999年的53年间仅有3位美国总统到访过印度（1959年12月艾森豪威尔访印、1969年7月尼克松访印、1978年6月卡特访印），2000—2015年的15年间就有3位美国总统4次到访印度。美国对印度抛出的橄榄枝得到了印度的积极回应。“9・11”事件后，印度成为第一个向美国表示愿意提供设施打击恐怖主义的国家，美印关系和美巴关系也第一次实现了同时发展。随之而来的是有关印度是否会告别“不结盟”政策成为

---

① “U.S.-Pakistan Strategic Dialogue Joint Statement,” accessed January 28, 2015, http://www.state.gov/r/pa/prs/ps/2015/01/235881.htm.

美国盟友或类盟友（Alliance-like）的大讨论的出现。[①]

一、美印战略关系的发展

进入21世纪后，美国不仅将印度视为民主友好国家，更把印度看作是一个与其自身经济实力相匹配的、具有重大战略价值的国家。美印关系在新时期得到了空前发展，美印在多领域的合作加深了两国在地区和国际事务中的协调配合。活跃的美印关系不仅有利于美国维护其在南亚以及“印太”地区的利益，也有利于印度国际影响力的提升。

（一）美印政治关系

克林顿政府第二任期内美印关系开始“融冰”。2000年克林顿访问印度，这是自1978年后第一位访问印度的美国总统，这次访问标志着自1998年由于印度核试爆导致的两国紧张关系的结束。这也是美国南亚战略的转折点，美国彻底结束了冷战时期以美巴同盟为主轴的美国南亚安全战略布局。

美印关系的根本性改善是在小布什政府上台后，美国开始将印度视为一个具有潜力的、美国在亚洲的重要伙伴国。小布什总统时期发展与印度的战略关系成为美国南亚政策的关键之所在。尽管“9·11”事件的发生让美巴再次走近，但这并没有改变美国确立的与印度建立更紧密的战略关系的战略目标。“9·11”事件后不久，小布什总统宣布取消了自1998年对印度施加的所有制裁。在2002年的美国年度《国家安全战略》报告中指出：“今天我们（美国）将印度视为一个与美国有共同战略利益的正在崛起的世界大国。通过发展与印度的紧密伙伴关系，能让我们更好地解决分歧，塑造一个具有活力的未来。”[②] 为了深化合作，2004年两国决定加强在民用核能、民用空间技术和高科技贸易等领域的合作，并达成了《下一步战略伙伴倡议》（NSSP）。2005年两国决定加深全球伙伴关系，2006年小布什总统的印度之行将两国关系推到了前所未有的高度，美国将印度视为“一

---

① Carsten Rauch, *Farewell Non-Alignment? Constancy and Change of Foreign Policy in Post-Colonial India* (Frankfurt: PRIF Reports, 2008).

② The White House, “National Security Strategy 2002,” September 2002, accessed June 15, 2015, https://20092017.state.gov/documents/organization/63562.pdf, p.27.

个重要的战略伙伴，是美国在全球范围内最重要的伙伴之一”。[①] 对印度而言，此访的最重要价值在于美印核能合作框架的最终确定，印度的核大国梦得以初步实现。

虽然，在奥巴马政府上任初期美印关系热度减退，但随着美国“亚太再平衡”战略的实施以及印度“向东看”政策（Look East）提升为“向东干”政策（Act East），两国在“印太”地区的战略利益实现重合。印度在美国“再平衡”战略的地位和作用不断提升，两国高层互动频繁。2010年，美印两国举行了首次战略对话，奥巴马将美印关系定义为“21世纪决定性伙伴关系”。[②] 2011年，到访印度的美国国务卿希拉里呼吁印度在亚洲扮演更大胆的领导者角色。[③] 2012年，美国国防部长帕内塔称印度是美国新的亚洲战略中的“关键”。[④] 2013年，在印度辛格总理访美期间，奥巴马称印度是全球安全与繁荣“不可或缺”的国家。[⑤] 2014年新当选印度总理莫迪高调出访美国，2015年奥巴马访问印度，其间印度总理莫迪称“美国是印度最好的伙伴”。[⑥] 2015年的奥巴马印度之行更是创造了美印历史上的多个第一个：“奥巴马是第一位受印度政府邀请以首席贵宾身份参加印度共和国日阅兵式的美国总统；奥巴马是美国历史上第一位在任期内两次出访印度的美国总统；美国总统奥巴马与印度总理莫迪第一次联合参与了一档名为‘发自内心’（Mann Ki Baat）的印度电台节目；两国元首第一次建立了双方领导人热线。”[⑦]

---

① R. Nicholas Burns, “India and Pakistan: On the Heels of President Bush’s Visit,” accessed September 25, 2015, http://2001-2009.state.gov/p/us/rm/2006/62991.htm.

② Suryatapa Bhattacharya, “US and India, a Defining Partnership this Century: Obama,” accessed June 4, 2015, http://www.thenational.ae/news/world/south-asia/us-and-india-a-defining-partnership-this-century-obama.

③ William Wan, “Hillary Rodham Clinton Urges Greater Leadership Role for India,” accessed August 18, 2015, https://www.washingtonpost.com/world/national-security/hillary-rodham-clinton-urges-greater-leadership-role-for-india/2011/07/20/gIQAwZpbPI_story.html.

④ Gautam Datt, “US Defence Secretary Leon Panetta Identifies India as ‘Linchpin’ in US Game Plan to Counter China in Asia-Pacific,” accessed December 23, 2015, http://indiatoday.intoday.in/story/leon-panetta-identifies-india-as-linchpin-to-counter-china/1/199505.html.

⑤ Vikram Singh, “Indispensable Partners: Reenergizing U.S.-India Ties,” accessed March 24, 2015, https://www.americanprogress.org/issues/security/report/2014/08/01/95033/indispensable-partners-reenergizing-u-s-india-ties/.

⑥ “Obama’s Second India Visit Elevates Ties,” accessed July 2, 2015, http://www.cfr.org/india/timeline-us-india-relations/p32994.

⑦ 许娟：《美印战略愿景“全球摇摆国家”定位及解读》，《南亚研究》2015年第3期。

（二）美印防务安全合作

防务与安全合作是美印双边关系的核心议题，是美印合作的重点之所在。两国在该领域内的共享利益有："维护和平与安全；打击恐怖主义和武装极端势力；阻止大规模杀伤性武器、材料、数据及科技的扩散；支持以法律维持的秩序以保护自由贸易。"①

早在1995年美印两国就达成了防务关系备忘录，开启了两国防务关系的新时代。美国真正将印度视为潜在的地区安全提供者是在2004年印度洋海啸后，那时美印进行了联合人道主义救援。2005年双方签署了《美印防务关系新框架》，协定确定了两国在海洋安全、人道主义救援以及反恐等方面进行优先合作。同年，两国展开了有史以来最大规模的海军联合军演。2012年两国达成美印防务科技和贸易倡议（DTTI）。根据此倡议，美国提出了17项合作计划，但是没有得到印度政府的积极回应。在奥巴马政府宣布重返亚太后，美国国防部长帕内塔访问印度以提升两国军事关系。2013年的《防务合作联合原则》指明了美印两国共同的安全利益以及两国是对等的亲密伙伴。2014年印度总理莫迪上台后，美印防务合作全面展开，两国不仅制定了短期合作计划，还进行了包括建立航母和喷气机发动机联合工作小组在内的长期合作计划。2015年奥巴马访印时，两国延长并更新了2005年签订的十年防务关系框架。美印防务合作的机制较为健全（见图2），确保了两国合作的规范化和细节化。防务政策小组（Defense Policy Group，英文缩写DPG）是两国防务战略伙伴的重要机制平台。在DPG下还设立了专题讨论组，如防务采购与生产小组、高级技术安全小组、联合技术小组、军事合作小组。

美印两国陆军合作规模相对有限，不过空军和海军合作较为密切。2002年美印两国空军进行了首次代号为"对抗印度02"的空中演习。在之后2004年"对抗印度04"的联合演习中，两国合作提到大幅提升。美印海军合作始于自1992年开始的马拉巴马尔年度军演。在1998年美国中断与印度军事合作以前，共进行过3次海上演习。2002年美国恢复了与印度的双边海军演习。

---

① "Framework for the U.S.-India Defense Relationship," accessed January 23, 2016, http://archive.defense.gov/pubs/2015-Defense-Framework.pdf.

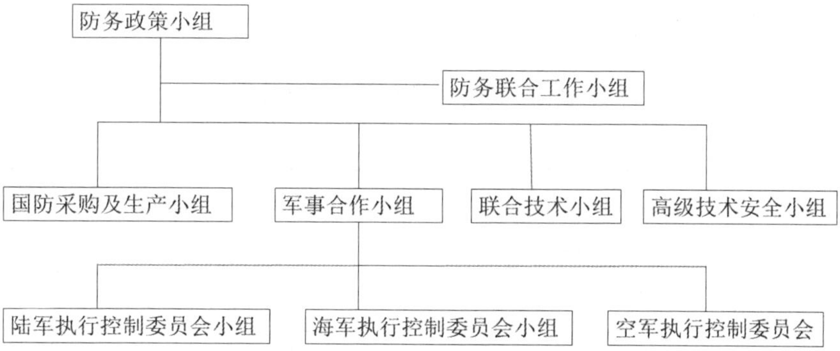

图2　美印防务合作机制架构

资料来源：S. Amer Latif and Karl F. Inderfurth, "US-India Military Engagement: Steady as They Go," December 2012, accessed June 23, 2015, https://csis-website-prod.s3.amazonaws.com/s3fs-public/legacy_files/files/publication/121213_Latif_USIndiaMilEngage_Web.pdf, p.61。

两国在军售以及军用技术转让方面也开展了深入合作。美国成为印度主要军备来源国之一，两国还致力于对军用技术和设备的联合开发及联合生产。此外，两国还在反恐、网络安全、维护阿富汗和平稳定、印度洋航行安全等领域进行了深入合作。

（三）美印经贸合作

经贸合作也是两国发展较快的领域。两国的货物贸易总量由1990年的56亿美元上升到2014年的669亿美元，24年间增长率高达1094.6%（详见表2）。[①] 预计2024年美印间的商品和服务贸易总量将超过5000亿美元。美国主要从印度进口信息技术、纺织品、机械、宝石、化工产品、钢铁、咖啡、茶叶等。美国向印度出口的主要商品有飞机、农药、计算机硬件、废弃金属和医药设备等。[②] 美国是印度第六大外国投资直接来源国。根据印度工商部统计，2000年7月至2014年6月，美国对印度的直接投资占印度吸收外国投资总量的5.4%。[③] 美国对印度的投资主要集中于燃料、电信、

① Embassy of India in USA, "India - US Bilateral Trade," accessed March 26, 2016, https://www.indianembassy.org/pages.php?id=42.

② Bureau of South and Central Asian Affairs, "U.S. Relations with India," accessed March 26, 2016, http://www.state.gov/r/pa/ei/bgn/3454.htm.

③ Michael F. Martin, "India-U.S. Economic Relations: In Brief," accessed March 24, 2016, https://www.fas.org/sgp/crs/row/R43741.pdf, p.3.

电力设备、食品加工、服务等领域。

表2 美国对印度货物贸易统计

单位：百万美元

年份	出口	进口	贸易平衡
2000	3,667.3	10,686.6	–7,019.3
2001	3,757	9,737.3	–5,990.3
2002	4,101	11,818.4	–7,717.4
2003	4,979.7	13,055.3	–8,075.6
2004	6,109.4	15,572	–9,462.7
2005	7,918.6	18,804.2	–10,885.6
2006	9,673.6	21,830.8	–12,157.3
2007	14,968.8	24,073.3	–9,104.4
2008	17,682.1	25,704.4	–8,022.3
2009	16,441.4	21,166	–4,724.6
2010	19,248.9	29,532.9	–10,284.1
2011	21,542.2	36,154.5	–14,612.3
2012	22,105.7	40,512.6	–18,406.9
2013	21,811.4	41,808.5	–19,997.2
2014	21,607.5	45,244	–23,636.5

资料来源：“Trade in Goods with India,” accessed February 2, 2016, https://www.census.gov/foreign-trade/balance/c5330.html。

美印间的经济合作机制分为两个层面：一为政府层面，二为企业层面。2005年小布什总统与时任印度总理辛格同意恢复美印经济对话以加深两国经济合作。美印经济对话主要涉及四个运作平台：贸易政策论坛、金融和经济论坛、环境对话和贸易对话。之后又新增了三个对话机制——信息和通讯技术工作小组、CEO论坛以及美印农业知识倡议。2015年美印决定将原有的美印战略对话提升为美印战略与商业对话，以加深两国经贸合作。

（四）能源合作与共同应对气候变化[①]

能源紧缺成为影响印度经济持续快速发展的主要制约因素。多年来，

① U.S. Department of State, “U.S.-India Energy and Climate Change Cooperation,” accessed March 27, 2016, http://www.state.gov/r/pa/prs/ps/2014/09/232328.htm.

印度一直追求稳定的多元化能源市场供应，美印在能源方面的合作无疑能缓解印度的能源困境。2005年，时任美国国务卿赖斯访问新德里，开始与印度就能源安全问题展开对话。两国致力于关注提高能源利用效率、可再生能源以及清洁技术的开发和利用。通过美印能源对话以及美印应对气候变化联合工作小组，两国实现了深入合作。2009—2014年，美印提出清洁能源伙伴（PACE）倡议，共筹集了24亿美元以支持印度清洁能源计划。美印经济能源研究和发展中心拨款1.25亿美元以帮助太阳能、生物能等技术的研发。美印两国还通过科学使用土地伙伴项目以共同应对由于森林退化和砍伐导致的碳排放增加。通过南亚粮食系统倡议帮助印度东部35万农民应对气候变化对土地的影响。美印两国在能源领域最卓有成效的合作是两国达成了《民用核能协定》，通过该协定印度成为世界上唯一一个置身于核不扩散体系之外，被允许参加核交易的国家。

（五）教育、发展及科技合作[①]

目前，大约有10万印度籍学生在美国学习、生活，印度成为美国第二大留学生来源国。美国与印度进行了一系列的在教育领域特别是高等教育体系方面的合作。美国与印度理工学院建立了长期的伙伴关系并帮助其发展，美国国际开发署资助印度教师培训项目。通过21世纪教育倡议，美印两国将各自投入500万美元深化两国高等教育机构的合作。通过富布莱特—尼赫鲁项目资助了更多的印度学生赴美留学。美印两国还制定了高等教育计划，通过教育网络全球倡议计划加强两国教职人员的交流和知识共享。基于印度是世界上最大的低龄化国家，印度50%以上的人口都在25岁以下，美国致力于帮助针对印度年轻人的技能培训，以加强印度的经济活力。此外，2000年两国建立了科学和技术论坛。多年来，两国在信息技术以及太空科技等领域合作密切。美国硅谷与印度班加罗尔在信息技术领域实现对接，美国太空总署与印度太空研究组织在外太空探测方面进行了深入合作。

由此可见，美印两国实现了全方位、宽领域、多轨道的战略合作，美印关系取得了跨越式发展，印度在美国安全战略中的地位得到了大幅度提升和巩固。

① U.S. Department of State, "U.S.-India Higher Education and Skills Development Cooperation," accessed March 23, 2016, http://www.state.gov/r/pa/prs/ps/2014/09/232334.htm.

二、美印战略关系中的制约因素

21世纪美印战略关系取得了长足发展，但是表面上的“握手言欢”并不能掩盖两国战略本质上的差异。即使是在美国和印度两国内部，对发展与对方关系的紧迫性和必要性也存在不同的认识，加之由于长期关系冷漠导致的不信任和地区安全局势的破碎化制约了美印战略关系的下一步发展。

第一，战略目标不兼容。美印两国在“印太”地区存在共享战略利益，这是不容置疑的事实，但是两国所追求的终极目标并不一致。对美国而言，维护美国在全球的领导地位，巩固“二战”后形成的美国治下的世界秩序，防止新兴国家对美国霸权优势地位的挑战是美国安全战略的终极目标。换句话说，美国追求的是在全球范围内的绝对优势和美国以外地区的势力均衡。尽管印度从立国之初就开始追求大国地位，但印度的国家安全战略主要是基于对南亚地区的主导，防止任何大国对南亚的入侵威胁以及来自域外的重大威胁。[①] 与此同时，印度谋求世界多极化，反对“印太”地区以及世界范围内任何单极结构的存在。故而，印度的终极目标是追求在南亚地区内的绝对优势和在世界范围内的相对优势。当美国全球霸权与印度多极世界相对，美国对南亚地区的干预与印度反对大国的介入并存时，战略目标不兼容将削弱两国共享利益所带来的合作机遇，反而增加由于目标碰撞所造成的紧张和对抗。现阶段，美印关系的走近本质上是由利益所驱动，而非目标的一致性。美国希望借助印度以维持“印太”地区的均势稳定，印度主要是“想让美国协助其在该地区构建战略空间，不然的话可能被其他地区力量占有”。[②] 过于强调实用利益相同而道不相合的战略关系，由于缺乏得以延续的根基所在，其稳定性和持久性有待进一步观望。

第二，战略理念相左。美国的安全理念在于与“民主国家”通过集体安全机制特别是军事结盟，维护美国主导下的国际秩序。对“不民主”国

① Dipankar Banerjee, “Changing Security Environment and Implications for Indo-US Cooperation,” in K.P. Vijayalakshmi, Arvind Kumar, Sonika Gupta and S. Chandrashekar eds., *Changing Contours of Indo- U.S. Relations* (Bangalore: International Strategic and Security Studies Programme, national Institute of Advanced Studies, Indian Institute of Science, 2006), p.137.

② Juli A. Macdonald, “The Indo-U.S. Military Relationship: Expectations and Perceptions,” Octber 2002, accessed June 23, 2015, https://apps.dtic.mil/dtic/tr/fulltext/u2/a500476.pdf, p.16.

家，美国及其盟友可以进行人道主义干预甚至是军事干预。然而，作为“不结盟”创始国的印度，历来将“战略自主”作为立国之本。虽然，如今印度的“不结盟”政策不再是传统的中立主义，而走向了全方位外交，然而印度仍竭力避免使用“盟友”一词。因此，印度在加深与美国关系的同时，也加快了与包括中国、俄罗斯、东盟等国家和地区关系的发展，以免于被美国的安全战略所“绑架”，成为美国在“印太”地区进行战略制衡的工具。

第三，印度国内政治对美印战略关系的影响。印度国内政治对美印关系的影响主要体现在印度政党政治、政治导向以及政府治理能力三个方面。印度是一个多党制的国家，最具影响力的全国性大党是国大党和人民党。相较于国大党的平稳和对“不结盟”的坚守，人民党更为激进和敢于突破。所以往往国大党执政时期，美印关系发展平缓；而人民党执政时期，美印关系更为密切。当然，也有例外，由于印度政党政治具有“反对当局”的传统，2008年作为在野党的一向较为亲美的人民党强力反对执政的国大党与美国达成民用核能协定。近年来，随着地方性政党的坐大，地方性利益诉求超越国家整体诉求的现象也时有出现。如何处理与印度地方性政党的关系以配合美国对印度的整体战略布局，也是对美国安全战略实施的一项考验。此外，在印度由于现实社会发展的需要，政治家们更加关心的是“水、电、路这三个需求，因为外交、防务政策的成功与否很难让你赢得或损失选票”。[①] 这也说明了美国国会及国务院所关心的南亚安全战略议题并不是印度政治家最为关注的事项。另外，虽然印度经济社会实现了飞速发展，但印度政府总体治理能力却有待提高。效率低下、贪污腐败是印度政府最遭人诟病的“疾患”。印度政府治理能力的不足以及美印政府机制的不对接也成为影响两国战略关系深入发展的一大障碍。

第四，美印在经济和服务领域的纠纷。虽然美印两国的私营经济部门合作发展良好，但是两国政府间双边经济谈判推进较为困难，如美印在知识产权、对外投资限额方面持有不同立场。两国在多边经贸层面的合作更加难以实现突破，美国甚至怀疑能否在多边经贸安排层面与印度进行合作。2014年，印度最终拒签了贸易便利化协定（TFA），导致美国主导的

① Somini Sengupta, “India’s Governing Coalition Scores Decisive Victory in Parliamentary Races,” May 16, 2009, accessed June 5, 2015, http://www.nytimes.com/2009/05/17/world/asia/17india.html.

世贸组织发展进程受到巨大挫折。印度发展迅猛的服务外包业务，遭到了美国政府的强烈抵制。近年来，美国有20几个州的立法机构提出了有关离岸外包为非法行为的法案，尽管没有一个提案最终得以立法。[1]

第五，美印关系中的巴基斯坦因素。进入21世纪后，美国加快了印巴之间的“去连接”政策，但是由于印巴间矛盾的持久性和复杂性，难以完全将巴基斯坦因素从美印战略发展中剥离出去。也正是由于印巴间的对抗，尽管并非美国本意却直接导致了美印间隙的产生。“9·11”事件后美国选择与巴基斯坦结为反恐同盟的目的并不是针对印度，但印度深信不疑的是巴基斯坦会借助美国打压印度。印度认为美国只关心与其安全利益相关的恐怖分子，而采取“双重标准”放任在克什米尔地区的反印非法武装。并且，美国对巴的援助实际上增加了巴基斯坦与印度进行军事对抗的能力。美国对南亚事务的深入介入，更加剧了印巴间的安全困境。

三、基于印度战略价值的美国对印战略定位评估

冷战时期受印度“不结盟”政策的限制，印度与美国关系较为疏远。21世纪以来，虽然印度仍坚持“不结盟”，但开始寻求大国外交的主动性和多维度。在“印太”地区出现剧烈变革的当下，美国开始重新整合与地区主要国家的关系，进一步巩固和发展盟友及伙伴关系。正是认识到印度对美国的重要战略价值，印度成为美国安全战略的重要作用国家，印度在美国国家安全战略中的位置也由边缘上升为核心。印度对美国的战略价值主要有：

（一）巩固民主同盟，推行民主价值

早在1953年，艾森豪威尔总统与印度开国总理尼赫鲁就达成共识：“美印的牢固友谊来源于他们对自由民主最高原则的坚持以及对提升个人福祉的需求。”[2] 20世纪90年代，印度总理瓦杰帕伊对美印“天然同盟”的提法，让两个号称世界上最大的民主国家找到了道德契合点。从此，这种说法在美印两国官方文件中不断被提及，印度的民主形象也获得了美国民众的认可。根据盖洛普调查显示，“印度是美国最受欢迎的非美国军事同盟

---

① Chidanand Rajghatta, “American Firm Reverses Outsourcing to India,” *The Times of India*, April 22, 2003.

② Dwight D. Eisenhower, “Joint Statement following Discussions with Prime Minister Nehru of India,” accessed June 24, 2015, http://www.presidency.ucsb.edu/ws/?pid=10721.

国”。[①] 美国也积极鼓励印度参与国际多边民主人权合作。在美印两国的共同协作下，2005年联合国民主基金成立。美国还希望同印度一道发起网络自由倡议。[②] 对“民主和平论”的拥趸者美国而言，民主制在印度这个世界第二人口大国的成功实践，能为其余发展中国家树立典范，证明民主价值的优越性，从而加速民主“普世价值”在全球的推广，维护“二战”后美国治下的和平局面。不过，与美国相比，印度并不热衷对民主政治理念的全球推广以及将民主作为干预别国内政的手段。

（二）发挥印度在“印太”地区的平衡手作用

美印两国在“印太”地区的一项长久利益共同点就是实现“印太”地区的势力均衡。两国共同关注中国以及巴基斯坦在该地区的影响。美国既面临着短期来自该地区内脆弱国家和失败国家导致的地区动荡威胁，也需要适应该区域新兴国家崛起的常态化和对美国霸权的挑战。同样，印度既与崛起中的中国为邻并存有领土争端，也面临着来自巴基斯坦的安全压力。发挥印度平衡手的作用，不仅有利于美国保持全球优势，也有利于增强印度在国际社会中的影响和地位。因此，美国更加倚重印度在地区均势中的作用。小布什上台后，将印度视为美国的合作伙伴，而将中国界定为“战略竞争者”。[③] “再平衡”战略出台后，美国对包括印度在内的中国周边国家的拉拢以及美印两国对南海问题的介入，的确对中国外部环境造成了一定困扰。

为了加强两国在“印太”地区的战略合作，让印度分担美国在该地区的部分安全责任，目前美印之间已构建了30余项双边对话机制，以对地区和全球事务进行磋商合作，其中包括由美国国务院和印度外交部主导的美印战略对话、2011年开始的美印日三边副部长级对话、印度洋地区对话、印太经济走廊（IPEC）、联合国及多边事务对话、美印阿（阿富汗）三边对话、地区贸易和能源协调等。

---

① Rohan Joshi, “Obama’s India Visit: An Indian Foreign Policy Tilt,” assecced July 29, 2015, http://thediplomat.com/2015/02/obamas-india-visit-an-indian-foreign-policy-tilt/.

② Richard Lee Armitage, “R. Nicholas Burns, and Richard Fontaine, Natural Allies, A Blueprint for the Future of US-India Relations,” 2010, accessed June 23, 2015, http://www.cnas.org/files/documents/publications/CNAS_Natural%20Allies_ArmitageBurnsFontaine.pdf p.11.

③ Robert Sutter, “Grading Bush’s China Policy: A-,” *CSIS Pacnet Newsletter*, March 8, 2002, No.10.

（三）维护美国主导的自由贸易和金融秩序[①]

考虑到印度在经济发展上的突出表现以及美国经济对亚洲市场的依赖，美国希望印度在全球自由贸易框架下发挥更加积极的作用，并成为沟通中亚、东南亚的“桥梁”。一方面，美国鼓励印度推动贸易自由化。尽管印度是世贸组织（WTO）前身关贸总协定（GATT）的创始国之一，但美国很早就发现印度对WTO以及自由市场参与有限。印度是正在崛起的新兴经济体，若印度不配合美国所主导的贸易体系，则不利于美国所倡导的自由贸易和自由资本流动。考虑到WTO给印度带来的市场自由化谈判压力，2015年美国开始转而支持印度成为亚太经合组织成员国。另一方面，美国支持印度加强与东南亚及中亚的互联互通。东南亚和中亚是美国“亚太再平衡”战略的重要部署区域。冷战时期，东南亚地区处于美国势力范围之内。冷战结束后，美国仍旧与东南亚国家保持了密切的关系。全球反恐战争打响后，美国忽略了对东南亚事务的参与。而与此同时，中国、印度等国与东盟建立了良好的合作关系。美国“亚太再平衡”战略提出后，东南亚再次成为美国大战略的前沿地区。由于历史和文化联系，印度与东南亚国家关系密切。20世纪90年代，印度开始实施面向东南亚的“向东看”政策，恢复了与东南亚国家的关系。在中亚，美国正积极打造美版丝绸之路。2011年，美国首次提出“新丝绸之路”计划，该计划旨在发展中亚五国与阿富汗、印度及巴基斯坦间的自由贸易和基础设施建设。[②]在美印战略对话中，两国多次就该计划的实施进行过讨论，由于印度的地缘位置和经济潜能巨大，美国希望印度能在该计划中发挥积极作用。

虽然印度经济发展态势良好，但印度卢比短期内难以撼动美国作为国际结算主要货币的地位，难以形成对现行国际金融秩序的挑战。美国也鼓励印度在国际金融组织中增加份额，并支持印度获得更多的国际融资。

（四）维护核不扩散体系

长期以来，印度都是美国主导下“主流”核不扩散体系的“挑战者”和严重的“违规者”。1998年印度再次进行核试爆触及了美国核安全底线，为此美国对印度实施了最为严厉的制裁。进入2000年后，考虑到印度在美国安全战略中的全新重要地位，最终在印度不加入《核不扩散条约》

---

① 许娟：《美印战略愿景“全球摇摆国家”定位及解读》，《南亚研究》2015年第3期。

② James McBride, “Building the New Silk Road,” accessed August 23, 2015, http://www.cfr.org/asia-and-pacific/building-new-silk-road/p36573.

的前提下，与印度达成了《民用核能合作协议》。美国此举的战略逻辑在于，与其让印度继续在核不扩散体系之外“肆意妄为”，还不如让印度接受部分核监管，以防止印度再次进行核试爆，由此引发印巴间的核竞赛。与此同时，美国还鼓励印度参加多边核机制合作。表面上，美国对印度进行了核妥协，实则加强了对印度核安全的监控。2010年后，为让印度早日彻底融入核不扩散机制，美国开始支持印度开展与多边国际核管制机制的合作，如核供应国集团、导弹技术管制体系、澳大利亚集团和《瓦森纳协议》。同时，美国加强与印度在伊朗及朝鲜问题上的协商，如在2015年《美印联合声明》中，两国表达了对朝鲜和伊朗核问题的共同关注。美国的做法不仅向印度表明美国视印度为负责任的核国家，以鼓励印度在核不扩散方面发挥更突出的示范作用，而且传达了美国对印度的核区别政策。伊朗、朝鲜与印度一样同为尚未加入《核不扩散条约》但具有核能力的国家，美国选择与印度进行核合作，而谴责并制约伊朗及朝鲜的核发展，更加体现出美国对印度的大力拉拢。这样，美国在对印核问题上，政策由“大棒”转向了“胡萝卜”，在给予印度核能发展机遇的同时，对印度赋予了更多的核责任限制，为印度全面融入核不扩散体系铺平道路。

（五）分担美国霸权成本，鼓励印度承担更多大国责任

美国在享受霸权绝对优势的同时，也需要为维护霸权提供高昂的成本——为世界秩序的正常运行提供“公共产品”。进入21世纪后，美国既面临来自新兴国家对美国主导地位的挑战，又遭受了来自恐怖主义等的挑战。“9·11”事件后，美国两线作战拖累了美国国内经济发展，美国政府面临来自国内外的双重压力。美国需要与更多的、亲美的、具有强大发展潜力及实力的“民主”国家合作，协助美国维持国际秩序的正常运转。怀揣大国梦、增长迅速的印度成为美国的优先选择。为了鼓励印度在国际社会中发挥更积极的作用，美国支持印度在联合国框架下担负起更大的责任。美印两国在联合国维和行动中关系密切，多年来印度一直是承担联合国维和任务的第二大贡献国，大约有8000名维和人员参加过联合国的维和任务。美国是联合国维和行动的最大资金提供国，同时，美国支持印度成为联合国常任理事国。此外，美印还积极谋求加强在联合国后2015发展议程、G20以及G8等框架下的合作。

如上所述，对美国而言，印度战略价值越来越突出。加紧发展与印度关系不仅能更好地对印度战略价值加以利用，也可以将印度纳入美国主导

的国际秩序中。对印度而言，加深与美国的战略互动，借助美国影响力提升印度自身实力也有利于印度有声有色大国梦的实现。

美印在防务安全领域的合作成为两国战略关系的基石。不过，由于印度的“战略自主”传统以及对美国政策的摇摆，印度不可能与美国结成传统的如北约组织那样的军事同盟。印度政府不参加美国伊拉克战争就印证了这一点。印度人民也不允许本国政府成为其他任何国家的追随者，无论对方实力如何。[①] 再者，美国在“印太”地区的绝对优势地位看似有利于抑制地区内其余新兴国家及对印不友好国家对印度的安全威胁，但是触碰到了印度不允许任何大国过多介入南亚事务的底线。因此，若将“类同盟”界定为非强制规范性的以硬实力为基础的相互安全确保合作，那么将不适用于美印关系。但若将“类同盟”定义为松散的基于防务安全相互倚重而非相互依赖的协作，则可以反映美印战略关系的实质。总体上，可将美印战略关系实质归结为具有重大地区安全利益关联的战略伙伴。

第三节　美巴战略关系：短期战时同盟还是持久战略伙伴？

历史上，美巴关系陷入了一个循环怪圈——在短暂的危机策略性结盟后又陷入低谷。“9·11”事件后，巴基斯坦由于极其重要的战略位置以及和阿富汗塔利班的特殊关系，被美国强制性地拉上了“战车”。然而，美国强力构筑下的美巴战时同盟并不稳固。虽然奥巴马政府对小布什政府时期的对巴政策进行了大幅度的调整，但是美巴裂痕难以彻底修复，美巴关系似乎又会进入下一个低峰。不过，考虑到巴基斯坦对美国的战略价值，笔者判断美国仍将巴基斯坦作为美国的长期伙伴加以发展。

一、美巴战略关系的发展

“9·11”事件不仅改变了美国安全战略布局，也改变了巴基斯坦的发展轨迹。作为世界上仅有的三个承认阿富汗塔利班政权并与阿毗邻的伊斯兰国家，巴基斯坦国内在反复争论后被美国胁迫组成了战时同盟。在

① K. Natwar Singh, “Bad Domestic Policy Can Never Produce Good Diplomacy,” August 3, 2002, accessed January 25, 2016, https://frontline.thehindu.com/other/article30245668.ece.

“9 · 11”事件后的十几年里，打击恐怖主义成为美在巴战略布局中的关键和优先任务。美巴战略关系的发展主要体现在政治及防务、援助和经贸三个方面。

（一）美巴政治及防务关系

“9 · 11”事件爆发后两个月，巴基斯坦总统穆沙拉夫正式访问了美国，与美国总统小布什在纽约发布了联合声明，标志着两国战时盟友的正式结成。双方认为，“全球反恐同盟对于消灭塔利班政权和基地组织网络以及包庇者意义重大”，小布什确认了“巴基斯坦在全球反恐行动中的前线国家角色”。[①] 从此，巴基斯坦成为美国持久自由行动（Operation Enduring Freedom）的最重要盟友。为了进一步巩固与巴基斯坦的政治关系，获得巴基斯坦的绝对支持。2004年小布什总统给予了巴基斯坦“非北约主要盟国”（Major Non-NATO Ally）地位。[②] 2006年小布什总统到访巴基斯坦，两国正式确认发展“长期的战略伙伴关系”，并且“在战略伙伴关系下举行战略对话”。[③] 2008年2月，巴基斯坦文官政府上台，结束了穆沙拉夫军政府政权。同年11月，奥巴马正式当选美国总统。美巴两国领导人的更迭，为两国关系的发展开创了新局面。奥巴马接任后，调整了小布什政府时期的大规模武力干预战略，对两线作战进行了收缩。美国智库也开始呼吁：“如果美国真的认为一个稳定、繁荣的巴基斯坦符合我们的利益，我们必须更加巧妙地处理与巴基斯坦的关系及提供援助。”[④] 为了进一步提升与巴基斯坦的战略伙伴关系，在奥巴马的推动下，美国国会通过了《提升与巴基斯坦伙伴关系2009法案》[该法案又被称为《克里—卢格法案》（Kerry-Lugar-Berman），下文缩写为“KLB法案”]，以加大对巴基斯坦的民事援助，两国建立了战略对话机制。但是由于受到2011年“基地”组织头目本 · 拉登在巴基斯坦斯坦境内被美国海豹突击队击毙、美国中情局特工人员在巴基斯坦街头枪杀两名巴基斯坦平民、“11 · 26”北约检查站导致24

---

① “Joint U.S.- Pakistan Statement for President Musharraf’s Visit to New York,” accessed January 23, 2016, http://2001-2009.state.gov/p/sca/rls/rm/6060.htm.

② Richard Boucher, “U.S.-India and U.S.-Pakistan Partnerships - Close and Productive,” accessed January 23, 2016, http://2001-2009.state.gov/r/pa/prs/ps/2004/30651.htm.

③ U.S. Department of the State, “U.S.-Pakistan Joint Statement,” accessed March 2, 2016, http://2001-2009.state.gov/p/sca/rls/pr/2006/62590.htm.

④ Stephen P. Cohen, “The Next Chapter: The United States and Pakistan,” accessed February 2, 2016, http://www.brookings.edu/research/reports/2008/09/pakistan-cohen.

名巴士兵丧生等突发事件的影响，美巴政治关系急剧降温。美国削减了对巴基斯坦的援助，使得原本脆弱的美巴同盟趋于瓦解。尽管2012年两国的紧张关系有所缓和，但是难以改变美巴貌合神离的战时同盟关系。2014年12月28日，驻阿富汗国际维和部队军旗在阿富汗首都喀布尔落下，标志着北约驻阿富汗部队正式结束在阿战斗任务。然而阿富汗—巴基斯坦对美国的困扰并未就此终止。美国开始再一次反思对巴基斯坦政策。在2015年美巴两国举行的战略对话中特别重申了“美巴之间持久的伙伴关系（Enduring Partnership）是地区安全和稳定的关键”，并设置了五个战略优先工作小组，即“（1）执法及反恐；（2）经济和金融；（3）能源；（4）安全，战略稳定和不扩散；（5）防务咨询小组”。[①]

（二）美国对巴基斯坦的援助[②]

“9·11”事件后，巴基斯坦成为美国最主要的援助对象国之一。2002—2015财年，美国国会向巴基斯坦拨款180多亿美元，其中包括105亿美元的经济、发展和人道主义援助以及多于76亿美元的军事援助。巴基斯坦共获得了由联盟支持基金（Coalition Support Fund）提供的130亿美元资助，以补偿巴在美主导下的阿富汗军事行动中提供的后勤和行动支持。美巴同盟的脆弱性也严重影响了美国对巴基斯坦援助的顺利运作。由于受到2011年美巴信任危机的影响，美国国会加大了对美援助巴所获得回报和效果的质疑，导致美国对巴援助大幅削弱。根据KLB法案，2010—2014年，美国计划每年向巴基斯坦提供15亿美元的非军事援助，但是只有2010年美国的此项援助实际到位，其余年份都没有达到这个数额。

具体而言，美国对巴基斯坦的援助主要分为经济支持、与安全相关的支援以及联盟支持补偿三个部分。在经济支持方面，2001—2015年，美国国会向巴基斯坦提供了80亿美元的经济支持基金（Economic Support Funds）。通过KLB法案，巴基斯坦获得了50亿美元的民事援助。美国国际开发署（USAID）主要向巴基斯坦提供能源、经济增长、稳定、健康和

---

① “U.S.-Pakistan Strategic Dialogue Joint Statement,” accessed March 2, 2015, http://www.state.gov/r/pa/prs/ps/2015/01/235881.htm.

② K. Alan Kronstadt, “Pakistan-U.S. Relations: Issues for the 114th Congress,” *CRS Report*, May 14, 2015.

安全五大领域的发展援助；[①] 在安全方面，最为显著的就是2002年美国同意对巴基斯坦进行军售并于2005年宣布恢复向巴基斯坦出售F-16战斗机。在小布什政府时期还恢复了美巴防务咨询小组（DCG），以讨论军事合作、安全援助和反恐。这个小组在奥巴马政府时期仍继续运行。美国除了向巴基斯坦提供战斗机之外，还援助了大量的海上巡逻和运输飞机、攻击直升机、反装甲导弹、自行榴弹炮和导弹护卫舰等；截至2015年5月，同盟支持基金向巴基斯坦提供了130亿美元，其中的一半资金用于支持巴基斯坦军队行动，另一半资金主要用于食品和弹药购买。

（三）美巴经贸关系

多年来，美国一直是巴基斯坦最重要的贸易伙伴之一，美巴经贸关系发展迅速。在2001—2015年，美国多次成为巴基斯坦最大出口对象国（详见表3），巴基斯坦主要向美国出口纺织产品。美国也是巴基斯坦最主要的进口国之一，美国主要向巴基斯坦提供飞机装备、武器和炮弹等。在2001年前，美巴间并没有达成实质性的贸易协定。在两国结成战时同盟后，经贸关系大幅度提升。2003年两国签署了《贸易和投资框架协定》（TIFA）以提升两国双边贸易和投资。[②] 自2004年开始，美巴两国开始就双边投资条约（BIT）进行协商，以确保良好的投资环境和外国公司享受国内公司同等待遇。2014年，巴总理谢里夫访问华盛顿，两国达成了《扩大未来五年双边贸易和投资联合行动计划》。在2015年两国举办了第三届美巴商机会议。美国也是巴基斯坦主要外资来源国，美国对巴投资主要集中在消费品、建设、化学、能源、交通和通信领域。[③]

① "AID's 2013 Pakistan Report," accessed March 2, 2016, http://www.usaid.gov/documents/1871/usaid-pakistan-report.

② Sadika Hameed, "The Future of Cooperation between the United States and Pakistan," accessed April 2, 2016, http://csis.org/files/publication/131025_Hameed_FutureUSPakistanCoop_WEB.pdf.

③ U.S. Department of State, "U.S. Relations with Pakistan," accessed April 2, 2016, http://www.state.gov/r/pa/ei/bgn/3453.htm.

表3 美国对巴基斯坦货物贸易

单位：百万美元

年份	出口	进口	贸易平衡
2000	462.3	2,166.8	–1,704.5
2001	541.5	2,249.5	–1,708
2002	693.5	2,305	–1,611.5
2003	843.2	2,531.2	–1,687.9
2004	1,680.1	2,875	–1,194.9
2005	1,251.6	3,253.2	–2,001.6
2006	1,722.6	3,672.2	–1,949.6
2007	1,943.6	3,577.6	–1,634.1
2008	1,897.8	3,591.1	–1,693.2
2009	1,618	3,162.8	–1,544.9
2010	1,901.1	3,509.1	–1,608
2011	1,988.8	3,832.1	–1,843.3
2012	1,530.1	3,627.6	–2,097.5
2013	1,645.8	3,688.3	–2,042.5
2014	1,512.1	3,671.7	–2,159.6
2015	1,258	2,474.9	–1,216.9

数据来源："Trade in Goods with Pakistan," accessed March 24, 2016, https://www.census.gov/foreign-trade/balance/c5350.html。

总体上，小布什政府时期对巴战略主要强调硬实力。为了取得巴基斯坦的支持，美国选择与穆沙拉夫军人政权进行合作，而对巴基斯坦政治民主化、经济社会发展关注较少。奥巴马政府时期改变了小布什政府的“尚武”策略，开始加强对巴基斯坦的社会发展建设，希望通过民事援助推动巴基斯坦民生发展。但是美国学者认为：“巴基斯坦对国外援助的过分依赖，加大了巴基斯坦成为食利国家（Rentier State）的风险，掠夺性精英们追求的政策在于最大化外部惠利，以服务于狭隘的利益，而不是国家利益。”①

① Dan Twining, "De-hyphenate Af-Pak," accessed June 1, 2015, http://foreignpolicy.com/2009/05/05/de-hyphenate-af-pak/.

二、美巴战略矛盾

美国与巴基斯坦战略关系在2000年后实现了突破性进展，但这种短暂的利用式的结盟关系问题重重：第一，对导致不稳定局势的根源认知不同。巴基斯坦认为正是美国当年为了对抗苏联在阿富汗采取的行动给巴基斯坦带来了数以百万的难民、恐怖分子、武器扩散和毒品贸易的蔓延。[①] 所以美国需要对巴基斯坦以及阿富汗的困境负主要责任。而美国则认为，是由于巴基斯坦脆弱的政府治理和民主的匮乏，造成巴阿边界成为恐怖主义的藏身之所。第二，严重的互信缺失。巴基斯坦认为美国的信誉无法保证，因为历史上美国曾在印巴战争中以及阿富汗战争（苏联入侵）后抛弃巴基斯坦，美国的全球反恐行动只不过是对巴基斯坦的再次利用。尽管美国没有将巴基斯坦列入支持恐怖主义国家名单，但是美国政府和媒体却不断指责巴基斯坦窝藏恐怖分子。第三，对威胁来源的错位认知。“9·11”事件后，美国认为其主要威胁来源是恐怖主义，而巴基斯坦一贯将邻国印度视为最不安全来源。第四，对不遵守合作规则的惩罚有限。美巴虽然达成了一种战时契约关系，但是双方都不能有效地制约违规者。美国对巴基斯坦违规的处罚手段是终止或削减援助，然而这种手法对巴基斯坦成效甚微。而巴基斯坦对美国的霸道行径，如无人机轰炸平民、不经与巴商议断然采取“斩首”等侵犯巴主权的行为却无力还击。

美巴同盟的裂痕严重地影响了同盟合力。在美国国内不断质疑巴基斯坦忠诚度的同时，有学者也察觉到“长期以来美巴关系的特质是临时的、短暂的安排。美国通常将巴基斯坦视为达到目的的手段而不是伙伴”。[②] 随着美国撤军计划的推进，美国国内围绕是将巴基斯坦定位为短期战时同盟还是长期战略伙伴一事展开了争论。学者们既看到小布什政府时期对巴战略过分强调硬实力的短板，也认识到实现奥巴马政府时期所强调的建立美巴持久战略伙伴关系的困难。本书认为，美国撤军后巴基斯坦在美国国家安全战略中的地位将由巴基斯坦对美国的战略价值所决定。

---

① Randall L. Koehlmoos, “Positive Perceptions to Sustain the US-Pakistan Relationship,” accessed February 2, 2016, https://www.hsdl.org/?view&did=17774, p.47.

② Congress, United States, *Oversight of US-Pakistan Relations: from Ad Hoc and Transactional to Strategic and Enduring* (Washington, D.C.: U.S. G.P.O., 2008), p.2.

三、基于巴基斯坦战略价值的美巴关系前景展望

阿富汗战争结束后，美国不再需要途经巴基斯坦为美军在阿富汗作战提供补给，但巴基斯坦对美国仍具有重要的战略价值，这主要是因为：

第一，民主“试验田”价值。美国将巴基斯坦视为实现美国南亚安全战略之民主目标的重要作用对象。巴基斯坦是世界上军事力量最为强大的伊斯兰国家之一，巴基斯坦具有深厚的军人执政传统。若在美国帮助下，巴基斯坦成为彻底的民主议会制国家，无疑能证明美国民主价值对不同文明的包容及对国家治理的有效性，这可作为美国推行民主“普世价值”的一大成功案例。长期以来，美国积极鼓励巴基斯坦民主发展。2008年穆沙拉夫军政府结束，巴基斯坦进入了民选政府时代。2013年首届民选政府届满，这是巴基斯坦自独立以来首个圆满结束任期的民选政府，巴基斯坦民主化进程实现了突破。美国认为巴基斯坦的民主化程度还不够深入，因为民主并不仅仅意味着公民具有选举权，还需要“负责任的政府机制，包括独立司法、保护个人人权、自由活跃的出版，提升公开言论氛围和活跃的供应社会”。[①] 可预见的是，美国还将以推动巴基斯坦民主改造为己任。

第二，下一步反恐合作价值。美国打响阿富汗战争后，军事合作成为美巴反恐同盟的关键内容。巴基斯坦不仅为美国反恐提供了大量的后勤补给，还派出了安全力量直接参与作战，在美国全球反恐战争中发挥了不可替代的作用。阿富汗战争结束后，巴基斯坦对美国的反恐价值相对减弱，但是恐怖主义尚未根除。消除恐怖主义存在的社会根源而非单一武力打击有生恐怖力量，成为下一步美巴反恐合作的重点之一。消除巴基斯坦社会贫困、提升民众教育水平是加速巴基斯坦社会发展、铲除恐怖主义滋生温床的关键。美国特别关注了巴基斯坦联邦管辖的部落地区。由于历史原因，该地区不在巴基斯坦联邦政府及军队管辖范围之内，加之地域偏远，这些地方成为巴基斯坦社会经济发展水平最为落后的区域。巴基斯坦部落地区教育基础设施非常薄弱、公立学校严重不足，这使得那些传播原教旨主义的宗教学校有了立足之地。为了改变现状，美国开始与巴基斯坦在教育领域进行了广泛合作，包括大量的交换项目，如富布莱特项目和美国国

---

① Richard A. Boucher, “U.S. Foreign Assistance to Pakistan,” accessed March 8, 2016, http://20012009.state.gov/p/sca/rls/rm/2007/96566.htm.

际开发署项目。美国国务院教育与文化事务局还设立了针对巴基斯坦教师的培训项目。

第三，南亚地区“稳定器”价值。巴基斯坦是实现南亚地区和平稳定的关键。历史上，巴基斯坦曾与印度实力不相上下，但经过三次印巴战争后，印度成功地肢解了巴基斯坦，巴基斯坦国力大为减弱。不过，巴基斯坦依然是除印度以外对南亚地区安全稳定最具影响力的国家。首先，印巴矛盾仍从根本上导致了南亚安全体系的不稳定。近年来，尽管印巴两国领导人都表现出和解姿态，但是印巴关系并未出现根本好转。来自巴基斯坦的跨境恐怖分子对印度实施了多起恐怖袭击更加深了印巴矛盾。其次，巴基斯坦是游离于核不扩散体系以外的有核国家。美国通过与印度开展民用核能合作，实现了对印度的部分核监管，然而巴基斯坦核能力仍旧在美国控制之外。为了确保南亚地区的核安全，美国需要巴基斯坦实现核克制，不以核讹诈作为实现政治目的的手段，不主动挑起核战争。最后，巴基斯坦是协助阿富汗战后重建的关键国家。巴基斯坦与阿富汗共享1600公里的边界，两国文化、民族以及部落联系紧密。美国不仅需要在战时利用巴基斯坦与阿富汗的特殊关系，实现美国反恐战略目标，还需要继续发挥巴基斯坦的斡旋作用以推动阿富汗和平进程。同时，美国将部分地区安全责任转移给巴基斯坦，借助巴基斯坦推动阿富汗安全力量建设，从而降低对阿投入成本。

第四，地缘枢纽价值。巴基斯坦地缘战略位置非常重要，是连接南亚、东南亚、中亚和西亚的重要枢纽，美国对此十分看重。美国前国务卿赖斯曾指出：“提升南亚与中亚新的经济和科技联系是美国主要优先之一，巴基斯坦和南亚是内陆中亚国家能源的富有活力的新市场。”[①] 目前美国积极支持连接土库曼斯坦—阿富汗—巴基斯坦—印度的石油管道建设项目（TAPI）以削弱南亚国家对伊朗能源的依赖并从实际层面推动“大中亚计划”的实施。2011年美国还提出了“新丝绸之路”倡议，以加强中亚和南亚的联系。美国也开始支援巴基斯坦和阿富汗间的公路建设，打通从印度洋进入阿富汗的通道，从而加深美国在中亚地区的影响。

从以上分析可以看出，巴基斯坦对美国仍具有重要的安全战略价值，美国在阿富汗作战行动的结束并不会导致美巴战略关系的终止。不过，美

---

① R. Nicholas Burns, “Statement on U.S.-Pakistan Relations,” accessed March 2, 2016, http://20012009.state.gov/p/us/rm/2007/89418.htm.

巴积怨已深并且巴基斯坦对美国短期利益价值正在下降，因此美巴不可能发展为如美印那般紧密的战略伙伴关系。此外，以往那样的策略性关系不利于美国在南亚的长期战略经营。由此判断，美国很可能继续与巴基斯坦维持一种长久的、低密切度的战略伙伴关系。

小　结

虽然美国并未将南亚内部特别是印巴均势作为“印太”地区主要均势来对待，但是协调与印巴关系仍是美国南亚安全战略的重点。其目的在于，消除印巴矛盾对美国南亚安全战略的牵制，从而获得更大的战略施展空间。进入新世纪后，在“去连接”政策的指导下，美国实现了与印度和巴基斯坦关系的同时发展。这是历史上首次美国既发展了与印度的战略伙伴关系，又保持了与巴基斯坦的战时盟友关系，整体上实现了与印巴战略决策1+1=2的效益，这对美国来说是最理想的与印巴关系模式。基于对美印战略伙伴关系制约性因素的判断，美印不可能结成传统的军事同盟，两国现有战略伙伴关系更类似于一种协约关系。“9·11”事件后，美巴再次结盟，但这种结盟与严格意义上的同盟有所区别，它更倾向于一种短暂的、针对特定问题的特设联合。从战略效益而言，新时期美国对于印巴关系的处理较为合理，避免了由于与一国结盟而导致与另一国关系恶化，转而通过类同盟关系的构建，既加深了与印巴两国关系的发展，同时也免于陷入印巴冲突。不过，美国南亚安全战略的霸权特性，从根本上导致了与印巴战略关系的不稳定。此外，“去连接”政策的根本目的在于维护美国自身利益，并不是出于对维护南亚地区稳定的考虑。美国对不涉及切身安全利益的印巴克什米尔问题的淡化处理，表面上看能促使印巴两国通过和谈解决矛盾，实则在于摆脱对南亚内部的安全责任，同时以通过克什米尔实现印巴两国的相互牵制。毕竟美国不希望在任一地区出现单一的上升力量，而导致地区势力的彻底失衡。从这一角度而言，“去连接”政策并不利于南亚地区整体稳定。在美国深入介入南亚地区安全的情形下，美国对印巴根本矛盾的回避，更进一步说明了美国仅追求自身利益以维护绝对优势的霸权本性。

第三章

美国南亚安全战略支柱之二：美国在南亚的反恐战略

20世纪90年代是美国霸权最为耀眼的时期。进入21世纪后，让美国始料未及的是美国的最主要安全威胁并不是来自正在崛起中的新兴国家，而是来自作为非国家行为体的恐怖组织，其中对美国安全构成最大挑战的是“基地”组织。在美国独享霸权的20世纪90年代，“基地”组织就开始不断壮大，在60多个国家建立了分支，构成了一个庞大的恐怖网络。自那时起，美国逐渐成为恐怖分子袭击的主要目标。1998年恐怖分子袭击了美国驻坦桑尼亚和肯尼亚大使馆。2000年美国科尔号驱逐舰在亚丁湾遭袭。然而，美国没有对恐怖主义威胁给予高度重视。20世纪90年代，美国忙于在世界各地进行人道主义干预，尽管那些人道主义危机并没有实质性地威胁到美国的根本利益。直到2011年9月11日，作为美国超强经济实力象征的世贸双子塔轰然倒塌，作为美国军事指挥核心的五角大楼遭袭，由此导致近3000人死亡，美国一夜之间将打击恐怖主义作为国家安全的第一要务。随后，美国相继发起了阿富汗战争和伊拉克战争。

毫无疑问，打击恐怖主义是全人类的共同责任和共同目标。美国的反恐行动在痛击了恐怖主义的同时，也带有极强的利己和强权色彩，将维护美国的自身安全和霸主地位作为反恐的终极目标。美国反恐的特质也充分反映在打击南亚恐怖主义活动中。南亚是世界恐怖主义活动较为集中的区域，是“基地”组织的巢穴所在，美国反恐战争首先在南亚打响。本章将分析南亚恐怖主义对美国安全的威胁以及小布什政府和奥巴马政府时期的南亚反恐战略，特别分析美国反恐战略对印度、巴基斯坦和阿富汗这三个南亚国家带来的持续影响。

第一节　南亚恐怖主义与美国安全

世界第一大经济体、唯一能在全球范围内投放军力的实力以及先进的科技确保了冷战后美国霸权的延续。地缘上，两洋将美洲大陆与其他地区隔离开来，减少了美国遭到传统入侵式袭击的可能，这种天然地理屏障巩固了美国霸权的发展。冷战期间，美国与苏联两强争霸。冷战结束后，作为唯一超级大国的美国仍然把安全战略重心放在欧亚大陆，以防止新兴国家崛起，对美国形成挑战。但南亚恐怖主义以不对称形式对世界头号强国发起了攻击，打破了以国家为主体的美国治下的世界和平，打乱了美国安全战略的既定发展轨迹。

一、美国与南亚恐怖主义兴起

进入21世纪后，南亚成为美国反恐主战场。然而，美国与南亚的恐怖组织及其资助政府有着千丝万缕的联系。1979年苏联入侵阿富汗，为了抵抗共产主义势力南下，美国资助并训练了一些来自伊斯兰国家的“圣战”游击队和雇佣兵以对抗苏联。在苏联撤出阿富汗后不久，这些“圣战者”于1992年占领了阿富汗首都喀布尔。由于内讧，这个由“圣战者”建立的政府不久便失去了美国的支持，因为美国认为一个不稳定的阿富汗不利于美国在中亚以及中东地区的能源安全。此时，在穆罕默德·奥马尔领导下的由青年普什图激进分子组成的塔利班[①]不断发展壮大。1996年塔利班正式占领喀布尔并组建了政府。在阿富汗北部的非普什图族地区，那里主要生活着塔吉克人、哈萨克人和乌孜别克人，他们并不愿意接受塔利班的统治。阿富汗形成了由阿富汗塔利班和北方联盟分而治之的格局。塔利班政府旨在建立世界上最纯洁的伊斯兰教国家，塔利班政府实行政教合一并推行酷刑，这遭到国际上大多数国家的谴责。世界上绝大多数国家支持阿富汗北方联盟政权，仅有巴基斯坦、阿联酋和沙特阿拉伯承认塔利班政权的合法性。美国没有承认塔利班政权，但在塔利班兴起的早期，克林顿政府与其进行过接触。1994年塔利班占领坎大哈后，美国与塔利班进行了公开对话。在塔利班掌权后，美国仍然保持了与塔利班的联系。[②]美国曾希望借助塔利班制约俄罗斯在中亚的影响，然而由于塔利班的活动影响到了美国在该地区的能源和经济利益，最终导致这一计划破产。

如今对美国安全构成极大影响的“基地”组织也与美国难脱干系。为了抵御苏联入侵，美国中情局曾出资并帮助塔利班和“基地”组织的活动。[③]“基地”组织是一支打着反对全球霸权旗号的极端伊斯兰原教旨主义

---

① 除注明国别外，本书中的“塔利班”均指阿富汗塔利班，非巴基斯坦塔利班。

② Kenneth Katzman, *Afghanistan: Post-Taliban Governance, Security, and US Policy* (Washington, D.C.: Library of Congress Washington DC Congressional Research Service, 2010), p.5.

③ Mahmood Mamdani, *Good Muslim, Bad Muslim: America, the Cold War, and the Roots of Terror* (New York: Three Leaves Press, 2005).

的武装组织，该组织头目本·拉登曾被美国视为反苏英雄。1991年科威特战争后，特别是美国在沙特建立军事基地后，本·拉登开始强烈反对美国。本·拉登认为，“在伊斯兰教圣地沙特，那里有两个神圣的城市——麦加和麦地那，建立异教徒的军事基地，是一种对神的亵渎行为”。[①] 1996年“基地”组织袭击了美国在沙特的军事基地，造成美军19人死亡。本·拉登重回阿富汗后与塔利班政权建立了紧密的联系，塔利班向“基地”组织提供了庇护。美国政府曾以制裁方式多次向塔利班政权施压，要求引渡本·拉登，但都遭到了塔利班的拒绝。1998年8月20日，美国曾发射巡航导弹袭击了“基地”组织在阿富汗东部的训练基地。不过，直至2000年以前，美国都未曾计划对塔利班动用武力，因为“美国缺乏以武力驱赶塔利班政权下台的国内和国际支持”。[②]

二、南亚恐怖主义对美国安全的挑战

“9·11”事件的爆发改变了美国安全战略部署，也改变了世界格局的发展。没人能预料到美国本土会遭到大规模恐怖袭击。这是自1812年战争以来美国本土遭到的第一次袭击，它终结了冷战后美国一超多强格局下的世界和平。

首先，美国本土绝对安全的神话被打破，推翻了美国原先对安全威胁以及国际形势发展的判断。为了确保美国本土安全免受第二次恐怖袭击，美国政府推出了一系列法案和政府命令。2001年10月，美国国会通过了《美国爱国者法案》。这一法案规定了执法者享有更广泛的权力，如在没有逮捕令的情况下可以进行搜查、监控和窃听金融交易活动，秘密执行逮捕和驱逐出境等。这项法案在美国国内引起了不小的争议，人们认为这一法案缺乏公正性，将导致对个人以及商业活动的过度监管。据2005年《纽约时报》爆料，2002年小布什总统曾秘密授权国家安全局在未得到法律允许的情况下监听美国国内电话和邮件，2006年美国政府更新了这一法案。奥巴马总统上台后沿用了这个法案，并且强制要求电信公司必须接受对其电信网络的监听。“9·11”事件后，对美国本土安全影响最大的一个法案就

---

① Chandra Muzaffar, “The Empire: What It Is and What It Means for all of Us,” accessed December 30, 2005, https://archive.globalpolicy.org/empire/analysis/2005/1230militarypower.htm.

② Kenneth Katzman, *Afghanistan: Post-Taliban Governance, Security, and US Policy* (Washington, D.C.: Library of Congress, 2015), p.6.

是2002年通过的《国土安全部法案》。根据该法案，2002年11月25日美国成立了国土安全部。国土安全部吸收并整合了原有的22个部门，被认为是“自冷战以来，美国政府最重要的改组”。[①] 美国国土安全部的职责在于保卫美国境内及境外的民事权利，其目标是为预防和应对国内突发事件特别是恐怖主义做准备。由此，国土安全部的建立与在海外通过军事力量维护美国安全的国防部一道构成了对美国安全维护的双重保障。但是美国为保障国家安全而牺牲公民权益的做法，遭到了民主人士的强烈反对，以维护安全为名而侵犯公民安全的行为与美国所宣扬的人权和人的尊严相违背。

其次，恐怖主义的兴起严重威胁了美国的能源安全。中东和中亚地区是世界能源的主要集中地，也是美国能源供应的主要来源地。这一地区原本就因宗教、民族等问题动乱不断，恐怖主义的蔓延更加剧了事态的紧张。美国发动的两场反恐战争——阿富汗战争和伊拉克战争，其目的在于打击恐怖主义的同时，也确保美国能源安全。处于世界“心脏地带”的阿富汗是连接中亚和南亚的重要枢纽，是中亚能源向南输出的重要通道。美国对阿富汗的能源地缘优势十分关注，美国优尼科石油公司曾计划修建一条连接中亚和阿富汗以及巴基斯坦的油气管道。同样的，伊拉克是中东石油大国。恐怖分子在这两个地区的藏匿和破坏活动将必然影响到美国的能源安全。

再次，美国认为存在恐怖分子非法夺取大规模杀伤性武器并对美国进行报复的可能。觊觎生化武器的巨大杀伤力和威慑力，激发了包括恐怖分子在内的国家行为体和非国家行为体对生化武器的掌控欲望。早在1998年，“基地”组织头目本·拉登就曾表示，“获得核武器保护穆斯林是一项宗教责任”，2011年11月他又表示，“‘基地’组织能够并将动用非常规武器在内的手段回击任何的打击”。[②] 南亚地区的印度和巴基斯坦是两个事实上的有核国家，恐怖分子若从任何一国获得核技术或核武器对美国进行报复则后果不堪设想。

最后，恐怖主义对美国所宣扬的自由、民主“普世”价值的冲击，直接影响了美国霸权的意识形态根基。美国将打击恐怖主义视为一场“思想之战”（War of Ideas），因为恐怖分子“希望根据瓦哈比教派（极端主义）

① Jean-Pierre Hombach, *The Secret about Acta* (Morrisville: Lulu. Com, 2012), p.357.

② William Robert Johnston, “Osama Bin Laden and Nuclear Weapons,” accessed February 23, 2016, http://www.johnstonsarchive.net/nuclear/osamanuk.html.

教义建立一个伊斯兰王国。这种教义将世界分为伊斯兰世界和异教徒世界。他们剥夺妇女的尊严，遵循严酷的法律，为了追求他们的返祖性目标而毫无顾忌地使用暴力”。[①] 这与美国所推崇的人权、法治、个人自由、信仰自由等相违背。有人认为，“恐怖主义活动产生的原因在于部分国家的暴政、缺乏人权和自由”。[②] 这种说法显然不能解释为何不少恐怖分子并非来自暴政国家，而是来自推崇“民主”的欧美国家。这也不能很好地阐释为何恐怖活动的矛头会指向西方民主国家。民主的作用在于保护民众特别是弱势群体的利益，它既是一种自上而下的赋权行为，也是一种自下而上的参与乃至抗争。恐怖分子以暴力手段袭击平民的龌龊行径确实应当遭到全世界的打击和谴责。然而，简单地将恐怖主义产生的根源与不“民主”挂钩，难免过于绝对而掩盖了事实的真相。

三、美国南亚反恐战略的实施

“9·11”事件后的24小时内，阿富汗塔利班拒绝交出“基地”组织头目本·拉登，美国立即对阿富汗发动战争。战前，美国争取了国内外舆论支持，将美国反恐意志通过联合国上升成为全球主流价值。作战过程中，美国从军事和意识形态两个方面打击了恐怖主义。

在“基地”组织发动对美国本土袭击后，美国找到了出兵阿富汗的理由并获得了国内民众的支持及国际社会的同情。2001年10月，据CNN、盖普勒以及《今日美国》三家机构的联合调查，88%的美国民众都支持美国出兵阿富汗，[③] 国际社会对美国遭到恐怖袭击深表同情并将打击恐怖主义视为共同责任。伊斯兰神学家及学者不仅从人道主义角度谴责“基地”组织的罪行，也指责本·拉登及其追随者的作为违背了伊斯兰教义的本质。[④] 但是，在如何打击恐怖主义问题上，各国意见不一。2001年盖普勒

---

① Reza Aslan, *No God but God: the Origins, Evolution and Future of Islam* (New York: Random House, 2005).

② Bakeel Ahmed Alzandani, *The Bush Doctrine, the War on Terror, and American Promotion of Democracy in the Middle East: the Cases of Egypt and Yemen* (Lincoln: The University of Nebraska-Lincoln, 2010), p.17.

③ Karlyn Bowman, “America and the War on Terror,” accessed April 2, 2016, https://www.aei.org/publication/america-and-the-war-on-terror/.

④ Chandra Muzaffar, *Global Ethic or Global Hegemony? Reflections on Religion, Human Dignity and Civilisational Interaction* (New York: Asean Academic Press Ltd, 2005).

对37个国家的民意调查显示，大部分国家支持通过法律途径对恐怖分子进行引渡和审判。其中，只有三个国家——美国、以色列和印度的绝大多数受调查者支持动用武力。[①] 以色列长期与中东伊斯兰国家不和并且还是美国的盟友，因此愿与美国一同打击恐怖主义。南亚国家印度常年来也饱受“恐怖主义”困扰，特别是在克什米尔地区，印度指责巴基斯坦支持该地的恐怖分子袭击印度，但巴基斯坦并不承认这些反印的武装组织为恐怖组织。此外，巴基斯坦与阿富汗塔利班关系紧密。在印度看来，美国出兵阿富汗将有利于消除巴基斯坦对印度的安全威胁。

为了获得阿富汗战争的合法性，美国通过联合国安理会相关决议让美国的反恐大业成为国际社会推行的普遍准则。在2001年9月12日，安理会全体一致通过了1368号决议，该决议认可了“根据联合国宪章进行个人和集体自卫的固有权力”，谴责了“9·11”恐怖袭击事件并表示，“诸如国际恐怖主义此类的活动是对国际和平和稳定的威胁”。此外，还表示，“安理会准备采取一切可能的行动应对发生在2001年9月11日的恐怖袭击，并打击所有形式的恐怖主义”，“自卫可以延伸为使用武力打击那些协助、支持和窝藏犯罪分子的活动，这些活动的组织者和资助者将被追究责任”。[②] 之后，联合国安理会又通过了1373号决议，该决议重申了1368号决议的要旨并提出了禁止主权国家向恐怖分子提供资金和招募恐怖分子。[③] 美国以联合国通过的相关决议为依据，于2001年10月7日正式发动了阿富汗战争。但是有学者认为：“虽然这些决议同意了在此情况下使用自卫的权利，但是并没有直接授权使用武力，并没有合法的依据让美国对阿富汗进行干预。”[④] “9·11”事件后，世界各国都将恐怖主义视为全人类的公敌，因此虽然阿富汗战争合法性较为模糊，但是阿富汗反恐战争还是获得了国际社会的广泛支持。而随后的伊拉克战争，美国绕过了联合国，单方面对一个主权国家发起战争，再次印证了美国的霸权行径，这也表明了当前国际关系的主导现象就是：“当霸权国家认为现行国际法与其利益相悖时，他们就

---

① David Miller, “World Opinion Opposes,” accessed March 23, 2016, https://www.globalpolicy.org/component/content/article/154/26553.html.

② “UN Security Council, Resolution 1368 (2001),” accessed March 23, 2016, http://daccess-dds-ny.un.org/doc/UNDOC/GEN/N01/533/82/PDF/N0153382.pdf?OpenElement.

③ “UN Security Council, UN Security Council,” accessed June 2, 2016, http://daccess-ddsny.un.org/doc/UNDOC/GEN/N01/557/43/PDF/N0155743.pdf?OpenElement.

④ Adams Roberts, “The Law and the Use of Force after Iraq,” *Survival*, Vil.45, No.2, 2003, p.37.

会忽略国际法，或者选择性地使用国际法以提升他们的利益。”[①]

在获得国内外对打击恐怖主义的一致认识后，美国以“先发制人”作为反恐战略理念，悍然发起阿富汗战争。2002年的美国年度《国家安全战略》报告将“先发制人”定义为“一种共识和自卫，美国将在威胁完全形成以前采取行动”。同时指出，“威胁越大，不作为所导致的风险也就越大，就越有可能采取预先行动进行自卫，尽管敌人进攻的时间和地点还不确定”，因此“如有必要，美国将采取先发制人的行动，阻止敌人的敌对活动”。[②] 为了寻求“先发制人”的合法性，美国年度《国家安全战略（2002）》报告提出：“几个世纪以来，国际法认可一国可以在遭受袭击前就采取合法行动进行自卫以防止即将到来的危险攻击。”[③] 法学家和国际法专家通常认为：“采取合法先发制人的前提是存在一种迫在眉睫的威胁。”[④] 在2006年的美国年度《国家安全战略》报告中再次指出：“在袭击发生以前，我们不排除使用武力，尽管敌人袭击的时间和地点还不确定。”[⑤] 奥巴马政府上台后，批评小布什政府时期的单边主义和过分依赖于军事手段，但仍延续了美国在阿富汗和伊拉克的军事存在，只不过将撤军提上了正式日程并不再强调地面作战而改为定点空袭，以减少美军人力和财力投入。

在进行军事打击的同时，加强民主建设也是美国反恐的主要手段。美国的一个基本逻辑就是任何国家、组织以及个人只要遵守民主原则，如尊重自由、人权就能与美国保持友好关系并有利于国际社会的稳定。如果恐怖分子以及窝藏恐怖分子的国家能接受美式民主的感化，将能降低恐怖主义的威胁。在美国看来：“只有自由民主才是合法的政府，而其他形式的政府不仅是非法的而且是短暂的。”[⑥] 美国支持各国特别是伊斯兰国家的现代化和民主化建设，并且，通过公共外交、文化输出等手段，互联网、手机

---

① Müge Kinacioğlu, “War on Terror and Hegemony: International Law-Making Regarding Terrorism after 9/11,” *International Relations*, 2012, Vol.8, No.32, p.68.

② The White House, “National Security Strategy 2002,” September 2002, accessed June 23, 2015, https://20092017.state.gov/documents/organization/63562.pdf.

③ *Ibid.*

④ The White House, “National Security Strategy,” September 2002, September 2002, accessed June 23, 2015, https://20092017.state.gov/documents/organization/63562.pdf, p.15.

⑤ The White House, “National Security Strategy 2006,” March 2006, accessed June 15, 2015, https://www.comw.org/qdr/fulltext/nss2006.pdf.

⑥ Charles A. Kupchan, *No One's World: The West, the Rising Rest, and the Coming Global Turn* (Oxford: Oxford University Press, 2013), p.87.

短信等平台将美国的民主传播到世界各地。然而，在阿富汗和伊拉克实现民主选举后，两国的安全状况并未出现根本改善，塔利班势力同样在阿富汗影响巨大。“伊斯兰国”（ISIS）在伊拉克的兴起让伊拉克及世界面临了更为严重的恐怖威胁，究其原因，这很大程度上是由于国际社会的不民主所造成的。国际社会民主的失衡造成了各国财富分配的不均，由此导致了不同国家以及地区间巨大的发展鸿沟。在这种情况下，“民主只是一种维持由世界资产阶级及其盟友主导权力之现状的意识形态”。[①]

美国阿富汗反恐战争打响后，将南亚地区的安全局势与美国反恐战略紧密捆绑在一起，南亚第一次成为美国安全战略部署的首要优先阵地，阿富汗、巴基斯坦和印度在与美国进行双边反恐合作的同时，三国间的互动及矛盾不断。

第二节　小布什政府时期的美国南亚反恐战略

“9·11”事件后，小布什政府将美国的安全重心由应对亚洲崛起国家调整为打击全球范围内的伊斯兰教极端主义，并很快发动了全球反恐战争。南亚成为美国反恐主战场。阿富汗是美国反恐中心所在，巴基斯坦被迫成为美国反恐盟友，印度对美国反恐表现出了空前的热情和支持。阿、巴、印三国分别在与美国进行双边互动的同时，三国间的相互影响也不断加深。美国为了获得国际社会对在阿富汗作战的支持，既利用巴基斯坦成为反恐同盟，又拉拢印度，并且弱化印巴矛盾对美国反恐战略的影响。南亚整体安全形势再一次深受美国安全战略的影响，南亚成为美国维护霸权地位、打击反抗力量的重要场所。小布什政府时期的美国南亚反恐战略也表现出了深厚的“小布什主义”色彩。

一、小布什政府时期美国南亚反恐战略目标及策略

南亚是“基地”组织的大本营，美国全球反恐战略目标主要集中在此，因此美国全球反恐战略很大程度上侧重于美国在南亚的反恐战略的实施。美国南亚反恐战略以美国全球反恐战略为指导，美国全球反恐战略也

---

① Barry K Gills, “Beyond the ‘War on Terror’: Hegemony, Violence, and the Global Democratic Revolution,” *Global Dialogue*, 2006, Vol. 8, No. 3/4, p.90.

最先在南亚进行部署。小布什政府时期，美国全球反恐战略总目标集中体现在以美国年度《国家安全战略》报告为蓝本制定的美国年度《国家反恐战略》报告之中。小布什政府时期于2003年和2006年两次发布过美国年度《国家反恐战略》报告，在美国年度《国家反恐战略（2003）》报告中，小布什政府将美国的国家反恐战略目标界定为："美国人民和其他地区的文明人类能免于生活在恐怖袭击的恐惧中。终止恐怖袭击没有捷径而言。同时，美国不允许自己成为恐怖分子的人质。打击恐怖主义、保卫美国本土安全并免受袭击是我们的重中之重，但不仅仅只有这一个重点任务。"[①] 美国年度《国家反恐战略（2006）》报告再次强调："打击恐怖主义保护美国本土在未来免受袭击仍是第一要务，但这并不是美国的唯一战略重点。打击恐怖主义是美国国家首要和短期的重点。"[②] 美国年度《国家反恐战略（2006）》报告更着重关注美国本土安全，进一步明确了反恐是美国的首要但非唯一战略优先。

小布什政府时期，美国政府认为冷战时期的遏制战略并不适用于打击恐怖分子，而需要通过更为直接的武力手段。为了结成全球反恐同盟，美国将世界上的其余国家分为三类——与美国志同道合的国家、犹豫不决的国家以及与美国意愿相左的国家。对于志同道合的国家，美国又将其分为有能力打击恐怖主义的国家以及弱小国家，美国将与前者结成全面伙伴以打击恐怖分子，帮助后者提升打击恐怖主义的能力。除此之外，美国将劝说那些举棋不定的国家，让他们担负起国际反恐责任。针对那些不愿意参与全球反恐的国家，美国将采取一切资源和智谋迫使这些国家终止对恐怖组织的支持。[③] 在南亚，也确实存在着这三类国家。印度以空前的热情和行动支持美国反恐，这促使美印战略伙伴关系得到进一步提升；巴基斯坦起初对打击阿富汗塔利班犹豫再三，在美国的强势压力下最终成为反恐同盟；阿富汗塔利班政府拒绝打击"基地"组织，遭到了美国武力打击。

---

① The White House, "National Strategy for Combating Terrorism 2003," accessed March 12, 2016, https://georgewbushwhitehouse.archives.gov/news/releases/2003/02/counter_terrorism/counter_terrorism_strategy.pdf, p.1.

② The White House, "National Strategy for Combating Terrorism 2006," accessed March 12, 2016, https://georgewbush-whitehouse.archives.gov/nsc/nsct/2006/nsct2006.pdf, p.1.

③ The White House, "National Strategy for Combating Terrorism 2003," accessed March 12, 2016, https://georgewbushwhitehouse.archives.gov/news/releases/2003/02/counter_terrorism/counter_terrorism_strategy.pdf, p.29.

为了实现全球反恐战略目标，小布什政府提出了“4D”策略，即击败（Defeat）、阻断（Deny）、削弱（Diminish）和保卫（Defend），就是要通过消除恐怖主义赖以生存的条件，如庇护场所、领导阶层、指挥点、控制方式、相互联系、物质支持和运行资金，以击败全球恐怖组织。这种方式能产生更大范围的级联效用，以瓦解恐怖分子策划和执行恐怖活动的能力；美国将确保其他国家在其主权领土范围内担负起打击国际恐怖主义威胁的责任，以阻断对恐怖分子的资助、支持和庇护；美国将削弱一种潜在的情形，即恐怖分子试图利用国际社会以让我们将精力和资源都集中于最危险的区域；最重要的是，美国政府将保卫美国、美国公民和美国国内及海外利益，美国将先发制人地保护我们的国土，扩大我们的防卫以尽早明确和弱化威胁。”[①] 小布什政府的4D反恐策略首先在南亚反恐战场得以运用。阿富汗、巴基斯坦和印度也都纷纷卷入美国的这场全球反恐战争中。

二、阿富汗：美国反恐主战场

“9・11”事件以前，小布什政府延续了克林顿政府时期的阿富汗政策，对阿富汗塔利班政府进行经济和政治施压的同时，保持了一定程度的接触和对话，并且拒绝对阿富汗北方联盟提供军事援助。根据联合国安理会1333号决议，2001年2月，美国国务院下令关闭了塔利班在纽约的代办处，不过塔利班政府代表还可以以非官方身份在纽约进行活动。2001年美国政府与塔利班特使讨论了双边问题。同时，美国也与巴基斯坦政府积极接触以希望巴基斯坦能削弱对塔利班的支持。“9・11”事件前，阿富汗塔利班控制了阿富汗近75%的国土。“9・11”事件后，阿富汗很快成为美国全球反恐战争的焦点。美国通过军事打击和民主重建，力图消除恐怖主义。然而，事态的发展并未如美国政府所预料的那样顺利，阿富汗战争成为美国历史上持续时间最长的一场战争。

（一）美国在阿富汗的反恐军事行动及评价

“9・11”事件震惊全球，美国的安全遭到前所未有的打击。出乎美国意料的是对美国本土发动袭击的并非是一个主权国家，而是一群反美的“乌合之众”。小布什誓言痛击恐怖分子。从此，美国乃至世界格局发生巨

① The White House, “National Strategy for Combating Terrorism 2003,” accessed March 12, 2016, https://georgewbushwhitehouse.archives.gov/news/releases/2003/02/counter_terrorism/counter_terrorism_strategy.pdf, pp.11-12.

大改变。

1.“持久自由行动”的发展进程。小布什政府时期，美国对阿富汗的反恐作战行动可以划分为以下几个阶段：

第一阶段：大规模军事打击行动（2001—2003年）。2001年10月7日，美国正式对阿富汗发起了代号为“持久自由行动”的军事进攻。一开始，美国主要对塔利班和“基地”组织进行空袭，同时以约1000人的特种部队和情报人员配合空袭进行地面作战。在美国的强烈攻势下，2001年12月9日，塔利班交出坎大哈，标志着塔利班政府的垮台。同月，在阿富汗托拉波拉地区，阿富汗国民军与“基地”组织进行了激烈的战斗，“基地”组织头目本·拉登趁乱逃往阿巴边境的巴基斯坦一侧。2002年3月，美军发起“巨蟒行动”，这是自托拉波拉行动以来对“基地”组织发起的最大规模的地面袭击，约2000名美国士兵以及1000名左右的阿富汗国民军士兵参与了此次行动。2003年5月1日，美国宣布结束在阿富汗的主要作战任务。

第二阶段：战略重心西移（2003—2006年）。“巨蟒行动”不久后，美国开始将反恐战略重心由阿富汗转移到伊拉克，打击伊拉克萨达姆政权。伊拉克取代阿富汗成为美国反恐主战场。这一时期，美国对阿富汗反恐的投入有限，主要集中在南部和东部的普什图族聚居地区。2005年美军及其盟军都乐观地认为，大部分的武装分子都被消灭。2005—2006年，主要由北约和驻阿富汗国际维和部队代替美国承担起维护阿富汗安全的任务。然而，2006年开始，阿富汗局势急转直下。2006年夏，阿富汗南部地区恐怖袭击增加，自杀性袭击由2005年的27起上升到2006年的139起，同时，远程遥控爆炸数量也翻了一番，达到1677起。[①] 大多数袭击的原因都是出于对阿富汗现政府的不满。

第三阶段：战略再调整（2006—2008年）。2006年，阿富汗安全局势恶化后，北约及驻阿富汗国际维和部队加紧了对关键地区的打击行动，并且希望再次通过先发制人行动控制住阿富汗乱局，然而并没有取得突破性的进展。美国在打击伊拉克的同时，也开始再次关注到阿富汗的作战行动并且认识到阿富汗形势的严峻。2008年9月，美军参谋长联席会议主席马

---

① Council on Foreign Relations, “U.S. War in Afghanistan,” accessed March 23, 2016, http://www.cfr.org/afghanistan/us-war-afghanistan/p20018.

伦上将表示，“我不能确定我们会在阿富汗取得胜利”。[①]

2. 对“持久自由行动”的评价。恐怖主义是全人类的公敌，美国的确有必要对恐怖主义加以大力打击。在美国本土受到袭击后，美国政府也获得了民众及国际社会对美国反恐的支持。美国认为这是一场正义之战，但是对于这场战争的合理性及美国反恐战略的正确性还有待商榷。

第一，武力打击目标混淆。小布什政府时期，美国始终将武力打击恐怖主义及其支持政府连接在一起，没有加以区别对待。然而，两者存在实质性的不同。“基地”组织是由反美的全球性极端暴力分子组成，以打击美式民主、恢复伊斯兰极端教义为政治目标。然而，阿富汗塔利班是一种政府组织形式，并不具有全球性的政治意图。美国对塔利班政府的打击，让本就动荡的阿富汗再陷战争泥潭。摧毁阿富汗塔利班并不能消除“基地”组织在全球范围内的影响和存在。在伊拉克，美国也是犯了同样的错误。第二，反恐重心西移的失误。2003年后，美国调转军力至伊拉克，导致由于对阿富汗的投入不够，致使阿富汗暴乱再起。在打败塔利班后，美国对阿富汗局势过于乐观。作为霸权国，美国的确有能力在全球投放军力，但是阵线过长、过于分散，也让美国难于集中精力。尽管小布什第二任期内对阿富汗战略进行了调整，但是局面已几近失控。第三，武力打击的单一性。恐怖主义是全世界人民的敌人，理所应当成为全球治理的重要议题。也就是说，为了打击恐怖主义，一则需要团结全球各国之力，二则需要采取包括武力在内的更为综合的手段进行治理。战争开始时，美国获得了所有其余27个北约成员国和21个非北约成员国的出兵支持。然而，美国将世界过于简单地划分成打击恐怖主义和支持恐怖主义的两类国家，将行动冠以全球反恐战争之名，没有考虑到部分伊斯兰国家的宗教情感和恐怖活动的复杂成因。机制构建、多边安排本是全球治理的核心所在，美国对“9·11”事件的以暴制暴反应，导致武力打击成为美国反恐的最重要手段。第四，以他者之不安全换取美国安全。美国为了确保美国国土及美国公民的安全，对恐怖分子采取打击报复，但是大规模战争将阿富汗民众带入了极大的不安全之中。在很大程度上，阿富汗民众也是塔利班和“基地”组织暴行的受害者，美国在不能保证阿富汗安全秩序的情况下发起战争，加

① “Afghanistan: Post-Taliban Governance, Security and US Policy,” accessed April 4, 2012, http://fpc.state.gov/documents/organization/188190.pdf. pp.19-20.

剧了对阿富汗民众的伤害。战争爆发后，阿富汗出现了大批难民，美国也未采取有效安置和保护措施。

（二）美国对阿富汗民主化进程的主导及评价

为了避免重蹈1989年苏联撤离后阿富汗陷入混乱的历史，小布什政府决定在武力打击阿富汗塔利班和“基地”组织的同时，加强对阿富汗的民主化建设，以重建一个相对强大、民主的阿富汗中央政府。阿富汗政府重建也是小布什政府时期美国积极倡导的“大中东计划”当中的重要一环。在美国的支持下，阿富汗民主化取得了一定的发展。2001年12月22日，根据《波恩协定》，阿富汗临时政府成立，普什图族卡尔扎伊出任临时总统，少数族群主导的“北方联盟”控制了关键的安全部门。2004年1月，502位代表一致通过了阿富汗宪法，根据阿富汗宪法将建立一个强总统制、各部族统一的国家，这被视作阿富汗民主化的关键一步。2004年10月9日，阿富汗举行总统选举，800多万注册选民参加了此次选举。最终，卡尔扎伊当选阿富汗首位民选总统。这是自1969年以来，阿富汗举行的首次总统投票选举。2005年9月18日，600多万人参加了阿富汗下院、长老院和地方议会的选举投票。这是阿富汗规模最大的一次民主选举，近一半的选民是女性。在下院的249个席位中预留了68个席位给女性，上院的102个席位中保留给女性23个席位。这是阿富汗民主的重大转变，因为在塔利班政府时期，禁止妇女参政。然而，如同阿富汗安全形势不如美国所预期的那样会出现根本好转，阿富汗民主化进程也非一帆风顺，战火中新生的阿富汗政权面临了重重考验。贪污腐败成为阿富汗政府最为严重的一项顽疾，为了获取钱财，一些政府官员还成为贩毒活动的庇护者和参与者，美国指责阿富汗政府贪污挪用了大量美国对阿富汗的援助。政府执政能力低下并缺乏对安全部队的管控能力，也成为阿富汗政府的一大弱点，阿富汗民众对新政府的不满情绪很容易被塔利班分子所利用。阿富汗的社会经济也没有实现预期的发展。

不考虑当事国的社会特质和发展阶段而强力推行美式普选，并不能彻底改善对象国的政治发展进程。像阿富汗这样，表面上推行了民主选举、赋予了民众参政议政的权力、提升了妇女的政治地位，实质上却缺乏相应的制度保障及权力约束，并与当地社会发展严重脱节。这样的民主不仅不能解决旧式政权的固有弊端，还催生了新的问题和挑战。

小布什政府时期，阿富汗的安全局势由于受到美国反恐重心西移的影响出现了反弹，更为严重的是这种安全威胁还蔓延到了巴基斯坦。

三、巴基斯坦：美国的反恐盟友

作为与阿富汗毗邻的、世界上少数几个正式承认塔利班政权的政府，巴基斯坦在“9·11”事件后，受到了来自美国难以抵抗的强大外交压力。美国要求巴基斯坦“停止对本·拉登的支持，允许美国战机飞跃巴基斯坦领空并降落，要求使用巴基斯坦海军基地、空军基地并进入巴基斯坦边境地区，要求巴基斯坦与美国共享情报，中断与塔利班的外交关系”。[①] 在小布什政府的“将巴基斯坦炸回石器时代”的不容商量的最后通牒下，巴基斯坦政府经过几番挣扎被迫与美国结成战时盟友，成为美国全球反恐战争的“重要盟友”“前线国家”“关键伙伴”。在彻底断绝与塔利班的关系后，巴基斯坦开始配合美国的反恐行动。

美国迫使巴基斯坦成为反恐同盟的主要原因除了巴基斯坦与阿富汗具有地缘联系、能为美军提供补给和后勤援助外，更关键的是看重巴基斯坦与阿富汗的传统关系。巴基斯坦与阿富汗同为伊斯兰国家且巴基斯坦是世界上第二大穆斯林人口国家，“与巴合作打击阿富汗恐怖分子，可以给人以美国并不是伊斯兰教和伊斯兰世界的敌人的印象”。[②] 另外，巴基斯坦政府不仅与塔利班政权关系紧密，与阿富汗的民间联系也十分紧密，巴基斯坦与阿富汗边界地区还生活着人口众多的跨境民族——普什图族，他们同种同源、语言相通，美国需要巴基斯坦成为美国进入阿富汗的“向导”。在与美国结成战时同盟后，巴基斯坦的安全局势发生了翻天覆地的变化，其安全部署重点由原先的东线（针对印度）扩展为东西两线，巴基斯坦安全压力陡然增加。为了确保巴基斯坦对美国反恐的支持，美国也向巴基斯塔提供了大量的援助。但是由于巴基斯坦内外安全问题的复杂性以及小布什政府反恐战略的严重缺陷，导致美巴反恐合作矛盾重重。

（一）美巴反恐合作的展开

小布什政府时期，美国和巴基斯坦的反恐合作主要体现在以下几方

① David A. Anderson and Heather Maki, “Pakistan’s Nuclear Defence Ambitions and U.S. Relations, the Global War on Terror in FATA: Promoting Regional Stability?” *China and Eurasia Forum Quarterly*, 2008, Vol.6, No.3, pp.52-53.

② Bessma Mamari, “The IMF, the U.S. War on Terrorism, and Pakistan,” *Asian Affairs*, September 2004, p.43.

面：一是执法和情报合作。2001年，通过《反恐怖主义法修正令》（*Anti-terrorism Ordinance.2001, Amdt.*）的下达，反恐成为巴基斯坦国家使命。2002年，巴基斯坦加入《制止恐怖主义爆炸事件的国际公约》。同年8月，美巴第一次反恐和执法联合工作小组会议召开，该联合工作小组主要商讨美巴两国在反恐、打击毒品、洗钱、人口贩卖等领域的合作。然而，不少观察家认为，"巴基斯坦领导人过分强调军事行动对打击反恐的作用，而对执法关注不够"。[①] 反恐战争开始后，美国联邦调查局、中央情报局和其他部门也开始在巴基斯坦境内开展了颇受争议的工作。二是美国通过军事援助为巴基斯坦军队提供培训和武器装备。"9・11"事件后美国取消了对巴基斯坦的制裁，允诺对巴基斯坦提供30亿美元的军经援助，巴基斯坦成为美国军事援助的重点投入对象国。2002—2008年，美国共向巴基斯坦提供了110亿美元的军事和经济援助，其中大部分是军事援助。[②] 巴基斯坦将这些钱用于购买反潜飞机、F-16战斗机、反舰导弹和反导弹防御系统等武器，印度官员对此较为关注并怀疑这些武器并非用于反恐。2004年在美国赋予巴基斯坦"非北约主要盟国"的待遇后，两国军事合作进一步加深，美国扩大对巴基斯坦的军售。2006年，美国对巴基斯坦的军售高达35亿美元，这接近1950—2000年巴基斯坦向美国购买武器金额的总和。[③] 此外，美国也帮助培训巴基斯坦军队。三是反恐军事行动合作。巴基斯坦是美国在阿富汗开展"持久自由行动"的重要基地和转运点，美国及一切参加阿富汗行动的盟国飞机可以飞跃巴基斯坦领空。许多美国士兵先在巴基斯坦集结再进入阿富汗。巴基斯坦在与阿富汗和伊朗的边境地带部署了大量的常规及预备役军队。巴基斯坦军队抓捕并向美国移交了大量的"基地"组织分子。2002年美巴两国进行了近5年来的第一次联合军演，之后两国军演规模逐步扩大，军演次数也更加频繁。四是民事安全合作。美国投入大量的资源以加强巴基斯坦公民安全及基础设施建设，此类援助主要通过美国国务院和司法部所提供的执法援助和改革项目进行。

---

① K. Alan Kronstadt, "Pakistan-U.S. Relations: Issues for the 114th Congress," accessed March 2, 2016, https://www.fas.org/sgp/crs/row/R44034.pdf, p.4.

② Greg Bruno and Jayshree Bajoria, "Backgrounder: U.S-Pakistan Military Cooperation," accessed March 2, 2016, http://www.nytimes.com/cfr/world/sl ot1_20080626.html?pagewanted=print&_r=0.

③ Greg Bruno and Jayshree Bajoria, "U.S-Pakistan Military Cooperation," accessed February 17, 2016, http://www.cfr.org/pakistan/us-pakistan-military-cooperation/p16644.

总体上，在前期，美巴反恐合作取得了较为明显的效果。在巴基斯坦的支持下，美军很快将塔利班赶出了喀布尔，“基地”组织也受到了重创，但是“9·11”事件的肇事头目本·拉登仍旧在逃。随着美国反恐战略的调整，美巴反恐合作的问题日益显现。

（二）美巴反恐合作困境

由于巴基斯坦内部问题以及美巴之间矛盾导致美巴反恐合作并非一帆风顺。尽管美国政府在很多场合公开承认并赞扬巴基斯坦的大力配合，如2007年12月，在负责美国南亚和中亚事务的助理国务卿鲍彻向国会递交的《美巴关系和美巴合作：地区稳定的关键》报告中强调了：“巴基斯坦在实现美国许多重要外交政策目标中具有重要作用，没有巴基斯坦的支持和合作，我们将会在派驻、加强和保护我们的军队时遇到严重的困难。”[①] 然而这一声音并没能掩盖两国反恐合作中的矛盾。

第一，美国指责巴基斯坦在西北边境地区和联邦直辖部落地区的反恐力度不够。由于历史原因，巴基斯坦西北边境地区及联邦直辖部落地区大多属于半独立状态。根据巴基斯坦立国之初，巴政府与部落地区达成的协议，巴基斯坦军队不能在这一带地区驻扎。这些地区大多为山区，与阿富汗毗连，经济发展较为落后并且大多数部落地区有善待“避难者”的传统，使得这一地区成为越境恐怖分子藏匿的理想场所。美国一再要求巴基斯坦军队进入该地区进行反恐，而较少顾忌到巴基斯坦联邦政府与部落之间的特殊关系。在美国的强力要求下，巴基斯坦派出了准军事组织——边境兵团进入部落地区打击恐怖分子。穆沙拉夫政府主张与部落地区和谈为主，军事行动为辅，这更加剧了美国对巴基斯坦的质疑。兰德公司专家克里斯汀在美国众议院外交事务委员会曾作证表示，“边境兵团缺乏训练和装备，难以应付巴基斯坦联邦直辖部落地区的叛乱活动”，她还认为，“边境兵团曾于20世纪90年代训练过塔利班，他们当中的许多人都被怀疑与塔利班存在关联”。[②]

第二，美国对阿富汗极端组织的打压，导致极端分子潜逃至巴基斯

① Richard A. Boucher, “The United States and Pakistan Relations and Cooperation: Key to Regional Stability,” accessed July 2, 2016, https://2001-2009.state.gov/p/sca/rls/2007/88239.htm.

② C. Christine Fair, “U.S.-Pakistan Relations Assassination, Instability, and the Future of U.S. Policy,” accessed January 4, 2016, http://www.rand.org/content/dam/rand/pubs/testimonies/2008/RAND_CT297.pdf, p.10.

坦，加剧了反恐行动的复杂性。多年来，巴基斯坦内部一直受到“巴基斯坦塔利班”“俾路支解放军”“俾路支人民解放军”和“俾路支解放阵线”等本土叛乱组织的困扰。再有，逊尼派的“羌城军”（Lashkar-e-Jhangvi）和“巴基斯坦先知之友”（Sipah-e-Sahaba Pakistan）与什叶派的“加法里运动”（Tahrik-e-Jafaria）及其分支“巴基斯坦先知同伴保卫军”（Sipah-e-Muhammad Pakistan）之间的教派冲突不断，激化了巴基斯坦内部矛盾。在美国进军阿富汗后，大批的极端分子从阿富汗越界进入巴基斯坦，利用巴基斯坦作为他们“重整旗鼓”的大本营。这不仅恶化了巴基斯坦的内部安全形势，也影响到了巴阿关系。随着极端势力在巴基斯坦的非法渗透，人们开始担忧巴基斯坦塔利班化的出现，特别是印度对这一趋势最为担心。在巴基斯坦境内的恐怖分子针对印度实施了多起有组织的恐怖活动，活动范围由克什米尔地区蔓延到了印度大型城市。

第三，美巴两国反恐目标的差异，导致两国信任缺失、相互猜疑。“9·11”事件后，小布什政府将打击恐怖主义作为美国国家安全议程的头等大事，将阿富汗塔利班驱赶下台、粉碎“基地”组织等作为美国的最重要战略议程。但巴基斯坦并不把阿富汗塔利班及“基地”组织看作事关巴基斯坦生死存亡的核心威胁。自巴基斯坦独立后，巴基斯坦的战略安全核心一直是针对印度。美国认为“巴基斯坦对其传统的聚焦于印度的军事战略调整缓慢，仍旧关注的是核武器的增加以及弹道导弹竞赛”。[①] 虽然如上文提到的巴基斯坦也遭受了极端分子的侵扰，但是对于巴基斯坦，印巴安全关系的重要性远高于反恐，毕竟巴基斯坦与印度曾进行过多次战争较量并惨遭印度肢解。在巴基斯坦综合实力远低于印度的当前，巴基斯坦对印度的不安日益增加，让巴基斯坦彻底将安全战略重心转移到西部显然不符合巴基斯坦的国家利益。此外，巴基斯坦政府对美军在巴基斯坦境内活动也较为戒备。穆沙拉夫总统强烈反对美军比巴基斯坦军队更能有效打击伊斯兰极端势力的说法，认为“美国军队直接在巴基斯坦展开行动是没必要的也是不可接受的”。[②] 2008年9月上台的扎尔达里总统也表示，“巴基斯坦不能容忍任何势力以反恐为名侵犯巴基斯坦的主权和领土完整”，“巴基斯

---

① Anthony H. Cordesman, *Afghanistan at Transition: The Lessons of the Longest War* (Lanham: Rowman & Littlefield, 2015), p.188.

② “Pakistan’s Musharraf Says No to US Troops,” accessed January 24, 2016, http://www.pid.gov.pk/Final%20Speech%20of%20President.doc.

坦军队能更好地在巴境内执行对恐怖分子的跟踪和抓捕行动”。[①] 然而，在小布什第二任期内要求美军在阿巴边境巴基斯坦境内采取单边行动的呼声越来越高。

第四，巴基斯坦民众反美情绪高涨。进入21世纪后，美巴战略关系得到迅速恢复，但是美国过于重视与巴基斯坦的军事关系，忽视了对巴公民的公共外交及民间交往。随着反恐战争的深入，越来越多的巴基斯坦民众开始怀疑美国与巴基斯坦合作的诚意和持久性，认为，“只有在外力的作用下，如苏联入侵阿富汗、2001年9月11日后需要帮助，美国才会重视巴基斯坦”。[②] 换句话说，美国更多的是出于私利而非战略趋同而选择与巴基斯坦合作。2008年中旬，由非营利研究机构“明日无恐怖”、新美国研究基金会和盖勒普巴基斯坦分支机构共同发起的，针对1306名18岁以上的巴基斯坦成年公民的调查显示，74%的巴基斯坦公民反对美国对塔利班和“基地”组织的军事行动。52%的巴基斯坦人认为，美国应该为当下巴基斯坦的暴力活动负责（见图3），而认为是由“基地”组织和阿富汗塔利班导致巴基斯坦暴力事件频繁的人数分别仅为8%和3%。44%的巴基斯坦人认为美国是对个人安全最大的威胁（见图4）。[③]

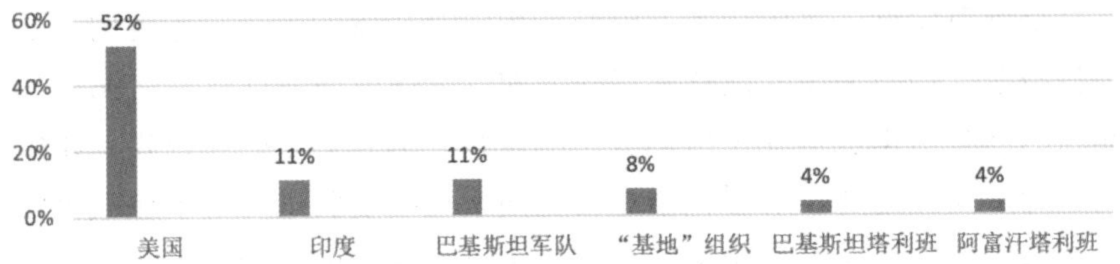

图3 关于谁对当下巴基斯坦暴力事件负主要责任的调查统计

① “Zardari to U.S.: Let Pakistan Go after Terrorists (Interview),” accessed September 22, 2015, https://www.nbcnews.com/id/wbna26841274.

② Sadika Hameed, *The Future of Cooperation between the United States and Pakistan* (Lanham: Rowman & Littlefield, 2013), p.12.

③ “Pakistan Poll Report,” accessed June 8, 2016, http://www.terrorfreetomorrow.org/upimagestft/PakistanPollReportJune08.pdf, p.9.

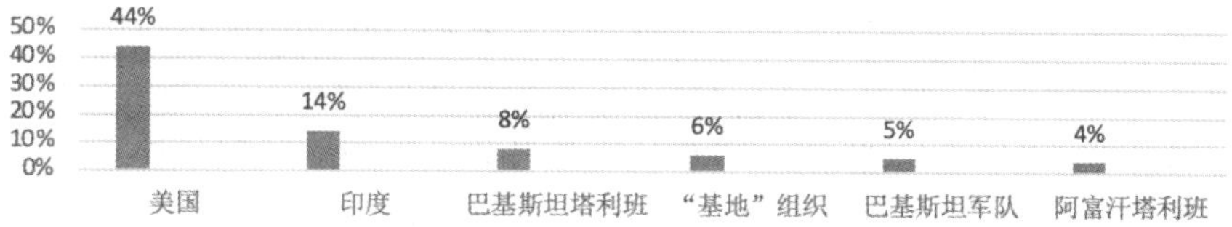

图4　关于哪个国家或组织被视为对巴基斯坦公民人身安全的最大威胁

四、印度：反恐合作力度与美印战略伙伴关系不匹配？

美国与印度的反恐合作至少可追溯到20世纪80年代。那时在印度旁遮普发生了大规模骚乱，印度情报人员接受了来自美方的反劫持和营救人质谈判培训。1992年，来自美国中央情报局和印度调查分析局的反恐专家开始了年度交流合作。两国于2000年建立了美印反恐联合工作小组以加强在反恐领域的双边协调。2001年10月，美印签署了《司法互助条约》，对有关反恐的调查赋予了某些法律特权。2002年为了应对网络攻击威胁，两国举办了美印网络安全论坛。同年，印度海军在马六甲海峡为美国船只提供护航以支援美国在阿富汗的“持久自由行动”。2005年，美印两国签署了防务合作框架协议，将打击恐怖主义和宗教极端势力作为双方进行安全合作的重点。两国的反恐合作还扩展到了海洋安全领域以及预防大规模杀伤性武器被恐怖分子利用领域，反恐机制的达成有利于两国反恐合作的进一步发展。

“9・11”事件后，印度对美国阿富汗反恐行动的积极支持较为出人意料。在美国宣布与印度建立战略伙伴关系不久后，“9・11”事件爆发，印度政府旋即成为第一个无条件支持美国打击阿富汗塔利班和“基地”组织的国家。印度还进一步表示将为美国反恐提供情报支持，为美国过境飞行以及美国战斗机提供加油和维修便利，并允许美国海军使用孟买港和科钦港，印度还表示愿意参与搜寻和救援任务。[①] 对于印度这样一个一贯坚持不结盟、高度自主的国家，这些举措的确表现出了愿与美国进行合作共建战略伙伴关系的决心和诚意。当然，之所以给予美国反恐如此高调的支

① Mohan Malik and High Hopes, “India’s Response to U.S. Security Policies,” *Asian Affairs*, summer 2003.

持，很大程度上也是出于印度欲借美国反恐进一步削弱巴基斯坦的私心。巴基斯坦和阿富汗塔利班存有特殊关系，与美国合作不仅能打掉南亚地区伊斯兰宗教极端势力，也可以削弱巴基斯坦对印度的安全威胁。然而，考虑到巴基斯坦的地缘优势和与阿富汗的特殊关系，美国最终选择了与巴基斯坦结成反恐盟友，这让印度大为失望。虽然印度也具有打击恐怖主义的利益需求，并且美印防务合作成为两国战略伙伴关系发展的重要基石，但是由于印美两国在反恐问题上的分歧，导致反恐成为两国战略伙伴关系构建过程中较为薄弱的一环。

第一，美印反恐战略的部署范围及目标不同。小布什政府将反恐界定为“全球反恐战争”，这反映了美国致力于在全球范围内打击恐怖主义。美国不仅要确保美国本土在未来免遭恐怖袭击，也关注美国海外利益的安全。这样，美国南亚反恐战略仅是美国全球反恐战略的一个部分。相较于美国，印度的反恐战略布局范围仅局限于南亚，具体说来主要是针对巴基斯坦，以确保印度本土免于受到来自巴基斯坦的跨境恐怖分子的袭击。而对于世界其他地区的反恐议题，印度一无意愿过多介入，二无能力出兵干预。因此，印度没有对美国在伊拉克的反恐行动给予支持，甚至对此表示反对。

第二，美印基于各自私利，在界定巴基斯坦是否是资助恐怖主义国家一事上分歧较大。为了获得巴基斯坦对反恐的配合，尽管美国注意到巴基斯坦是许多恐怖分子训练和藏匿的场所，但拒绝承认巴基斯坦是资助恐怖主义的国家。1993年1月，美国曾警告巴基斯坦不要支持在印度旁遮普和克什米尔地区的恐怖活动，否则美国国务院将把巴基斯坦列入支持恐怖主义国家名单。不过，在1993年4月名单公布时，巴基斯坦并不在名单上。针对印控克什米尔的暴力事件，美国认为这主要应由印巴两国协商解决。但是，印度称克什米尔及印度其他地区发生的恐怖袭击为“（巴基斯坦）政府支持的恐怖主义活动（State-sponsored Terrorism）”，而巴基斯坦则称“印度在克什米尔的高压政策是国家恐怖主义（State Terrorism）”。[①] 这让美国感到为难，因为“印度、巴基斯坦均想利用美国对恐怖主义的高度关注为自身谋求利益，甚至指望美国成为它们相互敌对的一个因素，而这一形

① Rafiuddin Ahmed, *Terrorism* (Islamabad: IPRI, 2003), p42.

势是美国难以容忍的”。[①] 对此，美国采取的应对策略是：“避免印度利用美国的同情采取军事行动，同时推动巴基斯坦继续打击恐怖主义并缓和与印度的紧张局势。”[②] 印度对美国的做法表示不满并指责美国采取双重标准进行反恐。

第三，在使用武力作为反恐核心手段问题上，印度国内对此有不同认识。小布什政府时期，美国推崇以武力手段打击恐怖主义及其背后的金主国家。在印度，不同派别的学者及战略家对此持不同意见。尼赫鲁主义者反对将武力打击作为解决途径；新自由主义者对美国使用武力表示理解，但是他们认为应通过经济手段消除恐怖主义产生的根源；超现实主义者同情美国的遭遇并支持使用暴力手段，但认为美国有滥用武力之嫌。[③] 印度并没有派出军队参与美国在阿富汗的反恐行动，比起武力打击，印度更希望在阿富汗战后重建进程中发挥作用。

第四，在通过民主化改造手段消除恐怖主义议题上，美印立场不一致。在伊斯兰国家推行美式民主是美国反恐的另一重要手段。2003年发表在《纽约时报》上的一则文章将美国对伊斯兰恐怖主义的斗争称为“新十字军东征”。[④] 尽管美国政府一再强调美国价值观与伊斯兰教并不相互抵触，但是美国对不少伊斯兰国家进行民主改造、强行干预的做法还是引起不少国家的反感。印度作为穆斯林人口居世界第二的国家，[⑤] 在与美国进行反恐合作的同时，也需要照顾穆斯林的情绪。即使是在推崇印度教的人民党当政时期，印度对在伊斯兰国家推行民主政治并不十分感兴趣。

以上分歧，特别是美国为了反恐对巴基斯坦的“放任”让印度心生嫌隙。在小布什政府时期，印度境内发生过数起较为严重的恐怖袭击事件。

---

① Pervaiz Iqbal Cheema, *Pak-US Strategic Dialogue: Political and Diplomatic Dimensions* (Islamabad: IPRI, 2003), p.15.

② Polly Nayak, “Reducing Collateral Damage to Indo-Pakistani Relations from the War on Terrorism,” accessed June 2, 2015, https://www.brookings.edu/research/reducing-collateral-damage-to-indo-pakistani-relations-from-the-war-on-terrorism/.

③ Ashok S harma, “Counterterrorism Cooperation in the Context of the Indo-US Strategic Partnership: An Appraisal,” *India Quarterly*, 2012, Vol.68, No.4, p.323.

④ Jackson Lears, “How A War Became A Crusade,” accessed June 2, 2016, http://www.nytimes.com/2003/03/11/opinion/how-a-war-became-a-crusade.html.

⑤ 根据皮尤公司调查统计，2010年印度穆斯林人口为1.762亿，占世界总穆斯林人口的11%，仅次于印度尼西亚。“10 Countries with the Largest Muslim Populations, 2010 and 2050,” accessed June 8, 2016, http://www.pewforum.org/2015/04/02/muslims/pf_15-04-02_projectionstables74/.

如2001年10月发生在印控克什米尔的恐怖袭击，2001年10月印度议会遭袭，2002年加尔各答美国中心遭袭，2002年5月卡鲁查镇事件等，印度都将这些恐怖袭击的幕后操纵者指向巴基斯坦。

小布什政府时期主要通过暴力方式对恐怖主义加以报复严打。南亚国家阿富汗、巴基斯坦和印度都卷入了美国的全球反恐战争中。阿富汗战争前夕，美国得到了国际社会的支持，阿富汗的反恐也初见成效。但是2003年后美国调转反恐战略重心，偏离了反恐战略初衷，导致阿富汗安全形势急剧恶化。随着美军对阿富汗的占领，巴基斯坦成为恐怖分子潜逃和藏匿的首选目的地。为了反恐大局，美国刻意淡化了印巴克什米尔问题的影响，以避免印巴矛盾成为巴基斯坦西线反恐的牵绊。然而，印度却日益成为恐怖分子袭击的目标，这加剧了印度对美国的不满。

第三节　奥巴马政府时期的美国南亚反恐战略

2009年奥巴马上台后希望打破小布什政府时期美国在全球范围内的反恐僵局。奥巴马不再使用小布什政府时期广泛使用的“全球反恐战争”这一提法，并提出了新版3D反恐策略——瓦解（Disrupt）、分散（Dismantle）和击败（Defeat），以阻止恐怖分子重返阿富汗和巴基斯坦，在美国年度《国家安全战略（2010）》报告中仍然指出了继续打击“基地”组织及其分支是美国的首要国家安全优先。表面上，奥巴马政府对美国反恐战略做了新调整，提出了新政策。然则，奥巴马政府很大程度上延续了小布什政府第二届任期内后两年的战略发展方向，只是将硬实力手段和软实力手段相结合，突出巧实力的运用。在南亚，撤军阿富汗、打击巴基斯坦境内恐怖活动、提升印度在战后重建中的作用成为奥巴马政府着力的重点。

一、奥巴马政府时期美国南亚反恐战略的延续与变化

美国反恐战略的最大调整变化发生在2006—2008年，而不是奥巴马政府上台后（见表4）。小布什政府最后执政的两年里，开始积极改善与伊斯兰国家关系，将反恐重心重新调整到南亚。奥巴马入驻白宫后，继续收缩美国两线反恐规模，进一步改善与相关国家关系。奥巴马对伊拉克和阿富汗的撤军计划也建立在小布什政府后期的既定政策基础上。

表4 小布什政府与奥巴马政府时期反恐政策对比

	小布什2001—2006	小布什2007—2008	奥巴马
“全球反恐战争”提法	使用	不使用	不使用
对打击敌人的称谓	激进的伊斯兰	暴力极端分子	暴力极端分子
全球作战	是	是	是
关塔那摩监狱	开放	有限使用至关闭	有限使用至关闭
“黑监狱”	使用	开始转移	大多数关闭
人身保护法令①	启动	启动	有限启动
无限期拘留	适用	不适用	不适用
强化审讯	使用	不使用	不使用
《爱国者法案》	适用	适用	适用
无人机轰炸/定点打击	使用	使用	使用并扩大规模
窃听	使用	使用	使用
非常规引渡②	使用	使用	原则上使用

资料来源：Marc Lynch, *Rhetoric and Reality: Countering Terrorism in the Age of Obama*, (Washington, D.C.: Center for a New American Security, 2010), p.13。

为了尽快结束反恐战争，奥巴马政府时期的反恐战略更为具体和明确。第一，将反恐重心转移到阿富汗和巴基斯坦的边境地区。小布什政府后期就已经开始重新部署兵力，奥巴马上台后不久便提出了“阿巴新战略”，将巴基斯坦作为美国反恐主战场，将阿巴边境地区视为世界上最危险的地方。根据英国智库国际安全与发展委员会的研究，阿富汗塔利班势力开始死灰复燃。③ 塔利班势力增长的主要原因就是塔利班藏匿到巴基斯坦的边境部落地区。第二，战争打击目标更加清晰。美国年度《国家反恐战略（2011）》报告提到，“对美国安全的最主要威胁是来自‘基地’组织分支和追随者”，“本届政府更清楚地表明，我们不是策略性地与恐怖主义

① “人身保护法令”是美国联邦法院审查各州刑事程序的重要途径，主要适用于死刑案件，因此可以被视为死刑的复核程序。

② “9·11”事件发生以后，美国总统布什授权中情局实施“非常规引渡”行动。所谓“非常规引渡”，是指中情局在海外某国的领土上绕开该国司法系统，擅自抓捕恐怖嫌疑人，然后将抓到的嫌犯偷运到第三国审讯。

③ Sonali Huria, “War on Terrorism in South Asia: Af-Pak and Beyond,” *IPCS Issue Brief*, June 2009, No.108, p.1.

或者伊斯兰进行战争，而是针对具体的组织——‘基地’组织”。[1] 在打掉本·拉登后，美国也清楚地意识到反恐任务远没有结束。近些年，美国及其盟友受到的安全威胁并非来自“基地”组织核心而是来自那些与“基地”组织具有松散联系的分支和追随者。特别是2011年后，美国不再将彻底击溃塔利班作为美国反恐战略的终极目标，并开始与塔利班进行和谈。奥巴马政府更加清楚地认识到，塔利班具有反美色彩，但同时也是反俄的重要力量，美国需要做的是分化出“好的塔利班”以为美国所用。第三，突出民事手段。奥巴马政府开始强调民事与军事手段的协调，希望通过运用“军事、民事、价值观手段及发挥美国盟友、伙伴和多边机制的作用打击恐怖主义”。[2] 为了防止在美国军事行动结束后，阿富汗再次成为失败国家及“基地”组织的“巢穴”，奥巴马政府加强了对阿富汗的民事援助，强化了美国各部门在阿富汗的协调合作，这是自阿富汗战争以来美国第一次采取政府全面应对方式协助美军在阿富汗的行动。在美国国务院的协调下，大批的文职官员被派往阿富汗协助阿政府能力建设。

二、阿富汗：从“持久自由行动”到“自由行动的守卫”

在进一步明确反恐目标后，美国将防止“基地”组织重返阿富汗以及削弱其再次策划跨国恐怖袭击的能力作为反恐的重点。美国在打击塔利班的同时，也开始与塔利班进行和谈，不再将塔利班视为美国反恐战争必须打击的对象。同时，帮助阿富汗政府提升执政能力以加强对阿富汗国民军的管控，防止在美国撤离阿富汗后，阿富汗再次陷入内乱。奥巴马政府时期对阿富汗的反恐政策重点表现为三个逐次展开的层面，即增兵、移交和撤军。

（一）增加驻阿富汗兵力，集中打击

在阿富汗集中兵力、重点打击并尽快结束作战任务成为奥巴马政府当务之急。2009年8月，驻阿美军最高指挥官克里斯托建议，“美国军事行动的目标应当是保护平民而非搜寻和打击塔利班”，他认为还需要增派4.4万

---

① The White House, “National Strategy for Combating Terrorism 2011,” accessed March 2, 2016, https://obamawhitehouse.archives.gov/sites/default/files/counterterrorism_strategy.pdf, p.2.

② *Ibid.*

人的作战部队才能确保成功。[①] 同年9月，奥巴马在美国西点军校发表演讲时表示，将增派3万美军以打压塔利班增长势头，同时，奥巴马宣布美军将从2011年7月逐步撤军。[②] 增兵后，美军在阿富汗的人数达到10万人，美国新增兵力主要部署在阿富汗南部。德国军队主要负责阿富汗北方的行动，意大利军队负责阿富汗西部安全局势，土耳其主要负责首都喀布尔安全形势。2011年美国又宣布增派1400名海军陆战队军力，主要部署在阿富汗西南部。增兵后，塔利班势头明显得到了控制。

（二）转化美军角色，结束地面作战

在集中打击后，美国开始加大收缩在阿作战，并且将战略重点由地面作战转为空中支援和无人机攻击，美国逐渐将安全领导责任移交给阿富汗国民军和警察。任务转移分为五个阶段——2011年3月、2011年11月、2012年5月、2012年12月和2013年6月。2013年6月18日，阿富汗总统卡尔扎伊和到访的北约秘书长拉斯穆森共同表示，阿富汗安全力量已经正式对阿全境内的安全事务负责。2010年北约里斯本峰会上，北约也决定逐渐将安全责任转移给阿富汗并于2014年底彻底交付。奥巴马政府认为，角色的转变能促使阿富汗政府致力于加强对本国安全力量的训练，但阿富汗官员认为，设定时间表只是加快美国撤离的信号。[③] 美国将之前在阿富汗军事行动的代号——“持久自由行动”改为“自由行动的守卫”（Operation Freedom’s Sentinel），这也进一步说明了美军的主要任务由战斗转变为支援。为了维持阿富汗的安全局势，美军也加强了对阿富汗安全部队和警察的训练。

（三）逐步撤出，保留部分军事力量

根据奥巴马的计划，2011年底有1万美军撤离阿富汗，在阿美军人数下降至9万人。2012年9月前2.3万人（包括增加的兵力）撤出，保留6.8

---

① Commander NATO International Security Assistance Force, “Afghanistan, and U.S. Forces, Afghanistan. Commander’s Initial Assessment,” accessed August 30, 2016, http://media.washingtonpost.com/wp-srv/politics/ documents/Assessment_Redacted_092109.pdf?

② “President Obama Speech, op. cit. Testimony of Secretary Gates, Secretary Clinton, and Admiral Mullen before the Senate Armed Services Committee and the House Foreign Affairs Committee,” December 2, 2009, in *Assessing President Obama's National Security Strategy*, eds. Aziz Z. Huq, Kristen Boon and Douglas Lovelace (New York: Oxford University Press, 2011), p.439.

③ Commander NATO International Security Assistance Force, “Afghanistan, and U.S. Forces, Afghanistan. Commander’s Initial Assessment,” accessed August 30, 2015, http://media.washingtonpost.com/wp-srv/politics/ documents/Assessment_Redacted_092109.pdf.

万人的军事力量在阿富汗。2013年2月，美军人数下降到3.4万人。2011年7月6日，首批美军开始撤离阿富汗。在美国大规模收缩军力的同时，美国的盟友也开始加速撤离阿富汗。2010—2012年，荷兰、加拿大、法国相继结束在阿富汗的作战任务。2014年韩国也结束了在阿富汗帕尔旺的作战任务。2014年12月28日，北约驻阿国际安全援助部队举行降旗仪式，正式结束了在阿富汗的战斗任务。美军和北约部队的相继撤离也引发了不少人的担心，2011年美国在伊拉克撤出常驻部队后，“伊斯兰国”迅速发展，人们担心阿富汗会复制伊拉克的战后乱象。2015年塔利班攻占了昆都士，这是自2001年塔利班垮台后首次占领了阿富汗省会城市，虽然阿富汗国民军重新夺回了昆都士，但是阿富汗国民军的能力再次遭到了质疑。塔利班还控制了部分连接喀布尔和坎大哈的高速公路并将势力逐步蔓延到了阿富汗大型城市。根据联合国阿富汗事务部的研究，基于2015年9月的数据，阿富汗一半左右地区的安全形势都处于高度和极高危险当中。[①] 为了防止美军撤离后，阿富汗陷入混乱，2015年10月，奥巴马又宣布将延长美军撤离计划，2016年底美军将在阿富汗保留1万兵力，2016年后仍将有5500名美军留在阿富汗。2012年5月，美国与阿富汗签订了《战略伙伴协定》。同年，美国还赋予了阿富汗“非北约主要盟友”地位，以进一步提升今后两国在防务领域的合作。美国还宣布将不会在阿富汗建立永久军事基地以对抗阿富汗邻国，但是美国可以长期使用阿富汗军事设施。

美国对阿富汗的“持久自由行动”是美国自建国以来历时最长的一场战争。奥巴马上任之际，美国面临内忧外患。对内，经济危机再次席卷美国，民众反战情绪高涨。对外，新兴国家快速崛起，亚太和印度洋地区成为世界经济中心。尽快结束阿富汗战争，重新恢复美国在亚太地区的主导地位成为奥巴马政府的目标。

三、巴基斯坦：深陷困境中的美巴反恐合作

2008年底及2009年初，美巴领导人相继易主，两国都致力于将反恐合作提升至一个新的高度。然而事与愿违，美巴反恐再陷信任危机，美巴两国关系一度降至冰点。不过，考虑到巴基斯坦对阿富汗重建的重要性，美

---

① Rod Nordland and Joseph Goldstein, “Taliban’s Reach in Afghanistan Is Widest since 2001, U.N. Data Shows,” *New York Times*, October 12, 2015.

巴关系逐步恢复。

（一）“阿巴新战略”的提出与停用

2009年3月，奥巴马政府公布了南亚反恐新战略——“阿巴新战略”。“阿巴新战略”将阿富汗和巴基斯坦视为一个作战新行动整体，并且把巴基斯坦纳入美国军事打击的范围内。奥巴马政府时期的阿富汗巴基斯坦特使赫尔布鲁克认为：“我们经常提到阿巴问题，这不是对阿富汗和巴基斯坦的简称。这是力图阐明阿巴是一个整体战场。阿巴边境地区有一条划分不明确的边界线——杜兰线。在这条线的西侧，北约和其他军事力量可以开展行动。在东侧，那里是巴基斯坦主权管辖内的领土。但是在这里国际恐怖主义分子活动猖獗。”① 为了加强在巴基斯坦的军事打击力度，美国还扩大了对巴基斯坦的军事援助。2009年10月15日，奥巴马总统签署了KLB法案，该法案规定：“美国将在未来5年内为巴基斯坦提供75亿美元的民事援助。”② 该援助主要包括三方面的内容：“帮助巴基斯坦解决能源、饮用水及其他相关的经济危机问题，加强美巴之间的伙伴关系，降低极端分子的号召力；支持巴进行更为广泛的经济和民主改革，创造更多的就业机会并推动经济发展；帮助巴在已有的基础上进一步歼灭危及美巴两国和全世界人民安全的极端分子及其庇护场所。”③

然而，奥巴马的这项新战略不仅遭到了来自美国国内的批评，也遭到了阿富汗和巴基斯坦两个当事国的反对，甚至印度方面也对此表示不满。这项新战略之所以在美国国内遭到反对，主要是许多人认为美国不顾巴基斯坦过去滥用美国援助的事实，并且认为这将增加美军士兵的伤亡数量。④ 巴基斯坦民众对美国将巴基斯坦和阿富汗连接在一起的做法也非常不满，他们认为阿富汗与巴基斯坦毫无可比性，“巴基斯坦是一个政府功能

---

① “Af-Pak,” accessed April 28, 2016, http://www.worldwidewords.org/turnsofphrase/tp-afp1.htm.

② Department of State, “Afghanistan and Pakistan Regional Stabilization Strategy,” accessed February 10, 2016, https://2009-2017.state.gov/documents/organization/135728.pdf, p.3.

③ *Ibid.*

④ David Montero, “US Af-Pak Strategy Troubles Some in US and Pak,” *Christian Science Monitor*, May 13, 2009；Ben Pershing, “At White House and on the Hill, A Growing Focus on Afghanistan and Pakistan,” *Washington Post*, May 5, 2009；Carlotta Gall, “Pak and Af Taliban Close Ranks,” *New York Times*, March 26, 2009; Vikrum Aiyer, “Af-pak Security at the Expense of Government Stability,” *Huffington Post*, March 25, 2009.

健全有‘合法传统’的国家，然而阿富汗不是”。[①] 再者，巴基斯坦对美国在巴境内使用无人机的做法非常反感。奥巴马执政后，美国加大了对巴基斯坦部落地区进行无人机定点轰炸的力度（见表5），特别是2010年无人机轰炸次数达到122次。然而，无人机在打击恐怖分子的同时也造成了大量巴基斯坦平民的伤亡，死伤人数中还包括妇女和儿童。另一个当事国阿富汗同样对奥巴马的这项新战略无太多好评。主要是因为许多阿富汗人认为，军事行动将导致平民的伤亡，美国较少关注阿富汗公民社会的发展并且对阿富汗的现代化和繁荣不感兴趣。[②] 同样的，大部分印度学者和战略家也不认为美国的新战略与印度利益相符。因为这个战略将印巴克什米尔问题与阿富汗反恐联系起来。《印度教徒报》的一则社论认为，“奥巴马寻求与印度和巴基斯坦构建‘建设性外交’，这意味着克什米尔问题将会制约巴基斯坦在阿富汗前线发挥更大的作为”。[③] 时任印度外交秘书的梅农在接受媒体采访时称：“对美国 5年内给予巴基斯坦 75 亿美元的非军事援助表示警惕，担忧巴基斯坦政府与极端恐怖分子会保持联系。”[④] 在一片质疑声中，美国政府于2010年停用了“阿巴新战略”这一提法。但是美国仍旧集中打击藏匿在巴基斯坦联邦直辖部落地区的恐怖分子。

表5　美国无人机袭击及伤亡人数统计

	小布什政府时期	奥巴马政府时期
袭击总数（次）	48	353
死亡总数（人）	377—558	1,905—3,063
平民死亡数（人）	126—154	129—161
战斗人员死亡数（人）	205—348	1,646—2,680
不明身份人员死亡数（人）	46—56	130—222

数据来源：New America Foundation, “Drone Wars: Pakistan,” accessed April 23, 2015, http://securitydata.newamerica.net/drones/pakistan-analysis.html。

① Mark Magnier, “Attacks by U.S. Drones Fuel Pakistani Outrage,” accessed 5 May 2015, http://www.chicagotribune .com/news/nationworld/chi-pakistan_05may05,0,3362196.story.

② Aunohita Mojumdar, “Afghanistan: Obama’s Af-Pak Strategy and Afghanistan’s Response,” accessed June 28, 2016, http://www.eurasianet.org/departments/insightb/articles/eav040209b.shtml.

③ Editorial, “Obama’s Af-pak Strategy,” accessed 30 March 2015，http://www.thehindu.com/todays-paper/tp-opinion/obamas-afpak-strategy/article342791.ece.

④ Sana Qamar, “Obama’s Af-pak Strategy: Indian Response,” accessed June 2, 2015, http://issi.org.pk/wp-content/uploads/2014/06/1299221621_4210594.pdf, p.2.

（二）后拉登时代的美巴反恐合作

2011年5月1日，“基地”组织头目本·拉登在距巴基斯坦首都伊斯兰堡约64公里的阿伯塔巴德被美军击毙。本·拉登之死标志着美国反恐行动取得了阶段性胜利。不过，由于对巴基斯坦政府的极度不信任，美国没有将此次行动提前告知巴基斯坦，巴基斯坦认为国家主权受损，致使美巴同盟裂痕加深。美国历来质疑巴基斯坦对美国的忠诚并认为巴基斯坦政府与恐怖分子保持了密切的联系，本·拉登在美国反恐盟友巴基斯坦境内被“斩首”，似乎更加印证了美国对巴基斯坦的怀疑。这一事件导致美巴关系迅速跌入低谷。不过，基于巴基斯坦对美国反恐的重要性，美国很快推动了与巴基斯坦关系的改善。然而，美巴之间根深蒂固的不信任仍旧难以消除。

在美国将撤军提上议事日程后，巴基斯坦希望在阿富汗的战后重建中发挥更加重要的作用，因为一直以来巴基斯坦都将阿富汗视为通往中亚地带的战略纵深。由于宗教和民族联系，阿富汗与巴基斯坦的关系也较为密切。但是，近年来印度加紧与阿富汗的接触，这让巴基斯坦感到不安。随着美国越发重视印度在南亚乃至全球安全稳定中的平衡作用，巴基斯坦愈发担心美国会重演历史的一幕，让巴基斯坦再次成为美国的战略“弃子”。

四、印度：美印加强反恐合作机制构建

2008年孟买恐怖袭击事件后，美印进一步加强了在反恐情报、调查、司法协调等方面的合作。当然，美国之所以加强与印度的反恐合作，是因为在孟买恐怖袭击中有美国公民被杀害，这表明在印度境内的恐怖袭击活动已经威胁到美国公民的人身安全和美国国家利益，致使美国有必要采取措施加以应对。奥巴马政府时期，美国通过多个平台机制的构建加强了与印度的反恐合作。

第一，开展美印国土安全对话。2010年11月奥巴马访问印度期间，两国宣布建立国土安全对话以加深两国在反恐行动、技术转移和能力建设等方面的合作。美印国土安全对话由美国国土安全部和印度内务部共同举办，该对话开启后，取代了十年前开始运行的美印反恐联合工作小组。遭受过境外恐怖分子袭击和境内暴恐分子威胁的共同经历，促使美印两国近年来都将提升国土安全建设及加强两国间国土安全合作作为重点。正如美

国国土安全部长纳波利塔诺认为的那样，“美印之间有许多可以相互学习的地方，两国将从互利关系中受益更多”。[①] 第二，开启美印战略对话。美印战略对话开始于2010年，该对话促使美印两国加强双边合作，共同维护相互战略利益并通过对话、军演以及共享先进技术等提升两国在安全领域的合作。在2012年的美印战略对话上，两国确认将加强在反海盗、禁毒、人道主义援助和救援、网络安全、反恐等领域的合作。第三，推行美印战略和商业对话。2015年美印两国启动了战略和商业对话，在该对话进行期间，美国总统奥巴马与印度总理莫迪都表示将建立美印21世纪决定性反恐伙伴关系。[②] 两国将继续致力于打击一切形式的恐怖主义，特别提到了恐怖威胁主要来自“基地”组织及其分支、“虔诚军组织”、“穆罕默德军”、“哈卡尼网络组织”等。第四，构建美印反恐合作倡议。2010年美印两国达成反恐合作倡议，以加强两国在以下几方面的合作（但不局限于此）：提升调查能力；促进双方在法医试验方面的合作；建立双边调查协助程序；提高双方在打击洗钱、伪造假币和为恐怖分子提供资金方面的能力；确保公共运输及铁路安全；增强在海岸警卫、海军等海洋安全领域的协作；交流有关港口和边境安全的经验；提升两国反恐特种部队的交流和训练。[③] 反恐合作平台建立后，加深了两国在反恐领域的合作。

对于美国撤军，印度一方面既希望美国势力尽早离开阿富汗，因为印度一直反对任何域外势力插手南亚地区内部事务，另一方面又担心美国在尚未击败塔利班和“基地”组织的情况下，撤军会对本地区产生破坏性影响。美国撤离后，作为南亚第一大国的印度如何维护好南亚地区的整体稳定对印度而言是一大挑战。

---

① Janet Napolitano, “Building Strong International Security Partnerships: The U.S.-India Homeland Security Dialogue,” accessed June 2, 2011, 6, http://csis.org/files/attachments/110602_DHS_transcript.pdf.

② U.S. Department of State, “Declaration on Combatting Terrorism: U.S.-India Joint Declaration on Combatting Terrorism,” accessed September 2, 2015, http://www.state.gov/r/pa/prs/ps/2015/09/247201.htm.

③ Embassy of the United States, “Ambassador Roemer Signs U.S.-India Counterterror Cooperation Agreement,” July 23, 2010, accessed July 8, 2015, http:// newdelhi .usembassy .gov /pr072310 .html; Embassy of India, Washington, D.C., “India-US Sign Counter Terrorism Cooperation Initiative,” July 23, 2010, accessed July 8, 2015, http:// www .indianembassy .org /prdetail1560 /-india -us -sign -counter -terrorism -cooperation –initiative.

五、对美国南亚反恐战略的评价

2001年美国发起的反恐战争，不仅深刻地改变了美国安全战略的发展方向，也彻底改变了阿富汗国家的发展进程和南亚地区的整体安全形势。作为美国历史上耗时最长的战争，阿富汗战争以一个霸权国家对抗一个非国家行为体为起点，以单方面宣布撤军而非停战协定作为终点。所以难以用传统的战争胜负的标准来判断这场战争的结果，但仍然可以从以下几方面对这场战争进行评价：

首先，对战争结果与战争目标的契合度评价。美国发动战争对“基地”组织和阿富汗塔利班进行报复的首要原因是打击塔利班和恐怖主义并确保美国本土在未来免受恐怖袭击。美国发动阿富汗战争的终极目标在于维护美国霸权和绝对安全，而非出于国际主义帮助阿富汗民众逃离塔利班的控制和“基地”组织的迫害。阿富汗战争期间，美国本土曾发生过多起恐怖袭击事件，如纽约时代广场爆炸、波士顿马拉松恐怖袭击事件等。美国宣布撤离阿富汗后，恐怖分子仍旧在美国本土造势。更为严重的是，恐怖组织逐渐分散化、本土化。恐怖主义不断地在中东、东亚、东南亚甚至欧洲等地蔓延。这些恐怖组织与“基地”组织保持了或密切或松散的关系，虽然他们相互独立，但是却都以袭击美国和西方国家为共同目标。更为残暴的“伊斯兰国”的兴起，让美国的反恐大计难以最终完成。2014年8月8日，奥巴马正式授权对在伊拉克的“伊斯兰国”进行定点空袭。但是，越反越恐的怪圈仍在延续。

其次，从民心取向角度评价。出乎美国民众意料的是阿富汗反恐战争历时之长、投入之多，成为美国历史上持续时间最长的一场战争。随着事态的发展，美国民众的反战情绪逐渐高涨。到2014年2月，认为美国出兵阿富汗是个错误决定的人数比例高于肯定战争的人数比例（见表6）。在阿富汗、巴基斯坦等地，民众对美国的不满情绪也日益高涨，美军误伤平民以及虐囚事件的曝出更加剧了民众对战争的厌恶情绪。

表6 美国民众对阿富汗战争态度调查统计

（单位：%）

调查时间	是一个错误	不是错误	没有意见
2014年2月6日—9日	49	48	3
2013年3月7日—10日	44	51	5
2011年5月5日—8日	39	58	3
2011年3月25日—27日	42	53	5
2010年11月19日—21日	39	58	3
2010年7月27日—8月1日	43	52	4
2010年7月8日—11日	38	58	4
2009年11月20日—22日	36	60	3
2009年8月31日—9月2日	37	61	2
2009年7月10日—12日	36	61	3
2009年1月30日—2月1日	30	66	4
2008年8月21日—23日	34	63	3
2008年7月25日—27日	28	68	4
2007年8月3日—5日	25	70	5
2004年7月7日—9日	25	72	3
2002年1月7日—9日	6	93	1
2001年11月8日—11日	9	89	2

数据来源：美国盖普洛调查，http://www.gallup.com/poll/5257/war-terrorism.aspx，访问日期：2015年7月21日。

再次，从伤亡代价上评估。截至2014年，美军在阿富汗的死亡人数为2215人，相较于历史上的其他大规模持久战争，美国以较少的死亡人数换来了战争的结束。然而，这场战争将阿富汗民众拖入战争的泥潭，阿富汗平民死亡的人数远高于美军死亡人数，仅2014年阿富汗平民死亡数就高达3699人，远超美军总死亡人数，这也更加印证了美国反恐战争的自利倾向（见图5）。

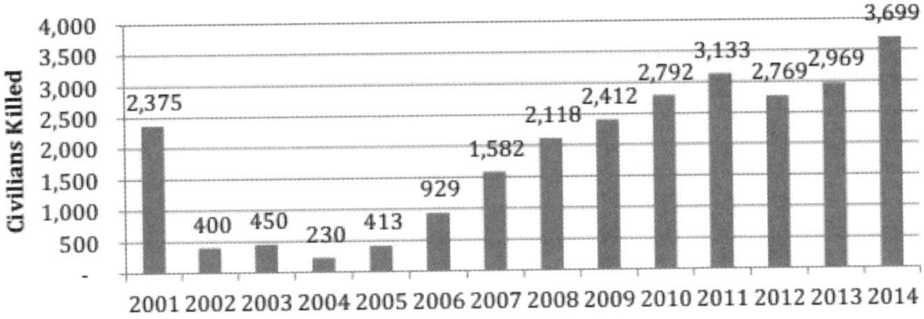

图5　美国阿富汗战争直接导致阿富汗平民死亡人数统计

数据来源：Neta C. Crawford1, “War-related Death, Injury, and Displacement in Afghanistan and Pakistan 2001-2014,” accessed December 23, 2015, http://watson.brown.edu/costsofwar/files/cow/imce/papers/2015/War%20Related%20Casualties%20Afghanistan%20and%20Pakistan%202001-2014%20FIN.pdf, p.2。

最后，对南亚安全局势评估。战后的阿富汗百废待兴，民主化进程虽取得一定成效，社会经济发展也得以提升。但阿富汗安全形势仍不容乐观。阿富汗政治稳定性及安全局势是否会再度失控都有待进一步观察。印巴两国都希望限制对方在阿富汗的影响，阿富汗有可能成为印巴两国较量的新场所。当前，阿富汗在加强与巴基斯坦军事合作，接受巴基斯坦对阿情报部门进行培训的同时，也有意加强与印度关系，但同时又不想影响与巴基斯坦的关系。2011年5月，印度和阿富汗宣布建立战略伙伴关系，但之后印度安全部队没有进驻阿富汗，但是阿富汗已经同意印度帮助阿富汗培训国防和安全力量。

小　结

本书认为美国在阿富汗的反恐行动是一场没有胜负的战争。奥巴马政府仅对小布什政府时期的反恐战略进行了微调，仍继续通过暴力手段打击恐怖分子。美国重新整合了印度与巴基斯坦关系，在加强与巴基斯坦反恐同盟合作的同时，安抚了印度，以免印巴矛盾牵制巴基斯坦对美国反恐的投入。在形式上，美国实现了1（巴基斯坦）+0（印度）=1的战略效益模式。美国以反恐之名不仅再次恢复了与巴基斯坦的防务合作，又避免了印度对美巴关系走近的过激反应，这不得不说是美国南亚安全战略的一次胜利。但是美巴反恐合作荆棘丛生，美国出于自利而较少顾及印度的反恐需求，导致美国南亚反恐模式极不稳定。美国撤军后，阿富汗前景不明，南亚恐怖主义并未彻底根除甚至不断蔓延到世界各地。从这一角度而言，美国南亚反恐战略虽沉重地打击了恐怖主义，但也增加了南亚地区力量的进一步失衡，为日后新安全问题的产生留下隐患。

第四章

美国南亚安全战略支柱之三：美国对南亚核安全的介入

世界上共有四个公开拥有核武器但拒不加入核不扩散条约的国家，其中南亚地区就占据了两个——印度和巴基斯坦。由于核武器的出现，印巴纠纷和矛盾变得更为复杂。原本希望在拥有核威慑之后，可以实现地区稳定的愿望落空，印巴两国反而陷入了核安全困境之中。随着美国对南亚核问题的介入，导致南亚核态势的进一步失衡，南亚核安全面临更为严峻的挑战。为了研究表述的准确，有必要对“核安全”进行界定。在英文中有两个词涉及核安全：一为“Nuclear Safety”，二为“Nuclear Security”。有学者为了加以区别把“Nuclear Security”翻译为“核安保”，但在中文里两个词经常被混用，而在英文表述中这两个词虽有联系但却有差异。“Nuclear Safety”指“最大限度地减少涉及放射源事故的可能性并在发生事故时减轻其后果的措施”；[①] 而“Nuclear Security”系指“防止未授权接触放射性材料，以及防止放射性材料的丢失、盗窃和擅自转让的措施”[②]。归结起来，Nuclear Safety旨在预防及应对核事故，Nuclear Security意在防止横向主体间核扩散。为了论述的完整性，下文中的核安全除了包括以上两层含义，还涉及防止纵向数量级核扩散。本章将主要探讨南亚核安全的复杂性、美国对南亚核问题的介入以及美国南亚核安全战略目标，集中讨论美国对印度和巴基斯坦的核安全战略。

第一节　南亚核安全困境及美国南亚核安全战略[③]

印巴除了存在克什米尔等传统安全威胁问题外，相互核遏制也成为有可能引发两国冲突的导火索，南亚核态势深陷于核安全困境之中，印巴“以牙还牙”式的核政策又增加了印巴核较量的风险。为了控制住南亚地

① “Code of Conduct on the Safety and Security of Radioactive Sources, IAEA/CODEOC/2004,” January 2004, accessed July 8, 2015, http://www.fmwg.org/sitefiles/code%20of%20conduct%20on%20safety%20and%20security%20of%20radioactive%20sources.pdf, p.3.

② “Code of Conduct on the Safety and Security of Radioactive Source,” December 2000, accessed July 8, 2015, www.iaea.org/Publications/Booklets/RadioactiveSources/radioactivesource.pdf, p.4.

③ 许娟、陈利君：《安全困境视角下的南亚核安全关系网》，《南亚研究》2014年第1期。

区整体核安全的稳定，美国对南亚核安全进行了强势介入和干预。

一、南亚核安全困境态势

核安全兼有传统安全和非传统安全两个层面的意义。在传统安全问题上，核武器长期被当作国家安全的终极手段，但进入次国家甚至非国家层面后，核武器的扩散就将导致国际安全秩序的严重失衡，其破坏力难以想象。[①] 核安全的这一特性使其从诞生之日起就深刻地影响着世界安全局势。和传统意义的军事安全一样，核安全同样面临着安全困境的拷问：一则核安全的威慑效应并没有终结战争的爆发，相反它的震慑作用还使其成为一些国家用于威胁甚至更大胆侵扰别国的讹诈工具；二则核武器的出现也没有终止人类对杀伤力更大的常规武器的研发进程；三则由于国际核规则的不平衡性，致使只有少数国家成为合乎国际法且得到国际社会公认的有核国家，终结了其余国家把核能用于军事领域的权利。这使得无核国家为了追求同等的核威慑权利，置身于核不扩散体系之外，引发了严重的核扩散问题；四则一旦非国家行为体如恐怖分子掌握核能力之后，国家行为体很可能遭受灭顶之灾。尽管发展和拥有核武器面临诸多安全威胁，但是要在短时间内彻底销毁核武器的可能性几乎为零。[②]

南亚地区同样存在核安全困境，并且传统的由“善良的意图”导致的不安全的传统安全困境理论已经不能完全解释南亚核安全态势，也就是一国对安全的需求升级并不以对另一国造成威胁为目的。相反，南亚国家对核追求的目的在于实现对相关国家构成威胁，即“一国相信它的安全需要别国的不安全”[③]。南亚两个有核国家印度和巴基斯坦的核政策相互对立、相互制约。只要一国升级核技术，另一国就会立马对其进行报复式回应，特别是印度的核政策具有先发制人的属性。造成南亚核安全困境复杂而难解的主要原因有以下几方面：

第一，印巴对安全威胁来源的认知不对等。自1962年中印边界冲突

---

① Gordon Corera, *Shopping for Bombs: Nuclear Proliferation, Global Insecurity, and the Rise and Fall of the A.Q. Khan Network* (Oxford: Oxford University Press, 2006).

② 许娟、陈利君:《安全困境视角下的南亚核安全关系网》,《南亚研究》2014年第1期。

③ Jack L. Snyder, “Perceptions of the Security Dilemma in 1914,” in Robert Jervis, Richard Ned Lebow and Janice Gross Stein eds., *Psychology and Deterrence* (Baltimore: The John Hopkins University Press, 1985), p.153.

后，印度一直将中国视为安全威胁，尽管中国从来都不把印度认为是不安全来源。虽然中印关系在过去的十年里有所提升，但是由于边界问题的未解，一种不信任的气氛依旧存在，这种不信任在不断加深。巴基斯坦的外部安全始终受印度的牵制。巴基斯坦核能项目可以追溯到20世纪50年代，但大规模发展是在1971年印度肢解巴基斯坦后，巴政府为了弥补与印度常规武器的差距痛下决心秘密发展核武器项目。1974年印度进行了首次核试爆，更进一步激发了巴基斯坦对核武器的研发。1998年5月11日、13日，印度再次率先进行核试爆，巴基斯坦为了实现与印度的核均势也随后在5月28日、30日进行了公开核爆，并公开拥有核武器。总体上，印度拥有核武器是为了实现大国梦以及应对巴基斯坦的核威慑，巴基斯坦追求核武器的目的在于维持与印度的核平衡。核安全威胁来源的错位，导致两国核战略的根本不对等。

第二，印巴核政策主张相互针对。印度核政策主张最为关键的一条原则就是"不首先使用核武器"，同时印度誓言将对任何使用大规模杀伤性武器打击印度的行为进行大规模的报复。巴基斯坦表示同意"首先使用核武器"，但没有对在何种情况下使用核武器加以特别说明。印度"不首先使用"的原则来源于印度相信大规模报复能阻止巴基斯坦对印度的核打击。这也就是说，印度充分相信自己有足够的能力动员一场有限战争对抗巴基斯坦而不是进行核回击。这种自信也促使印度制定了具有"先发制人"特质的"冷启动"（Cold Start）军事作战政策，即在不让巴基斯坦有任何反应和准备的情况下，发起对巴基斯坦的军事进攻。针对印度的"冷启动"，巴基斯坦于2011年公布了新的名为"综合应对"（Comprehensive Response）的作战条例。虽然这一条例以防御为主，但是它要求巴基斯坦军队在24—48小时内到达作战区域，以缩短动员时间。[1]"冷启动"与"综合应对"的相继出台加速了地区的紧张局势，提升了由小规模摩擦上升为有限战争乃至核战争的可能性。

第三，恐怖主义泛滥。恐怖主义的盛行使南亚地区面临更为严峻的核扩散威胁。随着恐怖分子在世界范围内的蔓延，亚洲成了恐怖活动的重灾

---

① Government of Pakistan, "Pakistan Army Doctrine and Evaluation Directorate," *Pakistan Army Doctrine 2011: Comprehensive Response* (Islamabad: Government of Pakistan, 2011), pp.43-44.

区。据统计，在亚洲发生的恐怖袭击事件已占到了全球总数的75%[①]，而南亚又是亚洲地区中恐怖袭击事件发生数量最多的地区，并且近年来南亚恐袭事件发生数量远超过中东地区。南亚地区人口稠密，若恐怖分子掌握核技术、核武器或摧毁已有核设施，后果不堪设想。“9・11”事件后，美国高度重视恐怖主义对南亚核安全的威胁，特别是要求巴基斯坦加强对本国核设施和核技术的监管。

第四，印巴互信及地区共同安全缺失。多年积怨导致印巴之间极度不信任，尽管两国设有核及常规武器信心建立措施（CBMs），但并没能有效缓和两国核紧张关系。这个机制的发展也十分缓慢并受制于印巴政治关系的影响，两国曾多次中断过信心建立措施机制。此外，印度对巴基斯坦提出的战略克制机制也表示反对。战略克制机制的目的在于限制两国部署弹道防御，因为一国一旦开展导弹防御计划，会刺激另一国导弹数量的增加，这不利于双方战略克制和地区稳定。印巴军队间也缺乏相应的对话机制，这也会导致双方过度揣测对方意图和了解不足。

二、美国对南亚核安全的介入及目标

美国是世界第一核大国，也是世界上唯一使用过核武器的国家。在通过实战验证过核武器的强大杀伤力后，颇具讽刺的是美国成了主导世界核不扩散体系的先锋，这更加彰显了美国核霸权本质。针对南亚核问题，美国不仅积极介入干预，还对印度和巴基斯坦实施了有差别的核战略，加剧了南亚核态势的不稳定。

美国与印度之间有关核合作问题的讨论始于1974年印度第一次在博克兰进行核试验，尽管印度称那次核试验出于和平目的，但还是在国际社会引起了轩然大波。1978年美国国会通过了《核不扩散法案》，要求必须在全面监控下进行核合作。由于印度拒绝接受对核设施的全面检查，导致美国对其采取核禁运。1998年印度和巴基斯坦分别进行核试爆之后，联合国安理会通过了1172号决议，要求印度和巴基斯坦停止核项目并签署《全面禁止核试验条约》（CTBT）以及《禁止生产裂变材料条约》（FMCT），美

---

① U.S. Department of State, *Patterns of Global Terrorism-2000* (Washington, D.C.: Office of the Coordinator for Counterterrorism, Department of State, 2001). Cited from Brahma Chellaney, “Fighting Terrorism in Southern Asia: the Lessons of History,” *International Security*, 2001-2002, Vol. 26, No. 3, p.96.

国对印巴两国都进行了制裁。克林顿政府时期，美印两国关系开始缓和，但是在核问题上没有任何进展。小布什上台后，美国对印度的核政策发生了转变。[①]

早在里根政府时期，由于美国需要拉拢巴基斯坦以支持“圣战”组织打击苏联，不惜违背《核不扩散法案》多次豁免对巴基斯坦的核制裁。“9·11”事件爆发后，美国为了反恐需要，与巴基斯坦达成战时同盟，不仅向巴基斯坦提供了大批军事援助，而且对巴方核武器的发展也不多加限制。在美印达成相关核协议后，巴基斯坦也希望与美国达成同等协议，但美国以巴基斯坦核信用记录不可靠为由，拒绝了巴方提议。[②]

美国对南亚核安全的介入在于维护美国在南亚的安全利益、实现核安全目标。总体上，可将美国的南亚核安全战略目标归纳为：第一，防止印巴核军备竞赛。印巴作为两个存在结构性矛盾且掌握核武器的国家，若双方展开核军备竞赛将严重威胁到整个南亚乃至亚洲的安全。长期以来，美国一直反对南亚地区存有核武器。尽管美印在民用核能领域进行合作，但美国仍对印度的核武器发展保持了一贯的限制立场。第二，防止印巴纠纷上升为武装冲突以及更为严重的核冲突。尽管印巴两国开启了和谈，但是两国关系没有实现根本性好转，矛盾冲突不断。2000年后，印巴间还出现了多次危机，几乎走到了战争边缘。若两国爆发核战，那么破坏程度将难以估计。第三，防止恐怖分子掌握核技术及核武器。美国不仅强力摧毁恐怖分子有生力量，也积极预防和打击核技术及装备向恐怖分子扩散。南亚作为美国反恐主战场，美国积极关注并监测印巴核从业人员与恐怖分子的接触，并制定了相应的应急措施以防止恐怖分子对巴基斯坦核武器的占用。第四，防止印巴双方核意图误判。克什米尔等固有症结的存在本就导致了印巴两国紧张关系，相互核威慑形成后并没有实现和平的巩固，反而让两国关系的高风险指数增加。如果一国以侥幸心理进行核讹诈，但另一国不接受核要挟而做出强烈反击，那么两国间的战争将在所难免。所以，美国极力确保印巴冲突降温的同时，也鼓励两国相互接触以建立互信。

为了实现上述目标，美国根据对印巴各自安全形势的评估以及对印巴关系“去连接”的指导原则，对印巴采取了不同的核政策。

---

① 许娟、陈利君:《安全困境视角下的南亚核安全关系网》,《南亚研究》2014年第1期。

② 同上。

第二节　美国对印核接触战略①

以《核不扩散条约》（NPT）为核心，以一系列双边及多边条约、核贸易控制协定以及国际原子能组织（IAEA）为保障的全球核不扩散机制是美国霸权治下的维护全球核安全的最重要的制度安排。目前世界上有187个国家加入了《核不扩散条约》，在美国主导的核安全制度下进行核能开发及交易。但是由于《核不扩散条约》过于机械地以1967年1月1日为界，规定将在此时间节点前进行过核试爆的国家定义为合法的“有核国家”（Nuclear Haves），而其余国家则为“无核国家”（Huclear Have-Nots），只有有核国家才可以自由地拥有和扩大核储备并进行核试验。根据这一条约，世界上仅有美国、英国、法国、俄罗斯和中国享有“有核国家”地位，这成为印度等国不愿意加入该机制的理由。印度认为美国主导的这一机制的最大矛盾在于作为世界最具实力的国家——美国坚持进行并生产更多的核武器，同时坚持“首先使用”原则以维护自身安全，但是为了维护美国主导下的国际社会稳定，反而要求其他国家放弃核武器。为了维护印度的战略自主以及反对美国的核偏见，印度不仅强烈反对《核不扩散条约》，还于1974年进行了第一次“和平”核爆炸，较具讽刺意味的是，此次核试验中印度所用的钚，却是从美国等国合法提供的核材料中提炼而来的。为了进一步阻止印度等国的核扩散，1975年美国发起并建立了核供应国集团（NSG），要求该集团成员国不能向NPT的非成员国转让民用核技术。1978年美国国会通过《核不扩散法案》，要求所有拥有美国参与建造核反应堆的国家，必须将其核设施置于全面监管之下，以此作为从美国进口核燃料的前提条件。然而，美国的这些举措并没有阻止印度追求核大国的脚步。1998年印度再次进行核试爆，国际社会一片哗然，美国再次加大对印度实施核制裁的力度。进入21世纪后，美国对印核安全战略却出现了大反转，由“核隔离”转为“核接触”。2008年《美印民用核能协议》的签署标志着美印核合作新时代的到来，但也意味着印度成了世界上唯一置身于NPT之外，但具有合法核交易权利的国家。

---

① 许娟：《21世纪以来的美国对印核接触战略》，《东南亚南亚研究》2016年第3期。

一、美国对印核接触战略的目标及转向原因

20世纪90年代，克林顿政府就对印度核问题采取了“分割”（Carve Out）战略，将美国对印度发展核武器所持的反对立场与推进其他领域的双边合作分离开来。[①] 在1998年印度第二次核试爆后，美国没有采取以往加强对印度“核隔离”的政策，而是开启了美印双边对话，进行了多轮对21世纪美印关系具有指导意义的由美国副国务卿塔尔博特和印度外长辛格主持的会谈。塔尔博特—辛格谈话是美印关系史上两国第一次理智的、冷静的就核问题进行的讨论。为创造更良好的谈判氛围并实现美国更广泛的利益，谈话的内容还覆盖了“政治、防务、经济、科技以及地区和国际发展”。[②] 小布什政府上台后，为配合美国南亚反恐，在“印度第一”的南亚安全战略指导下，小布什总统于2001年9月22日取消了所有对印度的核制裁并表示“美国将投入时间和资源建立更稳固的美印关系”。[③] 美国正式结束了30多年来对印度的“核隔离”，开始重新规制战略目标，以积极接触为手段，力图通过达成民用核合作以换取印度终止核试爆的保证。

美国对印度的“核接触”战略是美国对印“接触”战略的重要组成部分。消除多年来美印关系的最大阻碍——核矛盾，有利于推动美印关系的实质性发展。《美印民用核能协议》的签署既能有效地在印度坚持不加入NPT的情况下，对印度核技术及材料进行监管，又能为发展美印战略关系扫清障碍，这是美国调整对印核战略的基本思路。综合分析，美国重置对印核战略的主要原因有：

第一，采取与印度“核接触”战略是新时期美国国家安全战略的需要。“9·11”事件后，美国的头等关键利益主要有：“进行全球反恐战争并减少‘圣战’组织的持久性和影响；阻止大规模杀伤性武器的扩散，包括恐怖

---

① Ashley J Tellis, “What Should We Expect From India As A Strategic Partner? Gauging US-Indian Strategic Cooperation,” accessed June 23, 2015, https://carnegieendowment.org/files/tellis_chpt08.pdf, p.235.

② J.N. Dixit, “Indo - U.S. Relations: Delhi Dialogue and after,” February 11, 1999, accessed July 7, 2015, www.rediff.com/news/1999feb/11dixit.htm.

③ President Bush, “U.S. National Security Strategy: Work with Others to Defuse Regional Conflicts,” accessed Aprli 23, 2015, http://2001-2009.state.gov/r/pa/ei/wh/15424.htm.

分子接触到这些武器。”[①] 作为深受恐怖主义危害、游离于NPT之外、与中国存在领土争端的新兴经济体，印度被美国视作其全球安全战略的“助推手”。特别是在核不扩散方面，印度能发挥重要的作用。小布什政府意识到由于恐怖组织等非国家行为体对核材料、核武器的觊觎以及无核国家对核武器的追求，加深了核问题的“多样性、不可预测性以及危险性”。[②] 将印度纳入核不扩散体系，有助于这一复杂局面的缓解。核地位一直是印度大国梦的重要组成部分，提高印度核地位与实力有利于增强印度对中国的竞争实力。

第二，美国政府对印度“负责任国家”形象认识的加深。美国政府对印度核问题的共识是，“尽管印度没有参加NPT机制，但仍然坚持了核不扩散原则”，[③] 所以“印度是一个负责任的核国家”。[④] 甚至有美国官员近乎诡辩地强调：“印度并没有违反法律。印度没有破坏NPT的任何规定，因为印度没有签署条约。”[⑤] 追溯历史，印度的确是核不扩散及裁减核武器的积极支持者，但印度强调的是纵向核不扩散，也就是各国应制定时间表以最终消除核武器，而美国关注的是横向核不扩散，即核材料、技术和武器的跨国交易和非法贩卖等，从而导致两国在核不扩散的具体实施步骤上分歧不断。近年来，印度通过立法形式确实保证了本国核材料、技术不向外扩散。但是，拥有核能力，成为被国际社会认可的有核国家一直都是印度所追求的大国标志之一，印度从来都没有放弃过成为拥核大国的努力。

第三，以往美国对印度核惩罚的失效。1974年印度第一次核试爆后，美国很快通过国际机制、国内立法等手段限制印度的核脚步，但仍不能阻止印度军用和民用核技术的发展。1998年印度二度进行核试爆，尔后，尽

---

① U.S. Department of State, “Remarks on the U.S.-India Agreement for Cooperation Concerning Peaceful Uses of Nuclear Energy (123 Agreement),” October 2, 2008, accessed July 8, 2015, https://2001-2009.state.gov/secretary/rm/2008/10/110581.htm.

② Kenneth Juster, “September 11 and U.S. Nonproliferation Policy,” February 26, 2002, accessed July 9, 2015, www.bxa.doc.gov/PRESS/2002/JusterJapanSpeech02_2602.html.

③ “Interview with a senior official at the Nuclear Regulatory Commission (NRC),” Anonymity requested, March 2009, in Vandana Bhatia, “Change in the US Nuclear Nonproliferation Policy toward India (1998-2005): Accommodating the Anomaly,” PhD diss., University of Alberta, 2012, p.159.

④ Karthika Sasikumar, “India’s Emergence as a ‘Responsible’ Nuclear Power,” *International Journal*, 2007, Vol.62, No.4, p.831.

⑤ Interview with Burns, in Vandana Bhatia, “Change in the US Nuclear Nonproliferation Policy toward India (1998–2005): Accommodating the Anomaly,” PhD diss., University of Alberta, 2012, p.160.

管遭到了以美国为主的国际社会的严厉制裁，但由于印度经济的巨大发展规模和潜力，美国对印度制裁的影响微乎其微，甚至在1998—1999年制裁期间，印度GDP增长达到了6.6%，明显超过遭受制裁前1997—1998年的4.8%。[①] 强制性惩罚手段的失效，让克林顿政府将其对印核战略由1998年前的“限制（Capping）、回落（Rollback）和消除（Eliminate）”调整为之后的要求印度“核克制”，[②] 并最终促成了小布什政府时期与印度达成核合作。

第四，进军印度核市场以获取利润。印度是一个电力紧缺的国家，目前印度70%的电力主要依靠煤电。为了维持印度经济社会的高速运转，在以核能为代表的清洁能源技术短缺的情况下，印度不得不继续加大煤电的产出，由此给环境造成巨大压力。预计到2030年印度的煤炭排放量将增加7倍。这与美国力推的减少发展中国家碳排放的理念相违背。与印度进行民用核能合作，不仅能有效地解决这一问题，也将为美国带来巨大的经济利益。据分析，与印度开展核能合作后，能为美国提供2.7万个就业岗位以及1500亿美元的核燃料及技术出售额。[③]

基于印度加入NPT的无望以及现实核扩散压力，美国最终采取了“以妥协换合作”的策略，通过与印度签署看似“等价于”NPT的双边协议，约束印度核能力发展，同时消除制约美印关系发展的核障碍。

二、美国对印核接触战略的实施

新时期，美国对印度核战略的实施体现为《美印民用核能合作协议》（又称《123协定》，下文简称《美印核协议》）的达成、签署和落实。具体可以分为小布什政府时期和奥巴马政府时期两个阶段：

（一）小布什政府时期《美印核协议》的达成

小布什政府时期的“一个对话，两个机制”为《美印核协议》的最终形成做了前期准备和铺垫。“一个对话”是指2003年美国核管理委员会与

① “U.S.–India Civil Nuclear Agreement – Background,” accessed May 11, 2015, http://www.liquisearch.com/us%E2%80%93india_civil_nuclear_agreement/background.

② Vandana Bhatia, “Nonproliferation Policy of the Clinton Administration toward India: Shifting of Nuclear Goalposts?” *Comparative Strategy*, 2013, Vol.32, No.3, p.261.

③ Leonard Weiss, “U.S.-India Nuclear Cooperation: Better Later than Sooner,” *The Nonproliferation Review*, 2007, Vol.14, No.3, p.453.

印度原子能管理委员会的接触对话，通过此次对话，双方恢复了在核安全领域的合作，还确立了有关和平利用核能合作的具体领域。[①] 这次对话进一步反映出美国寻求与印度进行核对话的立场。“两个机制”——其一为2002年组建的高科技合作小组，其二为2004年形成的“下一步战略伙伴”机制。前者进一步讨论了对核能的具体合作和管理，后者将民用核能合作作为美印下一步战略伙伴的四大重点领域之一（其余为和平太空项目、提升高科技贸易环境以及弹道导弹防御）。在此基础上，美国国务院开始就与印度进行核能合作进行了周密的论证。2005年7月，时任印度总理辛格访问美国期间，两国领导人就民用核能合作发表共同声明，华盛顿特别强调了“印度是一个拥有先进核技术的负责任国家，应与其他有核国家一样享有同样的核利益和优势”。以2005年共同声明为蓝本，2006年3月小布什访问印度时两国完成了分离印度民用和军用核设施的计划。[②]

在美印两国明确表达了将进行民用核能合作意向后，为了推动合作的最终落实，在接下来的三年时间里，在小布什总统的领导及时任美国国务卿赖斯的具体推动下，小布什总统修改了美国相关核能法案并成功说服了国会。为此推进了以下几个阶段的工作：

第一步，授权立法以获得合作合法性。2006年12月，小布什总统签署《亨利海德美国印度和平原子能合作法案》（简称《亨利海德法案》），该法案以立法形式取消了1978年《核不扩散法案》禁止向印度出口核材料的规定。同时，国会为了确保不扩散机制对此附加了特定条款：“美国总统每年必须向国会确保印度遵守有关条约规定，印度必须与国际原子能机构签订保证协议并获得核供应国集团（NSG）的许可，最重要的是如果未来印度进行核试验美国与印度核协议将终止。”[③]

第二步，为印度获得“豁免”资格开展国际协调。在美国的协调下，2008年3月，印度开始与国际原子能机构（IAEA）进行协商并达成了保证协议。2008年9月，在美国的外交攻势下，印度获得了NSG的45个成员国的一致认可，同意豁免印度在不接受NPT的情况下进行核交易。

① “U.S. Nuclear Regulator Impressed with Indian Safety Standards,” March 03, 2003, accessed July 8, 2015, http://news.indiamart.com/news -analysis/us- nuclear -regulator -2134.html.

② The White House, “United States and India-Strategic Partnership,” accessed May 23, 2015, www.whitehouse.gov/news/releases/2006/03/20060302-13.html.

③ Raj Chengappa and Saurabh Shukla, “Nuclear Showdown,” *India Today*, March 7, 2008.

第三步，获得美国参众两院通过。在《美印核协议》达成过程中，最大的阻碍并不是来自印度或者其他国家的反对，而是来自美国国会。事前，美国国务院在没有征询国会意见的情况下与印度达成合作意向，引起了美国国会的不满。为了加强对《美印核协议》的程序监管，国会在美印谈判后对协议细节进行了第二次审查。但是国会发现《亨利海德法案》设立的美印核合作的基准——禁止印度从美国提供的核材料中提炼钚，以及如果印度再次进行核武器实验美国将终止与印度的核贸易——没有在《美印核协议》文本里得到清晰体现。另外，在推动协议形成期间，共和党失去在国会中的多数席位，小布什成为"跛脚总统"。这让协议的最终签署障碍重重。不过在小布什团队的游说下，美国两党及两院最终达成了共识，这就是与其让置身于NPT之外的印度肆意发展核技术，还不如将印度部分纳入美国为主导的核不扩散体系之内对其加以约束。最终，先后于2008年9月和10月，美国参众两院分别以298：117票和86：13票通过了《美印核协议》。[①] 第四步，美印两国正式签署。在印度坚持要求小布什总统先行签署协议以确保成为美国法律后，2008年10月19日，美国国务卿赖斯与印度外长穆克吉举行了签字仪式，《美印核协议》正式达成。

（二）奥巴马政府时期《美印核协议》的推进

由于奥巴马倡导"无核世界"，在奥巴马上台后的很长一段时间内美印核合作没有取得重大进展。就在人们怀疑《美印核协议》会遭到搁置的时候，奥巴马及时调整了对印核政策。2014年9月莫迪总理访问美国期间，双方领导人重申两国对《美印核协议》全面执行的决心，并筹建了一个联系小组（Contact group）推动协议的实施。这个联系小组由印度外交部、原子能部、印度核电有限公司、财政部、司法部及美国的相应政府部门及美国西屋电气和通用电气公司组成。联系小组先后在新德里（2014年12月）、维也纳（2015年1月）和伦敦（2015年1月）举行了对话。奥巴马政府时期为了推动《美印核协议》的落实，加强了以下三方面的协调：

第一，美国与印度就民用核能责任达成谅解。受1984年博帕尔毒气泄漏事件的教训，2010年印度通过了《核损害民事责任法案》，法案规定若发生事故，印度核电公司有权起诉外国供应商以获得赔偿。由于美国供

---

① Carl Paddock, *India-US Nuclear Deal: Prospects and Implications* (New Delhi: Epitome Books, 2009), p.16.

应商为非国有企业，难以担负起巨额赔偿责任，这阻碍了美国公司在印度的投资，美国一直希望印度对其民事责任法案进行修改。在联系小组会谈时，印度方面坚持认为《核损害民事责任法案》与《核损害补充赔偿公约》相兼容。2015年奥巴马访问印度时，两国就有关民用核能责任达成谅解。为了降低外国供应商的风险，印度政府将创建“核保险池”。印度外交部也进一步解释道：“《核损害民事责任法案》第17部分规定经营者（注：印度核能公司）享有追诉权。尽管这给予了经营者实质性的权利，但是这不是强制性的，这是一项赋权条款。换句话说，这是法律允许的，但是不要求经营者将其写入合同或者执行追诉权。”①

第二，完成了有关《美印核协议》的管理安排文本。美国一直坚持要求两国达成一项“管理安排”（Administrative Arrangement）以确保印度向美国提供有关来自美国核燃料在印度使用的具体位置信息。美国认为除非知晓那些从美国进口的燃料的具体位置，否则美国不可能享有知情权以及实现协议所规定的安全要求，美国核管理委员会也不会同意向美国供应商颁发许可证。但是很长时间以来，印度都不愿意接受这一安排。印度认为《美印核协议》并没有要求印度接受美国的核监管，只要求接受IAEA的全面检查，IAEA的监管就已能够满足美国的要求。② 在美国外交施压下，印度政府表示：“将愿意对核燃料进行更紧密地追踪以防止核燃料落入恐怖分子之手。”③

第三，支持印度融入多个多边国际核出口管理体系。在印度尚未加入NPT的情况下，“为了对印度施加更严格的核限制，同时以更为丰厚的核技术出口为回报，自2010年开始，美国支持印度融入四个多边国际出口管制体系——NSG、导弹技术管制体系、澳大利亚集团和《瓦森纳协议》，以

---

① Government of India, Ministry of External Affairs, “Frequently Asked Questions and Answers on Civil Liability for Nuclear Damage Act 2010 and Related Issues,” accessed June 23, 2015, http://mea.gov.in/pressreleases.htm?dtl/24766/Frequently+Asked+Questions+and+Answers+on+Civil+Liability+for+Nuclear+Damage+Act+2010+and+related+issues.

② Robert Einhorn and Waheguru Pal Singh Sidhu, “Operationalizing India-U.S. Civil Nuclear Cooperation,” accessed January 1, 2015, http://www.brookings.edu/research/opinions/2015/01/20-operationalizing-us-india-civil-nuclear-cooperation-einhorn-sidhu.

③ Dan Roberts, “Obama and Modi Agree to Limit US Liability in Case of Nuclear Disaster,” January 25, 2015, accessed May 3, 2015, http://www.theguardian.com/world/2015/jan/25/obama-modi-limit-us-liability-nuclear-disaster.

让印度获得早期申请和最终成员资格”。[①] 不过，NSG的全体一致原则阻碍了印度对此机制的加入。有美国学者提出："印度可以先成为其他三个组织的成员国，这有利于获得NSG成员国的一致认可。"[②]

总体上，奥巴马政府的对印核政策延续了小布什政府对印度“核接触”战略，进一步扫清了阻碍美印核合作发展的障碍。但是，相比较于小布什政府时期前所未有的突破性进展和对印度核能合作的空前热情和决心，奥巴马政府时期美印核合作的重要性显然低于前政府时期。

三、对印核接触战略的效益评估

战略成效评估是衡量一项战略成功与否的重要标尺。美印核合作的成效可以归结为以下几方面：

第一，战略效果方面，《美印核协定》加深了美印两国战略关系，但是并没有动摇印度“不结盟”立场。《美印核协定》签署后虽然结束了美印30多年来的“核隔离”，消除了两国关系中的最大障碍，印度核大国地位得到了确认及巩固。但是，印度并没有因此对美国“感恩戴德”并彻底倒向美国一边，反而让美国更清楚地认识到，“由于印度坚守独立自主的传统，让印度不可能成为美国更亲密的盟友”。[③] 在《美印核协定》签署后，印度在伊朗核问题上的立场，再次表明了印度不会盲目地追随美国，印度依然从自身国家利益出发决定政策走向。不过，以弹性对话、协商方式取代强制性的制裁和隔离手段，确实让印度在不接受NPT的情况下，部分接受了国际社会的核监管。这也是美国向印度妥协的结果。

第二，经济效益方面，实质性进展较少，美国获利不多。美国政府一直强调与印度开展核合作将会给美国带来巨大的经济利益。负责立法事务的美国助理国务卿杰弗里·伯格纳（Jeffrey T. Bergner）表示："如果美国供应商能在印度获得两个反应堆的话，这将为美国公民提供3000—5000个

① 许娟：《美印战略愿景：全球摇摆国家定位及解读》，《南亚研究》2015年第3期。

② Robert Einhorn and Waheguru Pal Singh Sidhu, “Operationalizing India-U.S. Civil Nuclear Cooperation,” accessed January 20, 2015, http://www.brookings.edu/research/opinions/2015/01/20-operationalizing-us-india-civil-nuclear-cooperation-einhorn-sidhu.

③ Ashley J. Tellis, “India Advance Nuclear Trade Deal, Interview by National Public Radio,” July 9, 2008, accessed July 5, 2015, https://www.npr.org/transcripts/92357300.

直接就业岗位以及10,000—15,000个间接就业机会。”[①] 但截止到目前，美印核合作对美国带来的实际经济利益远低于战略象征意义，尽管印度政府已同意美国通用电气以及西屋电力公司分别在古吉拉特邦和安得拉邦建立核反应堆。相反，美印核合作开启后，为印度带来了巨大的经济效益。印度实现了与法国、加拿大以及澳大利亚的核合作，降低了对煤电的依赖，核交易的合法化保证了印度核材料的持续供给和核电行业的迅速发展，为印度经济的稳定增长提供了能源保证。

第三，政治效应方面，美印突破性的“核接触”成为两国关系史上的一大亮点，但是都影响了当时政府的执政稳定性。小布什政府在美印核合作上的杰出成就并没有为他赢得过多好评，反而遭到了诟病，因为“美国在印度核协议问题上投入了大量的资源和时间，分散了对美国面临的重大挑战的关注”。[②] 在美国加紧与印度达成核协议的同时，美国金融市场出现巨大波动，从而引发了之后严重的次贷危机，美国国内失业率的上升以及教育、医疗问题的突出都超越了民众对美印核合作的关注。在2006年的国会选举中，民主党击败共和党占据了参众两院的多数席位，小布什所在的共和党遭到重创。同样的，在印度由于美印核合作的加强让执政党国大党不仅遭到了来自在野党人民党的反对，还遭到了左翼联盟党的强烈抵制，印度共产党（马）谴责“该协议过于亲美，为了建立与华盛顿的战略伙伴关系，国大党背离了传统不结盟政策”。[③] 印度共产党（马）愤然退出了由国大党领导的团结进步联盟政府，导致国大党陷入执政危机并遭到不信任投票。2008年7月，印度人民院对当权政府进行了第一次不信任投票，团结进步联盟仅以19票的微弱差距（275：256）得以继续执政。

第四，对印度进行核监管方面，《美印核协议》对印度核材料的进出口、裂变材料、铀浓缩及核材料的再加工进行了监管，然而这种监管是有限的。美国虽然获得了印度停止发展核武器的承诺，但是美国外交没能完全坚持《亨利海德法案》的立场，美国没有对印度再次核试爆进行强制性

① Ajey Lele and Archana Misra, “Indo- US Strategic Partnership: beyond the Nuclear Deal,” *Social Sciences Ejournal*, February 4, 2011, accessed July 26, 2015, http://socialsciences -ejournal.org/SP%209.%20Ajey%20Lele.pdf.

② Sean Aziz, “Why Nuclear Cooperation with India Is the Wrong Policy for the United States,” Master thesis, Georgetown University, 2009, p.84.

③ Riedel, Bruce, “South Asia’s Nuclear Decade,” *Survival*, 2008, Vol.50, No.2, p.123.

责任约束，如印度学者认为的那样，协约“不能阻止或干扰印度的核活动，包括我们的军事设施”。[①] 此外，根据协议，印度需将22个核反应堆中的14个民用核反应堆置于IAEA的监察范围内，这意味着印度65%的热反应堆将接受监督。“根据印度政府提供的数据，15年后印度将建立更多的核反应堆，那时接受监管的核反应堆比例将高达90%。”[②] 美国对印度的核分离政策虽然让印度的民用核能得以监管，但是军用核能仍置于监管之外。国外核材料的输入，能让到目前为止不接受IAEA监管的印度本国生产的核材料转作军用。也正如印度前总理辛格所表示的那样：“没有任何的规定限制得了我们的战略规划，根据我们评估威胁的方案，分离项目确保了我们有充足的可裂变材料和其余材料的输入以保证我们当前及今后的战略项目，没有任何的限制或规定制约我们建造新设施以实现战略目标。”[③]

短期内，对美国而言，《美印核协议》的价值还没有得到充分发挥，而印度却能从中获益。协议生效后，很大程度上由印度掌握了主动权。从长远来看，如果印度继续保证自动放弃核试爆，那么这个协议的效益将得到更充分的体现。反之，将意味着美国对印核接触战略的失败。

四、美国对印核接触战略对核不扩散机制的影响

学界关于美国对印度核接触战略最激烈的讨论集中在《美印核协议》是否违背了NPT机制，是否树立了一个可以让其他无核国家效仿的先例？其实，问题的关键在于由于美国对霸权的追求，导致美国主导的NPT机制存在自身缺陷，《美印核协议》的签署虽在一定程度上弥补了一些漏洞，但也反映出美国所倡导的NPT机制存在更大问题。

第一，对核能加以了民用和军用区分。NPT仅对有核国家和无核国家做了区分，并制约了无核国家对核能发展的需求。但是核问题的复杂性在于核能既可以用于制造杀伤性武器，也能加以和平利用服务人类。NPT要求无核国家必须接受IAEA的全面监管才能从有核国家获取核燃料。这造

---

① Nasrullah Mirza and M. Saddiq, “Indo-US 123 Agreement: Impacts on Deterrence Stability in South Asia,” accessed January 2, 2016, http://sassi.org.pk/wp-content/uploads/2020/04/Research-Report-07.pdf.

② Andrew K. Semmel, “U.S.-India Civil Nuclear Cooperation Initiative,” accessed April 2, 2015, http://2001-2009.state.gov/t/isn/rls/rm/66415.htm.

③ Kulwant Rai Gupta, *Indo-US Civil Nuclear Deal* (New Delhi: Atlantic Publishers and Distributors Pvt Ltd, 2007), p.341.

成了无核国家对有核国家的依附，将有核国家置于无核国家核供应链的最顶端。这种等级的划分，导致不少国家对NPT有失公允的指责。作为非NPT成员的印度一直以来都追求核能技术的发展，但是由于印度对NPT的反对不能保证印度享有发展民用核能的权利。印度也十分担心对有核国的过度依赖会让印度丧失核自主。印度核电站就曾发生过因核燃料供给不足导致停运的情况，《美印核能协定》签署后保障了印度民用核能的发展。

第二，对无核国家跨过核门槛后进行了监管。NPT的另一大漏洞还在于仅以是否“拥有”核武器作为划分标准，而忽略了“能力”标准，也就是说，尽管部分无核国家不拥有核武器，但仍具有发展核武器的“能力”。这就导致了NPT无法对部分无核国家跨过核门槛后进行监管。印度一直坚持和平利用核能，但不代表印度没有生产核武器的能力，1998年印度核试爆就让国际社会大为震惊，《美印核协议》能对印度这个事实上的核国家实现部分监管。

第三，美国核霸权的再度体现。美国核霸权的一个基本逻辑就是对无核国家的不信任及作为有核国的垄断。考虑到核能的巨大危险性，的确需要对核能实施严格监管。但是作为有核国的美国在拒绝批准《全面禁止核试验》的情况下，要求其余国家停止核试验，这本身就缺乏说服力和合理性。美国极力将印度纳入监管体系之内也表现出了美国的“家长制”做派。

第四，造成了核不扩散的双重标准。美国政府一再强调美国与印度核接触模式不可复制性，但是这确实“向其余核供应国包括NSG成员传达了一种信息，即可以为了商业利益而以全球核不扩散利益为代价”[①]。这遭到了同为NPT之外的巴基斯坦、伊朗、朝鲜等国的强烈反对。美国通过与印度签订双边协议，让印度置身于核不扩散体系核心基石NPT之外的做法，本身就打击了NPT的权威性。

第三节　美国对巴核限制战略

巴基斯坦是世界上第一个建造和投入运营民用核电站的伊斯兰国家。巴基斯坦也是世界上四个拥有核武器（其余为印度、朝鲜和以色列）但不

---

① T.V. Paul, “The US-India Nuclear Accord: Implications for the Non-Proliferation Regime,” *International Journal*, 2007, Vol.62, No.4, p.845.

加入《核不扩散条约》却能配合国际原子能机构监管的国家。巴基斯坦由于国内政局动荡并饱受恐怖主义、极端势力和分离主义的侵扰，加之印巴摩擦不断，使巴基斯坦核安全问题尤其突出。冷战后，美国历来对巴基斯坦核发展采取限制战略。但“9·11”事件后，美国安全战略与巴基斯坦捆绑在一起，美国加大了对巴基斯坦的核关注。美国学者认为巴基斯坦核武器对美国至少存在六个方面的安全威胁：有可能导致西南亚地区的军备竞赛，来自巴基斯坦的核扩散，意外的非授权战争的可能，与印度的战争，伊斯兰教在巴基斯坦的影响以及对关键社会领域的渗透，巴基斯坦国家失败。① 美国对巴基斯坦核安全威胁的持续关注，让美国更加确信对巴实施核限制战略的必要。

一、美国对巴核安全的关注

冷战期间美国就开始注意到巴基斯坦的核发展，但是直到“9·11”事件，巴基斯坦核安全从来都不是美巴关系的核心议题。“9·11”事件后，由于恐怖主义、巴基斯坦内部局势以及印巴间断性竞争关系，促使美国将巴核安全议题提升到了一个重要位置。

（一）卡迪尔汗事件与巴基斯坦核扩散

阿卜杜勒·卡迪尔汗是巴基斯坦“核武器之父”，在他的带领下巴基斯坦实现了与印度的核均势。然而，2004年美国和英国情报部门通过一系列调查后，指控卡迪尔汗主导了一个核技术扩散网络，通过设在马来西亚的工厂生产核离心机并出售给被美国称为“流氓国家”的伊朗、朝鲜、利比亚等国。② 虽然卡迪尔汗表示此事件完全由他本人负全责，巴基斯坦政府否认参与其中，但美国坚持认为“如果没有巴基斯坦高层的授权同意，

---

① Michael Tkacik, “Pakistan’s Nuclear Weapons Program and Implications for US National Security,” *International Relations*, 2010, Vol.24, No.2, p.190.

② William Langewiesche, “The Point of No Return,” *Atlantic Monthly*, 2006, Vol.297, No.1, pp. 96-118; David Albright and Corey Hinderstein, “Unraveling the A. Q. Khan and Future Proliferation Networks,” *The Washington Quarterly*, 2005, Vol.28, No.2, pp.111-28; Paul K. Kerr and Mary Beth Nikitin, “Pakistan’s Nuclear Weapons: Proliferation and Security Issues,” July 20, 2011, accessed July 8, 2015, https://www.everycrsreport.com/files/20110720_RL34248_9faafe233c8fedeae84d9d65bd9257f5452bcc00.pdf, pp.9–12.

这个扩散链不可能存在”。[①] 巴基斯坦政府不允许任何外国政府甚至是国际原子能机构介入对卡迪尔汗的审判，美国官员也承认“美国没有人能够接触到卡迪尔汗”，[②] 这引起美国的怀疑和极大的不满。卡迪尔汗事件的后续效应也十分巨大，美国认为通过此事件坐实了巴基斯坦在暗中进行核扩散，让巴基斯坦在美国眼里成为“不负责任”的核国家，这与印度形成了鲜明的对比。虽然此后巴基斯坦政府加强了对核安全的管理，但是依旧难以抹除此事件对巴核安全的负面影响。

（二）恐怖主义与巴基斯坦核安全

“9·11”事件后，美国媒体就开始大肆讨论巴基斯坦核武库是否会被恐怖分子占领的可能性。在两名已退休巴基斯坦原子能委员会科学家早在“9·11”事件前一个月就与“基地”组织接触并与本·拉登会面的消息被爆出后，引起美国极大震动。美国智库及学界不断强调巴基斯坦核问题若与恐怖主义相连是极度危险的。来自布鲁金斯学会的布鲁斯·里德尔（Bruce Riedel）认为，“巴基斯坦每平方英里内恐怖分子的数量多于地球上任何一个地方，其核武器增速也比任何国家都快”。[③] 哈佛大学教授格雷厄姆·艾利森（Graham Allison）也持相同观点，他表示：“当你在地图上标注出大规模杀伤性武器和恐怖主义所在地时，所有的交汇点都在巴基斯坦。”[④] 有意思的是，尽管美国政府认识到这个问题的严重性，但又表示这只是一个小概率高风险问题，认为巴基斯坦有能力保证其核武库不会落入恐怖分子之手。如美国参谋长联席会议主席迈克·马伦（Michael Mullen）认为：“巴基斯坦核武器目前是安全的，巴基斯坦领导人特别是军队非常重视……我们承认巴基斯坦核武器被恐怖分子所控制是最糟糕的局面，但

---

① Paul K. Kerr and Mary Beth Nikitin, “Pakistan’s Nuclear Weapons: Proliferation and Security Issues,” accessed July 20, 2015, https://www.everycrsreport.com/files/20110720_RL34248_9faafe233c8fedeae84d9d65bd9257f5452bcc00.pdf, p. 9.

② Douglas Lovelace, Kristen Boon and Aziz Huq, *Terrorism Commentary on Security Donument Volume 119: Catastrophic Possibilities Threatening U.S. Security* (Oxford: Oxford University Press, 2012), p.289.

③ Thom Shanker and David E. Sanger, “Pakistan Is Rapidly Adding Nuclear Arms, U.S. Says,” accessed May 2, 2016, http://www.nytimes.com/2009/05/18/world/asia/18nuke.html?_r=0.

④ David E. Sanger, “What to Do about Pakistan’s Nuclear Arsenal?” *New York Times Magazine*, January 8, 2009.

我不认为这会发生。”[①] 同样的，奥巴马总统也表示：“我们有信心认为巴基斯坦核武器是安全的；巴基斯坦军队已经做好准备以防止极端分子掌握核武器。”[②] 此外，为了保证那些能接触到核武器和核技术的人员不被恐怖分子所收买或“倒戈”，巴基斯坦政府在美国协助下制定了严格的人员审查制度。

（三）巴基斯坦政局不稳与核安全

巴基斯坦政局的不稳定也引发了人们对巴核武库安全的担忧。长久以来，巴基斯坦存在政府上层权力纷争、军队干政和教派冲突等问题，这将“危害到巴基斯坦军队的统一指挥并且严重关系到核安全”。[③] 2007—2008年巴基斯坦国内反穆沙拉夫的呼声愈发高涨，巴国内政局不稳。尽管穆沙拉夫一再声称“巴基斯坦政府牢牢地掌握着核武器”，然而巴前总理贝·布托表示，“由于政局不稳可能导致国家对核武器的控制减弱”。[④] 在此期间，美国也表示了对巴核安全的高度关注。有一些专家担心“虽然目前巴基斯坦政府牢固地掌握着核武器，但是随着危机的恶化核技术可能被内部人员廉价出售”。[⑤] 2013年巴基斯坦完成了首个民选政府任期，创造了历史。但是巴基斯坦政局的稳定性仍旧面临着考验，与之相关的核安全也将受到美国的持续关注。

（四）印巴冲突与核战争的可能性

由殖民导致的印巴分治以及宗教分歧、克什米尔问题等，致使印巴这对“宿敌”一直矛盾冲突不断。印巴纷争与冲突也成为威胁南亚地区整体安全的最主要因素。在两国相继拥有核武器之后，相互核威慑并没有确保两国的和平共处，反而让两国多次走向了战争的边缘甚至核战的边缘。美

---

① Michael Mullen, “Defense Department Briefing Transcript,” *Federal News Service*, May 4, 2009; Michael Mullen, “Remarks to the L.A. World Affairs Council,” *Federal News Service*, September 22, 2008.

② Jon Meacham, “A Highly Logical Approach: A Conversation with Barack Obama,” accessed May 16, 2015, http://www.newsweek.com/id/197891.

③ “Senate Hearing 110-723-Addrssing the U.S.-Pakistan Strategic Relations,” accessed June 12, 2015, https://www.govinfo.gov/content/pkg/CHRG-110shrg43092/html/CHRG-110shrg43092.htm.

④ “Opinions Mixed on Pakistani Nuclear Security,” accessed November 6, 2015, http://www.nti.org/d_newswire/issues/r ecent_stories.asp?category=nuclear#6783E660.

⑤ Canwest News Service, “Instability Threatens Pakistan Nuclear Security, Analysts Say,” accessed June 4, 2015, http://www.canada.com/story_print.html?id=c8b1884b-a45d-4884-9712-96ffd4492ddc&sponsor=.

国担心，“在国际社会介入平息危机之前，印巴危机就很可能急速上升为一场全面战争”。[①] 1999年卡吉尔冲突、2001年印度议会遭袭、2008年孟买恐怖袭击等事件成为激化印巴矛盾的“可燃点”，从而加剧了美国的担忧。

尽管巴基斯坦加紧了对核武库、技术及从业人员的管理，但是由于巴基斯坦核安全存在的诸多隐患，促使美国延续一直以来对巴的核限制战略，以防止巴基斯坦核安全问题威胁到美国在南亚的安全战略利益。

二、美国对巴核限制战略的实施

美国对巴基斯坦的核战略手段主要以核限制为主，这种核限制包括军用和民用两个方面。同时，考虑到“9·11”事件后美国对巴基斯坦的战略需要以及维持南亚地区的核稳定，为了安抚巴基斯坦对《美印核协议》的不满及担忧，美国也采取了相应的核补偿手段。

（一）美国对巴基斯坦的核限制

无论是冷战反苏同盟时期，还是“9·11”事件后反恐联盟时期，美国对巴基斯坦始终存在根深蒂固的不信任。限制巴基斯坦发展核武器历来是美国对巴核战略的重点，也是美国向巴基斯坦提供经济和军事援助的前提。然而，尽管给予强大压力和劝说，美国始终没能阻止巴基斯坦发展核武器的脚步。1998年继印度核试爆后，巴基斯坦也进行了核爆。之后，美国对巴基斯坦采取了更为多样、更为全面的核限制。

第一，单方面制裁以及通过美国国内立法限制巴基斯坦核发展是美国最为常用的手法。如1976年的《西明顿修正案》（*Symington Amendment*）、1977年的《格伦修正案》（*Glenn Amendment*）、1984年的《索拉兹修正案》（*Solarz Amendment*）和1985年的《普雷斯勒修正案》（*Pressler Amendment*），这些法案都禁止美国同包括巴基斯坦在内的NPT之外的追求核能、发展核技术的国家进行核合作。然而，这一手段往往在巴基斯坦战略地位提升时失去效力。如20世纪70年代，美国为抗击苏联入侵阿富汗，取消了对巴基斯坦的核制裁。同样的，“9·11”事件后，美国为了拉拢巴基斯坦一同进行持久自由行动，进而取消了相关制裁，削弱了美国对巴基斯坦的核约束力，这反映出美国核安全战略的实用主义色彩。当一国

---

① Michael Krepon and Julia Thompson, “Deterrence Stability and Escalation Control in South Asia,” accessed May 2, 2015, https://www.stimson.org/wp-content/files/file-attachments/Deterrence_Stability_Dec_2013_web_1.pdf, p.13.

对美国战略价值上升时，核安全可以让步于美国的现实利益。而当一国战略地位下降时，核安全可以上升为美国对外战略的优先关注。

第二，外交施压迫使巴基斯坦做出让步及和平保证。1998年印巴相继成为事实核国家后，南亚地区的安全局势更为严峻，加剧了印巴常规军事摩擦上升为核危机的可能性。甚至有美国学者认为1999年的卡吉尔冲突、2001—2002年“双峰危机”的危险性不亚于冷战时期的古巴导弹危机。特别是“双峰危机”，印巴两国都开始动员军队并表示不放弃使用核武器的可能性。为了缓解印巴危机，美国对巴基斯坦进行了多次外交施压。2008年在印度孟买发生恐怖袭击后，美国同样在安抚印度的同时，向巴基斯坦施加压力，以免两国发生正面冲突。虽然美国的外交施压暂时维持了印巴的核稳定，但是美国总是重压巴基斯坦以减缓印度的紧张情绪，让巴基斯坦感到美国实则偏袒印度，加剧了巴基斯坦的不安全感。巴基斯坦迫于美国强势做出的和平承诺并不持久，如巴基斯坦前总统穆沙拉夫承诺“永不跨越克什米尔界线”，但不久之后印巴克什米尔冲突再起。

第三，通过多边协定制约巴基斯坦核发展。以NSG、导弹及其技术控制制度、澳大利亚集团等为代表的多边协定是以美国为主导的核出口控制主要机制。作为NPT之外的巴基斯坦反对任何的核出口控制协定，以及阻碍巴基斯坦核发展的国际条约。同印度一样，巴基斯坦认为这些由美国主导的机制和条约存在“核歧视”，是美国霸权的体现。不过，巴基斯坦与IEAE把持了良好的合作，并通过国内立法将NSG以及其他核出口限制机制所强调的核扩散问题加以约束。巴基斯坦一直希望美国及国际社会将其视为负责任的核国家。随着印度在NSG中获得豁免，巴基斯坦也表示希望成为NSG成员国。但相较于美国对印度加入NSG的支持，巴基斯坦缺乏国际社会的核安全认可。“9·11”事件后，为配合美国的安全战略，巴基斯坦加强了与美国在集装箱安全倡议、安全运输计划等框架下的合作，但是也没能获得美国对巴基斯坦加入NSG的支持。

第四，提供核安全协助以加强对巴基斯坦的核监管。“9·11”事件后，小布什政府加紧了对巴基斯坦的安全协助。两国在核从业人员可靠性、敏感材料安全存放技术、防止未授权使用核武器以及销毁放射性物质等方面加强了合作，美国给予了巴基斯坦相关的技术支持，但巴基斯坦对于美国的核安全协助也并未全盘接受。“9·11”事件后不久，出于对巴核武库受到恐怖主义威胁的担忧，美国著名时政评论家、普利策奖得主西莫·赫许

（Seymour Hersh）就在《纽约客》杂志上发表了一篇名为《监管弹头》的文章，第一次提出了美国应对巴核武器进行监管的应急计划。[①] 在2005年1月的参议院外交委员会听证会上，当美国国务卿被问及如何应对巴基斯坦政府对核武器控制的失效时，赖斯表示："我们已经注意到这个问题，并且我们准备竭尽全力处理。"[②] 2009年美国再次讨论了美国部队协助伊斯兰堡核武器安全的应急计划，巴基斯坦随即表示，"不需要任何的外国协助"，"巴基斯坦不允许任何国家直接或间接接触到核及战略设施"。[③]

（二）美国对巴基斯坦的核补偿

考虑到美国与印度的核接触战略对巴基斯坦带来的影响，以及维持南亚核稳定态势，并获得巴基斯坦对美国南亚反恐战略的支持，美国在打压巴基斯坦核发展的同时，给予了巴基斯坦大量的补偿，以减轻巴基斯坦对美国核偏差政策的不满，美国也在一定程度上考虑到了巴基斯坦的能源特别是对电能的需求。

第一，美国提供了大量的经济和军事援助以抵消巴基斯坦对美国南亚有区别核战略的不满。美国希望通过援助增强巴基斯坦的军事和社会发展能力并抵消巴基斯坦对核武器的追求。一个典型的例子就是在美印达成核协议期间，美国与巴基斯坦签署了有关美国向巴基斯坦恢复出售F16战斗机的协议。改装后的F16战斗机可以携带核弹头，这曾引起印度的不满。但美国坚持认为"向巴基斯坦出售F16战斗机不会改变南亚地区的势力均衡"。[④] 从冷战开始，美国就认为对巴基斯坦的经济和军事援助能填补巴基斯坦与印度在常规武器上的实力差距，但显然这没能促使巴基斯坦放弃对核武器的追求。美巴双方之间的不信任感，也让这种核补偿措施的效果大打折扣。巴基斯坦不能确保美国能作为其长期的常规武器提供者，而美国

---

① Seymour Hersh, "Watching the Warheads," accessed November 5, 2015, http://www.newyorker.com/magazine/2001/11/05/watching-the-warheads.

② "The Nomination of Dr. Condoleezza Rice to Be Secretary of State, Hearings before the Senate Foreign Relations Committee," accessed January 19, 2015, https://www.govinfo.gov/content/pkg/CHRG-109shrg22847/pdf/CHRG-109shrg22847.pdf; Seymour Hersh, "Watching the Warheads," *New Yorker*, November 5, 2001.

③ "Pakistan Foreign Office Rejects U.S. Media Report on Nuclear Arsenal," *Associated Press of Pakistan*, November 9, 2009.

④ "Defense Security and Cooperation Agency News Release," June 28, 2006, accessed July 8, 2015, http://www.dsca.mil/PressReleases/36-b/2006/Pakistan_06-11.pdf.

也开始怀疑“巴基斯坦将美国的援助用以发展核武器”。[1]

第二，美国协助巴基斯坦发展核能替代以满足巴基斯坦能源需求。美国为弥补巴基斯坦对民用核能需求，通过美国国际开发署对巴基斯坦提供核能替代技术，如天然气、石油、水电及风电项目援助。目前美国还积极支持中亚与南亚地区的跨地区能源建设，如吉尔吉斯斯坦、塔吉克斯坦、阿富汗和巴基斯坦四国间的中亚南亚输变电项目CASA-1000，以及连接土库曼斯坦—阿富汗—巴基斯坦—印度的TAPI天然气管道项目。然而，印度核能技术的蓬勃发展特别是《美印核协议》的签署更加激发了巴基斯坦对核能的追求，美国的核能替代补偿难以抵消巴基斯坦对核能的需求。

核对巴基斯坦而言不仅意味着核武器的威力、核能的高效和清洁，更是实现与印度对抗、与印度平起平坐的重要保障。2000年后，美国对巴基斯坦的核限制随着美对巴战略需求上升而有所下降，但是与美印相比，美巴在核能方面没有实现突破性合作，美国仍严守对巴核战略的红线，这主要与美国对巴基斯坦的高度核安全关切有关。

三、美巴民用核合作的前景分析

在《美印核协议》达成以前，巴基斯坦并没有过多表现出希望与美国进行民用核合作的意愿，因为巴基斯坦清楚地认识到美国对巴基斯坦的核限制立场。《美印核协议》签署后，巴基斯坦认为印巴间的核均势被打破。巴基斯坦对美印核合作给予了高度关注，在美印两国表达了将在民用核能领域进行合作的意愿后，巴基斯坦就对此做出了及时的回应。2006年3月17日，巴基斯坦官方做出了第一次正式表态并发布在巴基斯坦驻美国大使馆的网页上，原文如下：

> 对印度的特殊豁免将对南亚安全环境和国际核不扩散产生严重影响。从避免地区核竞赛、加强控制以及确保两国民用核能需求能得以合法满足的角度出发，如果美国能将印度和巴基斯坦这两个非NPT国家一视同仁，那么将更有利于实现南亚战略稳定和全球核不扩散机制的目标。

---

① Azeem Ibrahim, “US Aid to Pakistan: US Taxpayers Have Funded Pakistani Corruption,” July, 2009, accessed July 12, 2015, http://belfercenter.ksg.harvard.edu/files/Final_DP_2009_06_08092009.pdf, p.4.

这个将印度大量的包括增殖堆在内的核设施和反应堆置于安全监管之外的协议，只能继续鼓励印度发展核项目而不受到任何的约束和限制。巴基斯坦方面将不接受任何带有歧视性的条约，我们将继续担负起保持最低限度可信威慑并避免军备竞赛的责任，我们将不会置巴基斯坦安全需求和经济发展所需要的包括民用核能在内的能源增长需求于不顾。[①]

巴基斯坦国家指挥局也多次评估了《美印核协议》对巴基斯坦带来的影响，并且通过巴基斯坦三军联络处于2006年4月12日、2007年8月2日和2011年7月14日发表了相关声明，表示巴基斯坦将采取一切手段保持可信的核威慑。

巴基斯坦对《美印核协议》的激烈反应主要表现在三个方面：第一，巴基斯坦认为《美印核协议》是对美巴关系的巨大冲击。巴基斯坦认为美印协议带有歧视色彩，美国通过双重标准打破了巴印之间的核平衡，并明显地偏袒印度一方。巴基斯坦认为巴对核武器和核能的追求与印度无异，美国也应当与巴基斯坦签署相同的协议。第二，巴基斯坦认为协议将导致印度核武库数量的上升。巴基斯坦预估了协议生效后印度核武器可能增加的数量，巴基斯坦驻英国高级专员哈桑认为："在国际原子能机构监管之外的印度8个反应堆具有年均生产280枚核弹头的能力。"[②] 第三，巴基斯坦相信巴基斯坦有必要增加核武库数量。巴基斯坦外交部发言人于2009年5月曾表示："尽管巴基斯坦政府坚持反对南亚地区核及常规武器军备竞赛，但是为了应对印度的常规及核武器的增长，巴基斯坦可能需要增加其核武器数量。"[③] 美国情报部门公布的数据也印证了巴基斯坦的说法："自2005年美印宣布有意进行核合作后，巴基斯坦加快了钚浓缩铀的生产，预计巴基斯坦拥有110枚核武器。巴基斯坦40%的核武器都是最近两年增加的，巴基斯成为继美国、俄罗斯、法国和中国之后的第五大核武器国家（2011

① "Serious Consequences of the US Waiver to India-Ministry of Foreign Affairs," accessed September 23, 2015, http://www.embassyofpakistanusa.org/news187.php.

② "Pakistan for Reducing Existing Stocks of Fissile Material: Wajid," *Associated Press of Pakistan*, October 19, 2010.

③ Paul K Kerr and Mary Beth Mikitin, "Pakistan's Nuclear Weapons: Proliferation and Security Issues," accessed July 20, 2015, https://www.everycrsreport.com/files/20110720_RL34248_9faafe233c8fedeae84d9d65bd9257f5452bcc00.pdf, p.5.

数据）。”[①]

为了重新恢复巴基斯坦对印度的核平衡，巴基斯坦也曾要求美国与其签署与印度具有同等效力的民用合作协议。但小布什政府拒绝对巴基斯坦复制印度模式，拒绝同巴基斯坦达成任何核协议。奥巴马政府上台后，似乎对巴进行民用核合作出现了缓和的迹象。2010年的美巴战略对话上，巴基斯坦外交部长再次向美国表达了希望与美国达成民用核协议的愿望。2015年10月，在《华盛顿邮报》上的一则消息更是引起了强烈关注和印度的极大反弹。消息称：“白宫有可能制造一个外交轰动事件：对巴基斯坦核武器和运载系统制定新的限制和控制。这将向巴基斯坦最终开启如2005年印度那样的民用核能协议的道路。2015年10月22日，谢里夫总理访问华盛顿时将有可能对此进行讨论。”[②] 但很快此消息遭到了美国官员的坚决否认。

截至2015年，考虑到巴基斯坦的安全形势，美国短期内还不会与巴基斯坦签订与印度等同的民用核能协议。但是为了实现印巴核平衡以及满足巴基斯坦民用核能需求，美国很有可能会为巴基斯坦设定一个安全基准以帮助巴基斯坦尽快融入国际核不扩散机制，在接受全面核监管的同时，适度满足巴对民用核能的需求。

小　结

美国南亚核安全战略的核心在于对印度及巴基斯坦两个有核但拒不加入NPT的国家实施控制。为了加强美国对南亚核安全的掌控，21世纪初美国对印度核安全战略的大转向以及继续坚持对巴基斯坦的核限制，实现了1（印度）+0（巴基斯坦）=1的战略效应。在达成与印度民用核合作，将印度部分纳入核监管机制体系内的同时，通过多种手段对巴基斯坦进行核补偿，有效缓解了印巴核竞赛的升级及失控的可能。相较于冷战以及20世

① David Willams, “Pakistan All Set to Overtake Britain as World's Fifth Largest Nuke Power,” accessed February 21, 2015, http://www.dailymail.co.uk/news/article-1359231/Pakistan-overtake-Britain-worlds-fifth-largest-nuclear-power.html.

② David Ignatius, “The U.S. Cannot Afford to Forget Afghanistan and Pakistan,” accessed October 10, 2015, https://www.washingtonpost.com/opinions/the-dangers-that-still-lurk-in-south-asia/2015/10/06/e3adf016-6c73-11e5-b31c-d80d62b53e28_story.html.

纪90年代的美国南亚核安全战略，新时期美国的战略手段较为多样且颇有成效，在一定时间内避免了印巴核试爆的再次发生。但是，《美印核协议》在核不扩散机外制造了一个特例，也没能对印度军用核能实现有效约束控制，如果印度再次进行核试爆，那么印巴间的核较量将无法避免。本书认为，在未来要实现1+1=2的美国南亚核安全战略模式的可能性较小，美国在与巴基斯坦开展反恐战略合作的同时，对合作深度和强度，带有明显保留态度。若美国与巴基斯坦签订如同美印核合作那样的协议，将引起整个伊斯兰世界特别是伊朗对美国主导下的核不扩散体系的更大挑战。但从地区内实现相互牵制的角度来看，美国还是确实需要一个具有核能力的国家对印度的核实力进行制衡，以防止印度在南亚乃至印太地区过分膨胀，因此，对巴基斯坦核能力问题并未采取坚决反对策略。

第五章

美国南亚安全战略的海权维度：筹谋印度洋

在国际关系史上的很长一段时期内，印度洋在世界政治中的重要性正同它的海域面积排名一样，居于大西洋和太平洋之后。长期以来，在印度洋区域都没有出现过一个如同大西洋沿岸的英国、太平洋沿岸的美国那样能够主导地区秩序的国家，印度洋沿岸国家往往是以其他大国“附属”的身份存在。但是随着国际形势的骤变，全球能源问题的出现，印度洋战略地位的不断上升及其海上通道安全问题的凸显，印度洋地区的力量格局正在经历重大变革。21世纪以来，美国开始加大对印度洋的战略投入，印度和印度洋被纳入美国亚太战略统筹当中。至此，南亚对于美国而言，不仅具有陆权战略价值，还具有海权战略价值。美国南亚安全战略不再局限于印度次大陆内陆，还拓展到了印度洋。

本书认为，就维护海权利益而言，美国在南亚的安全战略目标包括两个层面：一是加强对印度洋的战略投入，巩固美国在印度洋地区的霸权；二是推进与印度在印度洋上的安全互动，并鼓励印度积极参与美国主导下的海上安全多边合作机制。本章将从这两个方面进行论述。

第一节　美国在印度洋上的经略、目标及影响

美国霸权不仅表现为对内陆国家进行“离岸制衡”，还体现为对世界海权的控制。以往美国实施的是针对太平洋和大西洋的“两洋战略”，但随着对波斯湾地区能源需求的增加以及为确保印度洋贸易航线的畅通，美国开始加大对印度洋的战略投入。

一、美国在印度洋上的经略

美国早期海权战略的重点并不在印度洋，美国的海权战略发展经历了一个从北美大陆东海岸（大西洋西岸）到西半球制海权和亚太制海权（太平洋），再到全球制海权的发展过程。冷战后，美国成为唯一超级大国，其海上战略投入不断加码。21世纪以来，美国将印度洋视为“自己绝对的

海权利益所在”，[①] 美国牢牢掌握了对印度洋的制海权。对美国而言，印度洋的重要性主要体现为：一是保持美国在南亚和东南亚的主导地位，特别是保护其在波斯湾地区的石油利益；二是阻止伊斯兰原教旨主义的扩散；三是确保海上通道的安全和印度洋区域的稳定；四是在前沿地区保持一定程度的军事存在，加强对地区进行干涉的快速反应能力。[②]

美国将印度洋战略置于其全球战略框架之下，美国的全球战略目标是确保美国在全球体系中的主导地位，遏制任何一个地区性大国成为美国国家利益的挑战者或反对力量。因此，美国对印度洋的战略诉求为保持对印度洋的绝对主导权。为此，美国从下述几方面加大了对印度洋的战略投入：

第一，美国主要通过投放军事力量的手段获得对印度洋的制海权。正如时任负责政策制定的美国国防部副部长道格拉斯·费思所说：“印度洋对美国有重要战略价值，故其在这一地区的海外军事基地数量仅次于欧洲和亚太，美军将全面控制印度洋具有战略意义的航道、海峡和海域。”2007年美国海军作战部长、海军上将迈克尔·马伦提出了“千舰计划”，以力求实现主导全球制海权的目标。同年，美国出台新的海军战略报告——《21世纪海上力量合作战略》，该报告指出，美国“可靠的作战力量将会继续部署在西太平洋和阿拉伯海、印度洋，以保护美国的重大利益、确保盟友安全并威慑潜在的敌人和竞争对手”。[③] 为确保美国在该区域的安全利益，美国海军第五、第六和第七舰队活跃在印度洋上。其中，美国海军第五舰队已成为执行美国印度洋战略的一支相对突出的力量，甚至是美国得以控制印度洋制海权和掌控周边地区整体战略局势的首要力量。[④]

第二，强化印度洋和太平洋的战略联通性。美国将对南亚地区安全形势具有重大关联的东印度洋安全事务交由美国太平洋司令部负责。美国太平洋司令部是美国历史最悠久、规模最大的联合作战司令部，负责范围包括从美国西海岸以西到印度西部边界以及从南极到北极的区域，面积约

① 孙晋中：《美国对印度的政策与美印关系》，《国际问题研究》2003年第4期，第27—31页。

② 马加力：《冷眼向“热“洋——21世纪的印度洋》，《现代国际关系》2003年第10期，第62—63页。

③ 马加力：《冷眼向“热“洋——21世纪的印度洋》，《现代国际关系》2003年第10期，第62—63页。

④ 鞠海龙：《亚洲海权地缘格局论》，中国社会科学出版社，2007，第135页。

为2.6亿平方公里，占地球表面积的52%左右。美国太平洋司令部司令通过美国国防部长向美国总统进行汇报。美国太平洋司令部主要由四个部分组成：美国太平洋舰队、美国太平洋海军陆战队、美国太平洋空军和美国陆军太平洋部队。根据2017年公布的数据，[①] 约有37.5万名美国军人和文职人员被派往美国太平洋司令部负责区域。美国太平洋舰队由200艘舰艇（包括5个航空母舰战斗群）、近1100架飞机和超过13万军人和文职人员构成。美国太平洋海军陆战队包括两支海军远征军，约8.6万人和640架飞机。美国太平洋空军由大约4.6万名飞行员及文职官员以及420多架飞机组成。美国陆军太平洋部队包括一个军团和两个师，人员约为10.6万人，除此以外，还包括300多架飞机和5艘水上飞机，分布在日本、韩国和夏威夷等地。美国太平洋司令部致力于加强与美国盟友及伙伴国的合作，维护印度洋—太平洋地区的稳定，对突发事件做出及时反应，并在必要时为赢得胜利而战。为适应美国安全战略调整并突出印度洋和太平洋的联通性，2018年5月，时任美国国防部长詹姆斯·马蒂斯宣布美国太平洋司令部改名为印度洋—太平洋司令部。

第三，迪戈加西亚海军基地是美国在印度洋上最重要的战略据点。美军迪戈加西亚基地的建立与扩建是美国谋求军事存在以实现主导印度洋的标志所在。20世纪60—70年代，英国在印度洋上的绝对优势开始大幅削弱，美国开始涉足印度洋。与此同时，苏联在非洲、南亚等环印度洋区域的影响有所增加。美国逐渐意识到有必要在印度洋上建立后勤补给基地并逐步发展成为军事基地。然而，环印度洋区域国家大多为倡导独立自主的第三世界国家，他们不愿意将自己的领土提供给美国作为基地。美国最终选中了其盟友英国在印度洋的领地——迪戈加西亚岛作为美国军事基地。迪戈加西亚岛是印度洋上查戈斯群岛七个岛屿中面积最大的一个。迪戈加西亚岛的战略位置十分优越，位于印度洋中部，距印度约970海里，距斯里兰卡约925海里，距马六甲海峡入海口约1600海里，距霍尔木兹海峡约2200海里。更为重要的是，迪戈加西亚岛与印度洋上的所有主要航道相通。这种优越的地理位置便于美国支援中东和波斯湾，监视和控制印度洋海域。美国以迪戈加西亚基地为中心，构建了一个囊括北印度洋和中亚地

① U.S. Pacific Command, “Headquarters, United States Pacific Command,” October 2017, accessed April 3, 2018, https://web.archive.org/web/20171024154146/http://www.pacom.mil/About-USPACOM/.

区在内的战略网络。美国迪戈加西亚基地占地面积2700公顷，驻有1500名官兵。基地拥有港口、海军航空站、通信站和其他后勤设施。[①] 迪戈加西亚基地是美军在印度洋上唯一的综合军事基地，被誉为“印度洋上永不沉没的航空母舰”。美军及其盟友的一系列军事行动很大程度上都依赖于迪戈加西亚基地提供的补给和支援，例如：1991年针对伊拉克军队的“沙漠风暴行动”，1998年美英对伊拉克实施的代号为“沙漠之狐”的空袭作战行动，2001年至2014年在阿富汗开展的“持久自由行动”，2003年至2011年的“伊拉克自由行动”，以及2014年至今为打击“伊斯兰国”而实施的“坚定决心行动”。

第四，除了建设核心基地外，美国海军在诸如巴林等战略要冲附近保持了不可忽视的、具备较强危机反应能力的前沿性海空力量。在南印度洋区域，美国也保持了较强的军事存在。2011年11月，奥巴马宣布在澳大利亚达尔文港驻扎2500名海军陆战队员，约200名海军陆战队士兵已于2012年4月3日抵达。澳大利亚还同意扩大美军在珀斯港附近的斯特灵海军基地的使用范围，同意美国在印度洋上的科科斯群岛建设基地。

二、美国在印度洋上的战略目标

21世纪以来，随着环印度洋区域战略地位的提升，印度洋正在成为美国安全战略的重要部署区域。美国在印度洋上的战略目标可归纳为：

第一，塑造美国主导下的印度洋集体安全。近年来，印度洋地区传统安全与非传统安全问题增多，如索马里海盗、伊朗核问题、恐怖主义、海啸等，同时亚洲新兴国家开始逐步拓展在印度洋上的海外利益，这些都促使美国更加重视该地区的战略投入。美国谋求通过掌控印度洋制海权，实现地区力量均衡，防止崛起国和“失败国家”对美国的挑战，进而稳固全球霸主地位。需要强调的是，美国在印度洋地区还没有类似于在大西洋和太平洋地区的军事同盟体系，这使得美国有必要加大对印度洋的介入以整合地区资源，构建美国主导下的印度洋集体安全秩序。对美国而言，当前最紧迫的任务是将印度洋区域性大国印度拉拢到美日同盟框架内，提升美国对印度洋地区安全事务的控制以及对印度洋和太平洋区域联动的战略

① 达巍：《美国在全球的主要军事基地及军事设施》，《国际资料信息》2002年第6期，第6—10页。

整合。

第二，维持海上航路畅通，确保海上航行自由。随着印度洋地区对世界经济和贸易贡献的不断提升，印度洋航线的安全越来越成为美国关注的焦点。海上航行自由是美国主导的世界自由贸易秩序得以正常运转的基本保障。为了降低美国在印度洋上提供公共产品的成本，美国希望印度洋地区性大国如印度分担必要的国际责任。如为了打击索马里海盗，美国发起了多边联合行动，倡议并鼓励地区性大国参与其中，美国还将多国联合巡逻范围扩展至亚丁湾、阿拉伯海和红海。

第三，控制印度洋上的战略要冲，确保核心通道安全畅通。掌控印度洋上的霍尔木兹海峡、马六甲海峡等战略要冲是美国印度洋战略的关键，确保战略要冲的安全与通畅又是重中之重。美国一直担心随着国际形势的急剧变化，这些战略咽喉会被其他竞争性国家或敌对国家控制，进而影响美国在印度洋的贸易航线安全。对此，美国加大了在该地区的军事部署和投入，以保护美国海上霸权赖以生存的基础。

第四，确保美国及其盟国的能源利益。印度洋上的波斯湾地区是世界石油主产区。据统计，2010年美国从印度洋地区进口的石油占到美国石油进口总量的15%。[①] 除美国对这一地区具有能源依赖外，美国的盟友同样在印度洋上有着广泛的能源需求。例如，美国在东亚的重要盟国日本，其90%的进口石油都需要经过印度洋。[②] 此外，美国在东南亚的盟友——泰国、新加坡、菲律宾所需的进口石油有三分之二都来自波斯湾地区。不仅印度洋地区的石油储量关乎美国能源安全，该地区的油价波动也影响了美国经济的发展。

为了实现这些战略目标、确保美国在印度洋上的安全利益，美国加大了对印度洋的兵力投入。美国除了在伊拉克和阿富汗部署兵力外，美国还将第五舰队司令部驻扎在巴林。此外，美国还部署了一些特别行动小组，如“联合行动152”以保护波斯湾地区原油运输畅通，“联合行动150”以打击从阿曼湾到肯尼亚沿海的海盗。当然，为了减少投入成本，美国希望印度能分担相应的责任和义务。

---

① US Energy Information Administration, “U.S. Imports by Country of Origin,” accessed June 2, 2015, www.eia.gob/petroleum/data.cfm.

② Robert D. Kaplan, “Center Stage for the 21st Century,” accessed April 23, 2015, https://www.foreignaffairs.com/articles/east-asia/2009-03-01/center-stage-21st-century.

三、美国强化印度洋战略的影响

美国强化印度洋战略的根本目的与美国国家安全战略目标一致，即维护美国霸权。美国在印度洋上的战略举措对南亚内陆以及环印度洋地区产生了重大的影响。

第一，印度洋及印度的地缘战略价值得到前所未有的提升。从奥巴马政府时期开始，印度洋及印度开始被纳入更广泛的亚太地区范畴。2011年，时任美国国务卿希拉里·克林顿在《外交政策》期刊上发表了一篇题为《美国的太平洋世纪》的文章，文中提及“亚太地区已成为全球政治的关键驱动力。这个区域从印度次大陆一直延伸至美国西海岸，跨越了太平洋和印度洋”。[①] 2013年，时任美军太平洋司令部司令塞缪尔·洛克利尔在美国国会作证时阐述了“印度—亚洲—太平洋”区域在美国全球战略中的重要性。作为印度洋地区的头号大国，印度的国际地位随着地区格局的变化而显著提升。在曼莫汉·辛格政府时期，印度就已成为“印度洋—太平洋”这一地理表述的积极拥护者。在印度官员和学者的讲话及著作中不断提及这个词汇。印度前外交秘书夏亚姆·萨兰表示：“随着印度在地区和全球地位的提高，印度不可避免地向这一广大的地缘政治和地缘经济空间的中心移动。‘印度洋—太平洋’概念正好契合这一变化趋势。”[②] 同样的，来自印度尼赫鲁大学的米什拉认为“‘印度洋—太平洋’这个新框架赋予了印度和澳大利亚领导角色”。[③] 所以，印度学者呼吁“印度应当继续培育‘印度洋—太平洋’这个概念以确保它包含在不断变化的战略词汇之中”。[④]

第二，美国对印度洋的深入介入使大国在该区域的关系复杂化。在美国看来，一些亚洲新兴国家在印度洋上的存在是印度洋不安全的来源。进入21世纪后，相较于陆军和空军，印度海军军费增长最为迅速。印度不断加强海军的武器装备建设，以打造一支“蓝水海军”。2004年《印度海军

---

① Hillary Clinton, “America’s Pacific Century,” October 11, 2011, accessed April 2, 2015, https://foreignpolicy.com/2011/10/11/americas-pacific-century/.

② Rukmani Gupta, “India Puts the Indo in ‘Indo-Pacific’,” accessed December 8, 2015, http://www.atimes.com/atimes/South_Asia/ML08Df03.html.

③ Vivek Mishra, “India and the Rise of the Indo-Pacific,” accessed June 24, 2014 http://thediplomat.com/2013/09/india-and-the-rise-of-the-indo-pacific/1/.

④ Chietigj Bajpaee, “Embedding India in Asia: Reaffirming the Indo-Pacific Concept,” *Journal of Defence Studies*, 2014, Vol.8, No.4, pp.83-110.

理论》和2007年《印度海军战略》的相继出台，全面确立了印度海军的发展目标。此外，美国认为该地区的国家间矛盾有可能影响到美国在印度洋的安全利益。例如，有美国学者表示："尽管中印之间爆发军事冲突的可能性较低，但是升级活动（例如港口建设和军事演习）以及两国间的不友好言论可能危及关键地区的稳定从而影响国际贸易。"[①] 然而，现实是因为美国意图主导印度洋，抛出"珍珠链"论调，影响了中印两国对彼此海洋战略的认知和判断。

第三，助推"亚太再平衡"战略的实施。增加对印度洋的控制，强化在印度洋上的军事存在是美国推行"亚太再平衡"战略的一种手段。美国"亚太再平衡"战略就是将美国的外交、安全重心由中东转移到亚洲。亚洲的范围不局限于东亚，而是将印度洋地区包括在内。这种做法是基于以下考虑：第一，发挥印度在美国亚太战略西部边缘的平衡作用，与东部日本一道成为整个地区的平衡推手；第二，借助南亚与东南亚的地缘、文化联系，加强对东南亚和南亚的整合及掌控；第三，控制印度洋上的战略要冲，维护美国赖以生存的美国主导下的自由贸易秩序和能源安全。为了实现美国"亚太再平衡"战略目标，在南亚美国通过外交手段拉拢印度；通过军事手段加强对印度洋—太平洋地区的安全主导，预计到2020年将有六艘美国航母部署在该区域[②]；通过战略整合手段将西太平洋、东亚、印度洋和南亚连成一个战略弧。

第二节　美印在印度洋上的战略互动

印度及印度洋板块被纳入美国亚太战略布局后，为了加强南亚及印度洋沿岸国家与美国及其盟友的配合，美国正在加紧与印度进行海上安全战略互动，并鼓励印度积极参与美国主导下的地区多边海上合作机制。

---

① Eleanor Albert, "Competition in the Indian Ocean," accessed April 19, 2015, http://www.cfr.org/regional-security/competition-indian-ocean/p37201.

② Address by Secretary of Defense Leon E. Panetta, "Partners in 21st Century," delivered at Institute for Defence Studies and Analyses, New Delhi, June 6, 2012; Arun Sahgal, "India and U.S. Rebalancing Strategy for Asia-Pacific," July 9, 2012, accessed January 23, 2015, https://idsa.in/idsacomments/IndiaandUSRebalancingStrategyforAsiaPacific_asahgal_090712#footnoteref1_ut63xwk.

一、美印在印度洋上的安全合作

进入21世纪后，印度综合实力突飞猛进让其成为不能被忽视的国家，美国随之与其发展了更加密切的关系。从2000年克林顿访印开始，美国就逐渐在南亚实施了“印度第一”的外交策略。防务与安全合作是美印双边关系的核心议题，其中海洋安全合作更是关键一环。美印双边海洋合作的深入体现在三个方面：

一是通过多个条约的签署，确立了两国防务特别是海洋安全合作的法律基础。早在1995年，美印两国就达成了防务关系备忘录。美国真正将印度视为潜在地区安全提供者是在2004年印度洋海啸后。2005年双方签署了《美印防务关系新框架》，该协议确定了两国在海上安全、人道主义救援以及反恐等方面进行优先合作。2006年，在美印达成的《美印海上安全合作框架》中规定了：“美印两国致力于就应对一系列海上威胁进行合作，这些威胁包括：跨国犯罪（海盗、走私、人口贩卖）；海上大规模杀伤性武器扩散；对船只、船员和财产（航行安全，搜救）的威胁；环境恶化及自然灾害。”① 2013年美印两国公布了《防务合作联合原则》。2015年两国延长并更新了2005年签订的十年防务关系框架。2015年美印达成了《亚太及印度洋战略愿景》，美印双方正式确认在“印度洋—太平洋”地区共享利益，并明确指出“海洋安全以及确保该地区航海自由和飞行自由的重要性”。②2016年8月，美印两国正式签署了《美印后勤交流备忘录协定》（Logistic Exchange Memoradum of Agreement，LEMOA），根据该协议美印两国军舰在举行联合军演、开展人道主义活动以及打击海盗期间，可互用军事基地进行燃料和物资补给。

二是美国对印度的战略角色定位更加明确。为了鼓励印度担负起维护印度洋安全的责任，美国希望印度成为印度洋地区的“净安全提供者”

---

① U.S. Department of Defense, “Report to Congress on U.S-India Security Cooperation,” accessed November 11, 2015, http://120.52.72.40/www.defense.gov/c3pr90ntcsf0/Portals/1/Documents/pubs/20111101_NDAA_Report_on_US_India_Security_Cooperation.pdf, p.2.

② Barack Obama, “U.S.-India Joint Strategic Vision for the Asia-Pacific and Indian Ocean Region,” January 25, 2015, accessed June 28, 2015, https://obamawhitehouse.archives.gov/the-press-office/2015/01/25/us-india-joint-strategic-vision-asia-pacific-and-indian-ocean-region.

（Net Security Provider）。[①] 虽然美国官方并没有解释何为“净安全提供者”，但有学者指出这一概念包括四种不同的活动：“能力建构、军事外交、军事协助、为救援和稳定局势直接投放军事力量”。[②] 简单而言，美国希望印度在印度洋上发挥更为积极、主动的作用，能为美国分忧解难，甚至成为美国在印度洋上的“先锋”。美国海军部长唐纳德·温特在2008年表示：“美国欢迎印度在该区域承担起安全保卫的责任”。[③] 为了加强两军在海上行动的配合，美印两国频繁地进行了联合军演。通常情况下，美印两国海军每年有四次联合军演，分别为“马拉巴尔（MALABAR）联合军演、响尾蛇（HABU NAG）水路两栖军演、眼镜蛇（SPITTING COBRA）破坏爆炸物演习和SALVEX海上营救演习”。[④] 其中规模最大的是马拉巴尔联合军演。该军演始于1992年，澳大利亚和新加坡曾作为两个非永久参与国参与军演，2015年日本作为正式永久成员加入了这个联合军演。

三是美印两国海洋安全互动更为频繁。1992年美印两国海军就建立了联系。根据2006年《美印海洋安全合作框架》，美印展开了一系列海上安全合作，其中以马拉巴尔联合军演最具代表性。与此同时，两国还加强了海岸警卫队间的交流与合作，双方互换海洋安全情报。美印两国还就打击恐怖主义和海盗加强海上合作。印度的海岸线较长且脆弱，恐怖分子往往选择从海上进入印度本土。为了确保印度自身安全并配合美国反恐行动，2010年7月美印两国签署了《美印反恐合作倡议》，呼吁美印两国深化海岸警卫队及海军间的交流与合作，加强双方情报共享。2008年印度参与了在亚丁湾展开的联合打击海盗行动。美国称赞印度在印度洋打击海盗行动中所作出的贡献，并力促印度担负起领导作用。此外，印度洋地区人为冲突及自然灾害较多。美印在人道主义救援和自然灾害应急方面进行了富有成效的合作，例如双方对2004年印度洋大海啸的救援、对2015年尼泊尔

---

① The International Institute for Strategic Studies, “America’s Security Role in the Asia-Pacific: Dr Robert Gates,” May 30, 2009, accessed January 18, 2015, http://www.iiss.org/en/events/shangri%20la%20dialogue/archive/shangri-la-dialogue-2009-99ea/first-plenary-session-5080/dr-robert-gates-6609.

② Anit Mukherjee, “India as a Net Security Provider: Concept and Impediments,” August 2014, accessed July 19, 2015, https://www.rsis.edu.sg/wp-content/uploads/2014/09/PB_140903_India-Net-Security.pdf, p.2.

③ Sandeep Dikshit, “No Strings Attached to Sale of Ships,” *The Hindu*, March 29, 2008.

④ U.S. Department of Defense, “Report to Congress on U.S.-India Security Cooperation,” accessed November 11, 2015, http://120.52.72.40/www.defense.gov/c3pr90ntcsf0/Portals/1/Documents/pubs/20111101_NDAA_Report_on_US_India_Security_Cooperation.pdf, p.2.

大地震的救助，就也门撤侨行动的配合等。并且，美印两国加强了救援机制化的建设与部门间合作，美国邀请印度参与了“太平洋伙伴行动”以及年度美国太平洋舰队的救援活动。

二、美印在印度洋上合作的障碍及美国的应对策略

尽管美国希望印度能在印度洋上发挥更重要的作用，因为将印度洋上最重要的国家——印度拉入美国主导下的集体安全框架，既能维护印度洋地区的稳定，又能保持美国在印度洋上的霸权，但是一个最根本的矛盾就在于，很大程度上印度视印度洋为印度的洋。

印度著名的政治活动家、首任驻华大使潘尼迦在《印度和印度洋》中指出：“谁控制了印度洋，印度的自由就只能听命于谁，印度积极地推行‘印度洋控制战略’，……一方面剥夺敌人使用海洋的机会，另一方面维护自己使用海洋的权利。”[①] 由此，印度一直把控制印度洋作为其孜孜以求的梦想。在军事上，印度推行“区域威慑”战略，把印度洋作为拓展军事的重点。印度海军大力实施“印度洋控制战略”，坚持建立强大的远洋舰队，推行“海洋威慑”和“远海歼敌”计划，以实现从“沿海防御”向“区域控制”再向“远洋进攻”的方向转变。印度的印度洋战略的核心目标就是“要把印度洋（the Indian Ocean）变成印度之洋（India's Ocean）”[②]，并成为海上强国。正如印度前外交部长穆克吉认为的那样：“在经过数千年对内陆事务的关注之后，我们开始把目光转向外部世界和海洋。这是一个国家寻求复兴理所当然所遵循的方向，我们（印度）不仅要成为大陆性强国还要成为海洋大国。”[③] 2004年，印度海军发布了首份海洋战略报告——《印度海洋学说》，其中明确提出了印度的“海洋使命”，并出台了新的作战理论。在该理论中，未来印度海上力量在印度洋的海权目标有三个层次：绝对控制区（距离印度洋海岸500公里的范围）、中等控制区（500—1000公里的范围）和“软控制区”（1000公里以外的范围）。[④] 印度的印度洋战略

① 曹永胜等著：《南亚大象——印度军事战略发展与现状》，解放军出版社，2002，第213页。

② David Scott, "India's Grand Strategy for the Indian Ocean: Mahanian Visions," *Asia-Pacific Review*, Vo.l 13, No. 2, 2006, p. 97.

③ Pranab Mukherjee, "Speech for the Admiral A. K. Chatterjee Memorial Lecture," Kolkata, June 30, 2007.

④ 鞠海龙：《亚洲海权地缘格局论》，中国社会科学出版社，2007，第205—206页。

实施手段主要有：一是在军事上确立对印度洋沿岸国家的海上优势；二是谋求控制进出印度洋各个咽喉要地；三是阻止大国染指印度洋；四是发展远洋进攻能力；五是通过打击索马里海盗，树立印度洋海上强国的形象。进入21世纪以来，印度积极主导了印度洋地区合作机制的开展，如推动了环印度洋地区合作联盟和印度洋海军论坛的举办。但印度以美国不是印度洋国家为由，拒绝了美国希望参与印度洋海军论坛的要求。基于印度一贯反对域外势力对印度洋地区进行过度干预的战略意愿，本书认为对印度洋的"势力范围"之争将成为阻碍美印进一步在印度洋上开展合作的重要障碍。为了解决这一矛盾，美国采取了较为"聪明"的手段：

一是鼓励印度在东北印度洋地区发挥更重要的领导作用。在美国看来，印度是该地区民主的、发展潜力巨大的、具有平衡作用的且以英语为官方语言的国家。这些因素不仅拉近了美国和印度的关系，而且也推动了美印之间的广泛合作。鉴于印度实力的迅速增长以及美国战略收缩的需要，美国愿意适度让权并鼓励印度在印度洋上发挥更为积极的作用。美国在印度洋上的利益主要集中在西北印度洋地区，即中东北非一带，"美国愿意适度让权并鼓励印度在东北印度洋发挥主力作用……印度也将其印度洋战略的指针指向亚太区域，而不是波斯湾和阿拉伯海"。[①] 同时，新时期印度的印度洋战略体现在"东进""南下""西出"三个方向上，而西印度洋地区并不是印度的战略重点所在，这正好可以避开与美国在西印度洋上的竞争。不触碰美国在西印度洋的战略利益，有助于缓解美国对印度快速发展的担忧，同时印度也能获得美国对其发展海上力量的支持。

二是支持印度在国际多边机制中发挥更重要作用。美国这一举措的目的在于通过对印度"大国梦"的支持，换取印度在亚太事务上对美国的配合，并安抚印度对美国在印度洋上战略投入上升的担忧。但是，美国对印度此类支持更偏向于一种政治语言，落实起来困难重重。例如：在印度入常问题上，一直以来，成为联合国安理会常任理事国是印度"大国梦"的重要内容。早在2004年，印度就与日本、德国、巴西一起组成了"四国联盟"，希望借联合国改革之机成为常任理事国。由于联合国改革方案需要现任五大常任理事国的一致通过，印度不断谋求五常对印度计划的支持。

① 陈利君、许娟：《弹性均势与中美印在印度洋上的经略》，《南亚研究》2012年第4期，第12页。

为了促进美印战略伙伴关系的发展，让印度在亚洲担负起领导地位，2010年，奥巴马首次访问印度时，公开表示美国支持印度成为联合国安理会常任理事国。表面上，印度入常一事得到了美国支持，实则面临诸多现实挑战。美国作为在联合国中的既得利益者，若印度真正成为安理会常任理事国，必定意味着美国需要让渡出一部分权力，但美国总是避免自身权益的削弱。因此，从根本上，印度入常与美国力图主导国际事务的意图不相符，所以在美国国内反对印度入常的呼声不断。笔者认为，美国大力支持印度入常是抛给印度的一个战略诱饵，仅在向印度表明美国的战略姿态。总体上，印度对美国在印度洋上的军事存在保持着一种较为复杂的心态，一方面出于借助美国力量增进印度地区影响力的考虑，印度希望美国继续在印度洋前沿地带部署军力；但另一方面，新德里又担心美国在东印度洋的过度军事活动会对印度产生负面作用，导致印度在该区域影响力的大幅下降。不过，印度很少公开表达对于美国军事存在的忧虑，而是乐于成为“搭便车者”，通过与美国的海上安全合作发展印度海军在海洋监管、人道主义救援、应对非传统安全威胁等方面的能力。

三是将印度的印度洋战略与美国安全战略挂钩。一直以来，为了保持印度的战略自主，印度几乎不在公开场合明确表示对美国安全战略的支持。特别是美国“亚太再平衡战略”提出后，考虑到“亚太再平衡”战略中对崛起国的制衡因素以及印度自身的外交理念，印度尽量避免对该战略进行表态。然而，在2015年1月奥巴马二度访问印度之际，奥巴马与印度总理莫迪签署了《美印亚太及印度洋联合战略愿景》以表明双方在“印度洋—太平洋”地区享有共同利益及战略目标。在该文件中，特别强调了美印需要加强在印度洋上的合作以“反对恐怖主义、打击海盗并防止大规模杀伤性武器在该地区存在或者从该区域流出”。[①] 这标志着印度已将其在印度洋上的发展战略与美国在该区域的安全战略相统一。

通过以上方式，美国能在一段时期内确保印度不成为其海上霸权的挑战者，并能利用印度，使其在维护印度洋地区稳定方面发挥作用，印度也乐于借助美国以不断提升其在该区域的影响力并扩大对国际事务的参与力度。

---

① “U.S.-India Joint Strategic Vision for the Asia-Pacific and Indian Ocean Region,” accessed September 19, 2015, https://www.whitehouse.gov/the-press-office/2015/01/25/us-india-joint-strategic-vision-asia-pacific-and-indian-ocean-region.

三、鼓励印度参与美国主导下的海上多边安全合作

将印度洋纳入美国亚太战略布局后，美国在亚太的战略空间是如此多元且广泛，单一国家仅凭一国之力难以对该区域进行有效管理，这也是美国在处理印度洋事务时逐渐由单边主义转向寻求双边乃至多边合作的主要原因之一。长期以来，构建盟友关系是美国得以成为世界霸主的重要保障。“9・11”事件后，美国为了维护在中东的利益，主要发展了与西半球的盟友关系，而对亚太区域的关注度有所降低。奥巴马总统上台后逐渐意识到：“在经过十年耗费我们（美国）极大的生命和财产代价的两场战争后，美国将把注意力转移到广袤的具有潜力的亚太地区……从太平洋到印度洋……美国全心投入。”由此，印度洋和太平洋区域成为美国再平衡的重点地区。美国开始加大在这一地区的兵力投入，同时修复与传统盟友的关系，深化与印度的战略伙伴关系，鼓励印度发展与日本、澳大利亚等美国重要盟友的关系并积极参与美国主导下的海上多边安全合作，这有助于美国推进印度洋战略和太平洋战略的协同发展。

美日同盟是美国主导亚洲秩序的关键筹码。美国在深化与印度的海上安全合作时，也积极支持印日发展海上安全合作。在印日战略伙伴关系不断提升的背景下，日本自卫队与印度海军开展了密切合作：一是印日开展双边及多边联合军演。2009年日本加入了美印联合军演。2011年印度国防部长访问日本期间，两国决定日本自卫队与印度海军开展联合军演。2012年两国在东京外海首次举行了代号为“JIMEX”的联合军事演习。二是印日建立对话平台。2012年印日双边决定就海洋事务建立工作层面对话机制。三是印日就维护航海自由和海上航线安全进行合作。印日两国都是《亚洲地区政府间反海盗合作协定》成员。早在1999年印度海军就成功解救了遭劫持的日本籍游轮。两国也共同致力于打击海洋恐怖主义。四是印日两国海岸警卫队合作深入。2006年印日两国交换了海岸警卫队合作备忘录，2012年印日海岸警卫队在钦奈举行了联合演习。五是日本对印度出售海军装备。随着日本武器出口限制的放松，两国在军事技术领域开展合作，日本向印度出售US-2两栖巡逻机。

此外，从2006年开始的美印日三边对话，为美印日协调在印度洋上的安全合作提供了沟通平台。2015年，美印日三边对话上升至外长级水平，在海洋安全议题上，美印日三国致力于采取行动帮助东南亚单个国家增强

应对挑战的能力。[①] 在实战演习方面，作为美印日最重要海洋安全合作形式的马拉巴尔联合军演规模不断提升。始于1992年的马拉巴尔联合军演起初只是美印双边海军演习，2007年日本加入演习。2009年日本自卫队再次参与到马拉巴尔联合军演中。此后的2011年和2014年军演均在日本外海举行。2015年印美决定升级马拉巴尔联合军演，日本以永久性伙伴国身份正式加入。2016年的马拉巴尔联合军演包括登陆和海上训练两部分，其中登陆训练在日本佐世保进行，海洋训练在菲律宾海域展开。至此，马拉巴尔联合军演由双边扩大到多边，由印度洋海域扩展至太平洋海域。

澳大利亚是美国在南印度洋地区的关键盟友。美国正在积极鼓励印度参与美日印澳“四方安全对话”（Quad），以维护四国在印度洋海域上能自由航行、自由飞行并合法使用海洋的权益。Quad的萌芽可以追溯到2004年印度洋大海啸。海啸发生后，美国总统小布什宣布美国将与澳大利亚、印度和日本一道协调紧急救援工作，并组成了被称为“海啸核心小组”（Tsunami Gore Group）的特定合作形式。“海啸核心小组”被视为一种新型外交模式，促成美日印澳四国在面对印度洋出现新挑战时能迅速结成一个合作网络。2007年，美日印澳举行了第一次四边非正式安全对话。之后由于澳大利亚单方面退出，美日印澳安全机制随之瓦解。2017年11月，美日印澳四方代表（助理国务卿级别）重启对话，“四方安全对话”进入“Quad 2.0”阶段，其间四方着重就海上航行自由议题进行了商讨。

小　结

当美国将印度和印度洋纳入美国亚太战略布局后，南亚在美国安全战略中的地位再度大幅提升。从海权战略角度部署美国南亚安全战略的目的在于，在加强美国在印度洋战略投入的同时，发挥印度在印度洋区域的“净安全提供者”作用，促使印度承担起在印度洋上的安全责任，分担美国维护印度洋海上安全的成本，确保美国霸权稳定。但由于美印在印度洋上具有一定的战略分歧，并且印度对其战略自主性的强调，使得美印在

---

① Prashanth Paramenswaran, “Why the ‘New’ US Trilateral Dialogue With Japan and India Matters,” October 1，2015, accessed October 28, 2015, http://thediplomat.com/2015/10/why-the-new-us-trilateral-dialogue-with-japan-and-india-matters/.

印度洋上的安全合作存在不确定性。为适应印度洋和太平洋战略连通性的增强，美国积极构筑地区多边海上安全机制，力促印度在其中发挥关键作用，以编织更加稳固的美国海上安全战略网络。

第六章

美国在其余南亚诸国的安全战略布局

为了确保美国在印度洋上的安全战略利益，维护美国在“印太”地区的霸主地位，处理好与环印度洋国家关系逐渐成为美国国家安全战略的主要议题之一。对美国而言，除了前文主要讨论过的与印度、巴基斯坦和阿富汗关系外，位于孟加拉湾沿岸的孟加拉国、印度洋上的海岛国家斯里兰卡和马尔代夫以及喜马拉雅山麓小国尼泊尔和不丹均具有独特的战略价值。21世纪以来，美国加大了对这些国家的战略投入。

第一节　孟加拉国：发展成为美国在南亚地区的关键战略伙伴

孟加拉国是印度洋上孟加拉湾北端的重要国家，与印度及缅甸接壤，是连接东南亚、南亚和东亚的重要“桥梁”。自1971年从巴基斯坦分离出来，为避免再卷入印巴冲突，孟加拉国独立后坚持独立自主、不结盟和强调发展经济的战略。孟加拉国一方面寻求平衡与各大国关系，另一方面重视发展与伊斯兰国家的传统友谊。孟加拉国积极参与各类全球性和地区性合作组织，致力于推动南亚区域一体化建设。孟加拉国在次区域和跨区域合作中的表现也十分突出，孟加拉国是孟中印缅经济走廊和环孟加拉湾多领域经济技术合作组织等的重要成员国。孟加拉国主张以和平方式解决国际争端，反对西方国家利用人权问题干涉别国内政，强调建立公正的国际政治经济新秩序。

一、美国与孟加拉国关系回顾

在英属印度时期，美国与英属孟加拉省建立了有限的联系。美国驻加尔各答威廉堡总领事馆在吉大港设立了领事机构。第二次世界大战时期，为进行缅甸战役，大量美国海军、空军和陆军力量驻扎在东孟加拉（相对于现印度西孟加拉邦）。1949年8月，美国在达卡设立了总领事馆。1971年，第三次印巴战争或称孟加拉国解放战争期间，美国支持了由西巴军方主导的、对东巴孟加拉人进行的镇压。孟加拉国独立后，由于政局不稳、贫困问题严重等，美国并未注重发展与孟加拉国的关系，孟加拉国并不是美国南亚安全战略的核心部署国家。但21世纪以来，考虑到孟加拉国重要的地缘战略位置、温和的伊斯兰国家形象、世俗主义传统以及作为世界上人口密度最大的国家，美国开始发展与孟加拉国的合作伙伴关系。美国对孟加拉国的政策主要是支持孟加拉国政治稳定和民主化建设，帮助其经济发展，实现贸易和投资自由，美国还特别关注孟加拉国人权问题，并与孟加拉国军方进行军事交流。美国一些外交官还将美国对孟加拉国政策总结为“三个D”，即民主（Democracy）、发展（Development）和拒绝为恐怖分子提供存在空间（Denial of space for terroris）。

二、美国与孟加拉国合作重点

新时期，美国将孟加拉国视为南亚地区的一个关键战略伙伴。为了利用孟加拉国对美国的安全战略价值，美国主要从以下几个方面推进与孟加拉国关系的发展：

第一，根据美国南亚安全战略布局，全面提升与孟加拉国的关系。由于地处南亚、东南亚交汇处，印度洋和太平洋汇合点，对美国而言，孟加拉国的战略重要性不仅体现在陆权方面，还与美国的海权霸权紧密相连。为全面提升两国战略合作水平和机制化，2012年美孟开始了伙伴关系对话以及安全对话。美孟伙伴关系对话是一项定期的政策磋商机制，旨在就双边和地区问题进行探讨并寻求合作机会；美孟安全对话力图扩大并加强两国在有关政治和安全问题上的双边合作，并有助于加强双方开展维和、联合军事演习及军事交流等合作。并且，随着近年来中国、印度和日本等在孟加拉国的投资及影响不断加大，这增加了美国对孟加拉国这类在过去与美国利益关联不大的国家的关切。印度总理莫迪将孟加拉国称为印度“邻国优先”政策的重要支柱。与此同时，日本与孟加拉国签署了一系列基础设施项目融资协议。在美国国会研究处（CRS）发布的一份与孟加拉国有关的报告中提到了2016年和2019年中国与孟加拉国的双边高层互访将两国关系提升至“战略合作伙伴关系”。[①] 不过，一些美国分析家认为：“孟加拉国尚未向中国的‘支票外交’进行妥协。美国应该增加在孟加拉国的投资，这样不仅能为华盛顿获得更强大的立足机会，还可以对抗中国在南

① Bruce Vaughn, “Bangladesh,” accessed February 2, 2021, https://crsreports.congress.gov/product/pdf/IF/IF10214.

亚无所不在的影响。”[①] 与其他南亚国家相似，美国对孟加拉国的战略关切也随着历任美国总统的政策调整出现变化。小布什政府时期，美国主要从全球反恐战争的角度处理与孟加拉国的关系。奥巴马政府时期，孟加拉国一直是奥巴马政府发起的一系列国际倡议的关键参与者。这些倡议包括医疗保健、食品安全和环境保护等议题。在美国正式推出“印太”战略后，孟加拉国的战略优势地位更得以凸显。在2019年6月的美孟伙伴关系对话中，美孟双方强调了一道推进建设自由、开放、包容、和平和安全的“印太”地区的共同愿景。

孟加拉国在美国南亚安全战略中地位的上升也表现为越来越多的美国高级官员频繁到访孟加拉国。2000年3月，时任美国总统克林顿访问了孟加拉国。之后，美国国务卿鲍威尔和国防部长唐纳德·拉姆斯菲尔德分别于2003年6月和2004年6月访问了孟加拉国，这极大地推动了美国与孟加拉国的关系。奥巴马总统上台后，美孟两国政府间往来更为密切。2012年，美国国务卿希拉里·克林顿访问孟加拉国首都达卡，对孟加拉国的发展和社会进步给予了充分肯定，并签署了美国和孟加拉国的战略合作协议。[②] 美国总统奥巴马也称赞孟加拉国为实现联合国千年发展目标所作出的贡献。[③] 2015年，美国驻孟加拉国大使，将两国关系描述为“充满活力的、多方面的和不可缺少的”，并充分强调了两国战略关系的重要性。[④] 2016年美国候任副国务卿托马斯·香农在会见孟加拉国外长时表示：“确保孟加拉国维持其广泛的民主承诺是美国的一项核心价值。”[⑤] 2020年，美国副国务卿史蒂芬·比根访问孟加拉国，在与孟加拉国总理谢赫·哈西娜的会晤中，比根强调了美国支持孟加拉国培育长期的经济稳定和可持续发展，并

---

① Arafat Kabir, “Neglecting Bangladesh Is not Going to Help Rebuild the Country’s Democracy,” accessed March 12, 2019, https://thediplomat.com/2019/03/time-for-the-us-to-stop-ignoring-bangladesh/Time for the US to Stop Ignoring Bangladesh.

② “Hillary Betting on Bangla-US Leader Urges Feuding Parties to End Discord,” accessed January 23, 2021, http://www.telegraphindia.com/1120506/jsp/foreign/story_15457325.jsp#.VtVOhtKUfxB.

③ “Obama Praises Hasina for MDG Achievements,” accessed Devember 15, 2020, http://archive.thedailystar.net/newDesign/news-details.php?nid=155859.

④ “Bernicat Describes Bangladesh-US Relations as Indispensable,” accessed November 23, 2020, http://print.thefinancialexpress-bd.com/2015/07/03/99090.

⑤ “US Recognises Bangladesh’s Commitment to Democracy: Embassy,” accessed December 14, 2020, http://www.thedailystar.net/country/us-recognises-bangladeshs-commitment-democracy-embassy-510463.

宣布美国将在佛罗里达州迈阿密设立新的孟加拉国领事馆，以满足两国间不断增长的商业和民间联系。[①]

第二，推动孟加拉国民主进程，避免政治动乱。尽管如今孟加拉国实行议会民主制，但孟加拉国政局仍存在许多不安定因素。孟加拉国独立后经历了多次政变，军方与文官政府之间的关系时常出现紧张。曾有两位总统在军事政变中被杀害，他们分别是孟加拉国现任总理哈西娜的父亲、孟加拉国缔造者之一的谢赫·穆吉布·拉赫曼以及前孟加拉国总理卡莉达·齐亚的丈夫齐亚·拉赫曼。自1991年孟加拉国大选后，孟加拉国政坛一直被由哈西娜领导的孟加拉国人民联盟（AL）和由卡莉达领导的孟加拉国民族主义党（BNP）分庭抗礼。无论是AL还是BNP成为反对党时，二者均采用示威、罢工、交通封锁等手段限制对方执政能力的发挥，这对孟加拉国的政治稳定性造成较大的影响。美国一直关注孟加拉国当政者动用非常规手段打压反对党人士，历年美国国务院发表的《孟加拉国人权报告》均对孟加拉国政府有所批评。2009年，为审判在1971年孟加拉国独立战争期间侵犯人权的个人，孟加拉国成立了本国的国际战争罪法庭（The International Crimes Tribunal）。然而，一些分析人士认为，该法庭的目的似乎是要削弱AL的政治对手，尤其是对伊斯兰主义者，如伊斯兰大会党（JI），该党为孟加拉国最大的伊斯兰政党并曾为BNP盟党。[②] 对此，美国政府表示，支持孟加拉国将战争犯绳之以法，并鼓励孟加拉国国际战争罪法庭遵循公正和透明的司法程序。[③] 此外，一些美国观察人士认为，由于AL和BNP之间的政治宿怨也可能导致军方再次插手孟加拉国政治。2009年，因腐败和低工资等问题恶化了孟加拉国安全部队和政府间的关系，最终导致孟加拉国步枪队发起兵变。美国对此事件给予关注。美国智库也十

① Office of the Spokesperson, “Deputy Secretary Biegun’s Visit to Bangladesh,” accessed October 16, 2020, https://2017-2021.State.Gov/Deputy-Secretary-Bieguns-Visit-To-Bangladesh//Index.Html.

② Lord Carlile of Berriew CBE QC, “Bangladesh’s Democratic Backsliding: Time to Act Before It’s too Late,” accessed November 16, 2015, https://thediplomat.com/2015/11/bangladeshs-democratic-backsliding-time-to-act-before-its-too-late/; “Bangladesh: Two Opposition Leaders Face Imminent Execution after Serious Flaws in Their Trials and Appeals,” accessed October 27, 2015, https://www.amnestyusa.org/press-releases/bangladesh-two-opposition-leaders-face-imminent-execution-after-serious-flaws-in-their-trials-and-appeals/.

③ U.S. Department of State, Office of the Spokesperson, “Statement on the Bangladesh International Crimes Tribunal (ICT) Death Sentence of Kamaruzzaman,” accessed April 11, 2015, https://2009-2017.state.gov/r/pa/prs/ps/2015/04/240591.htm.

分关注孟加拉国民主化发展。2007年在美国和平研究所发布的一份报告中提出“解除紧急状态和恢复公民自由，扩大选举透明度，军队免于干政，防止侵犯人权”[①] 等建议，以提升孟加拉国的政治民主。

第三，增进双方在传统安全和非传统安全领域的合作，维护南亚地区稳定。为了将孟加拉国纳入美国全球安全框架及美国南亚安全战略，美国与孟加拉国开展了一系列包括维护传统安全和非传统安全在内的合作。在1998年孟加拉国发生严重洪灾时，美国政府就曾向孟加拉国政府提出缔结《部队地位协定》的想法。该协定将允许美军在无护照和签证的情况下进入孟加拉国，并且不需要申报军事装备，但因涉及孟主权问题，孟加拉国政府拒绝了该项提议。进入21世纪后，美国与孟加拉国的防务合作主要包括帮助孟加拉国国防人员培训，进行联合军事演习，美国印太司令部（原美太平洋司令部）与孟加拉国武装部队保持定期接触等。从2012年开始，美孟年度安全对话轮流在双方举行，对话内容主要围绕安全伙伴关系、防务合作、民间安全合作、人道主义救援和反恐等。为充分发挥孟加拉国陆海兼具的地缘战略地位，美国还帮助孟加拉国发展海上安全能力。2013年美国向孟加拉国移交了巡逻舰“贾维斯号”。2015年，美国太平洋司令部与孟加拉国举行了包括“东南亚合作与训练”（SEACAT）在内的多国联合军事演习。2019年，美孟就两项基础防务协议的达成进行了讨论。这两项协议分别是《军事情报总安全协议》（GSOMIA）以及《采购和交叉服务协议》（ACSA）。GSOMIA是一项具有法律约束力的协议，确保两国政府了解并承诺保护机密军事情报。ACSA将允许双方军队采购和支付通用型的供应和服务，将包括食物、水、衣物、运输、训练、石油、弹药、维修和医药服务等。[②]

除传统安全领域外，美孟还在反恐和罗兴亚人人道主义危机等非传统安全问题上进行密切沟通与配合。

（一）反恐合作

美国非常重视孟加拉国是温和的穆斯林人口大国的国家属性。美国认

---

① Pavithra Banavar and Nicholas Howenstein, “The Future of Democracy in Bangladesh,” accessed February 23, 2021, http://www.usip.org/publications/the-future-of-democracy-in-bangladesh.

② Akmal Hussain, “Security, Defence Issues in Bangladesh-US Relations,” October 15, 2020, accessed April 5, 2021, https://www.newagebd.net/article/118953/security-defence-issues-in-bangladesh-us-relations.

为在反对恐怖主义问题上与孟加拉国具有共同利益。孟加拉国人口虽大部分为穆斯林，但建国之初便以世俗主义立国，反对以穆斯林宗教身份为国家认同。然而，孟加拉国政局不稳、经济相对落后，让伊斯兰极端主义获得了一定的生存空间。一些激进的极端主义组织曾在孟加拉国活动，如"伊斯兰圣战运动"（HuJi）、"孟加拉穆斯林清除左翼义务警卫队"（JMJB）、"圣战协会"（JMB）等。其中"伊斯兰圣战运动"被美国国务院列入"其他恐怖组织"名单，这个组织被认为与巴基斯坦的激进组织有联系，其骨干力量有几千人。[①] 2014—2016年，孟加拉国发生了多起针对外国人的恐怖袭击事件。尽管孟加拉国政府否认"伊斯兰国"（ISIS）在孟加拉国进行渗透，但美国对此高度警觉。

为了帮助孟加拉国提高打击恐怖主义的能力，美国面向孟加拉国平民、警察以及军队展开了多个援助项目，使孟加拉国成为美国反恐援助项目的主要对象国。2011年，美国国际开发署和孟加拉国宗教事务部以及伊斯兰基金会联合创建了"领导人影响力"项目，用以培训穆斯林领导人、伊玛目和其他宗教领袖，传播民主、宽容、社会和谐等思想。[②] 2012年，在美国等国的援助支持下，孟加拉国建成了国家安全训练学院，并开设了反恐训练课程。美国司法部积极与孟加拉国进行合作以提高其侦察和执法能力。2012年，孟加拉国颁布了一项《司法援助法》，进一步扩大了国际司法合作。此外，通过美孟双边伙伴对话机制和安全对话机制，双方还达成反恐合作备忘录以加强两国及两军的反恐合作。[③] 2013年，美孟两国签署了《反恐合作倡议》。2016年，美国负责南亚和中亚事务的助理国务卿到访达卡，进一步推动了美国与孟加拉国的反恐合作。此外，为了防止孟加拉国宗教学校成为孕育恐怖组织的温床并影响孟加拉国青年一代的价值观，美国政府向孟加拉国宗教学校的学生和教师提供有关宗教宽容、人权和性别平等的主题项目和活动。美国大使馆还广泛地接触在孟具有影响力的宗教领袖，并通过培训，向他们介绍现代发展和民主理念。

---

① Office of the Coordinator for Counterterrorism, Department of State, "Patterns of Global Terrorism 2003," accessed April 22, 2004, https://2009-2017.state.gov/j/ct/rls/crt/2003/c12153.htm.

② U.S. Department of State, "Country Reports: South Asia Overview," in *Country Reports on Terrorism*, released by the Office of the Coordinator for Counterterrorism, May 2013, accessed October 26, 2020, https://2009-2017.state.gov/j/ct/rls/crt/2012//index.htm.

③ 许娟、马勇：《"9・11"事件后美国与南亚国家反恐合作评析》，《东南亚南亚研究》2013年第4期。

相较于美国对巴基斯坦政府反恐力度和能力的批评，美国较为认可孟加拉国政府为反恐所做出的努力。2012年，在美国发布的《国家反恐报告》中指出，孟加拉国是美国在南亚地区较具影响力的反恐合作伙伴。孟加拉国致力于打击国内和国际恐怖分子，这使得恐怖分子很难在孟加拉国境内进行恐怖活动。[①]

（二）罗兴亚人问题

近年来，罗兴亚人问题越来越成为美国处理与孟加拉国关系所难以回避的议题。罗兴亚人是居住在与孟加拉国相邻的缅北若开邦地区的一支以穆斯林逊尼派为主的少数民族。2017年，“若开罗兴亚救世军”（ARSA）与缅甸政府军发生冲突，导致超过60万流离失所的罗兴亚人逃往孟加拉国境内，由此引发广受国际社会关注的“罗兴亚难民危机”。由于宗教、语言等差异，信奉伊斯兰教的罗兴亚人与信奉上座部佛教的其他缅甸民族时常发生冲突。缅甸政府认为罗兴亚人是从孟加拉国进入缅甸的非法移民，不给予其公民身份认可。而孟加拉国认为罗兴亚人是被迫流离失所的缅甸人，他们既不是移民，也不是非法移民或难民。孟加拉国呼吁缅甸政府遣返罗兴亚人，并呼吁国际社会协助孟加拉国照顾这些失去家园的罗兴亚人直至他们重返缅甸。尽管出于人道主义精神，孟加拉国政府为罗兴亚人提供了安置点，但孟加拉国原本就是一个人口高度稠密、贫困问题较为严重的发展中国家，数量庞大的罗兴亚人的到来为孟加拉国政府带来了沉重负担。据报道，呼吸道感染、痢疾和其他疾病正在孟加拉国罗兴亚人安置点中蔓延，在那里急需清洁的饮用水、安全的食物和充足的卫生设施。总体上，美国较为认可孟加拉国为罗兴亚人提供的帮助。2017年9月，美国国务院发表声明称，美国“非常担心”罗兴亚人涌入孟加拉国……美国赞赏孟加拉国政府在应对这一人道主义危机方面的慷慨表现。[②] 美国承诺将向罗兴亚人提供3200万美元的人道主义救援。[③] 美国和孟加拉国政府均担心暂时安置在孟加拉国的罗兴亚人可能会加入ARSA以继续对抗缅甸政府，

---

① U.S. Department of State, “Country Reports on Terrorism 2012,” accessed June 9, 2016, http://www.state.gov/j/ct/rls/crt/2012/.

② Heather Nauert, “Bangladesh Hosting of Rohnigya,” accessed September 9, 2017, https://geneva.usmission.gov/2017/09/11/bangladesh-hosting-of-rohingya/.

③ Josh Lederman, “U.S. to Give $32 Million for Myanmar’s Rohingya Refugees,” accessed September 20, 2017, https://www.pbs.org/newshour/world/u-s-give-32-million-myanmars-rohingya-refugees.

或者成为其他更激进的极端组织的支持者或者潜在招募对象。2017年，在华盛顿近东政策研究所发布的一份报告中写道：“包括基地组织和伊斯兰国在内的全球恐怖组织的领导人，已经寻求集结他们的支持者以发动一场更为广泛的针对缅甸政府和军方的行动。这些恐怖组织已将缅甸定为继叙利亚和伊拉克战争之后，全球伊斯兰主义者的下一个大战场。”[①] 孟加拉国政府虽接受罗兴亚人入境，但拒绝ARSA力量出现在孟加拉国国土上。

第四，提供必要援助，帮助孟加拉国实现社会稳定。孟加拉国面临着贫困、社会发展不均衡、妇女儿童权益有待改善、识字率低、劳工保障不健全、洪水侵袭、气候变化等一系列社会和自然灾害问题。为确保孟加拉国不成为南亚局势动荡之源，自1971年孟加拉国独立以来，美国就向其提供发展援助。为改善孟加拉国民众生活和发展环境，美国已投入数十亿美元的援助项目。继阿富汗和巴基斯坦后，孟加拉国是美国在亚洲援助的第三大受援国。美国的援助项目促进了美孟两国的政府和民间交流。美国帮助孟加拉国种植粮食、修建道路、培训教师、提供卫生保健和训练士兵等。美国与孟加拉国在三大发展倡议上结成了伙伴关系：《未来粮食保障计划》《全球气候变化倡议》和《全球卫生倡议》。作为《未来粮食保障计划》的一部分，美国国际开发署实施了改善孟加拉国粮食安全的项目，以帮助孟加拉国农民提高农作物产量。美国国际开发署还在多个领域向孟提供援助，如支持民主机构建设和发展、促进教育和卫生、妇女赋权以及防灾救灾等。[②] 此外，美国还关注到孟加拉国人口增长问题。根据预测，孟加拉国人口将在2053年达到1.93亿的峰值。[③] 如果预测实现，许多人可能将离开孟加拉国流入邻国，如印度。这将导致孟加拉国面临进一步的自然和社会发展压力，甚至也可能导致南亚地区不稳定。美国还较为关注孟加拉国成衣业工人的劳动权益保障问题。成衣业是孟加拉国支柱性产业，但由于劳动环境不佳，孟加拉国时常曝出制衣厂发生火灾、非法雇用工人、低薪、超长工作时间等问题。2013年，位于达卡的一座八层楼服装厂厂

---

① Jay Solomon, “An Opening for Jihadists in Southeast Asia,” accessed October 6, 2017, https://www.washingtoninstitute.org/policy-analysis/opening-jihadists-southeast-asia.

② USAID, “Bangladesh Country Profile,” accessed February 23, 2021, http://www.usaid.gov/bangladesh.

③ World Population Review, “Bangladesh Population 2021,” accessed February 23, 2021, https://worldpopulationreview.com/countries/bangladesh-population.

房倒塌导致数千人死亡。之后，出于对孟加拉国成衣业存在的安全问题和侵犯劳工权益等的担忧，奥巴马政府暂停了对孟加拉国给予的普惠制优惠政策，以向孟加拉国政府施压，敦促其改善制衣厂工作环境并保障工人权益。当前，美国是孟加拉国成衣产品主要消费市场。

第五，发展与孟加拉国经贸关系，助推孟加拉国发展。美国充分认识到孟加拉国作为人口大国的潜力，美国确信只要政治稳定，孟加拉国经济就能得以迅速发展。美国是孟加拉国最大的贸易和投资国之一。为了增进两国经贸关系，美国与孟加拉国于2013年签署了贸易与投资合作论坛协议（TICA）。此外，孟加拉国与美国还在达卡正式签署了《避免双重征税协定》。近年来，孟加拉国经济表现良好。2018年，孟加拉国GDP增长达到7.9%，优于其余南亚国家。经联合国发展政策委员会评估，孟加拉国有望正式从“最不发达国家”名单上毕业。美国对孟加拉国的经济增长速度表示赞赏，并认为孟加拉国市场开放度较好，为美国私营部门进入孟加拉国提供了良好的机会。美国是孟加拉国最大的外国直接投资来源之一，美国石油巨头雪佛龙公司在孟业务是美国对孟的最大一笔投资，雪佛龙是孟加拉国最大的天然气生产商。截至2017年底，美国占孟加拉国外商投资存量的23%。美国公司是孟加拉国的最大外国投资商之一。截至2018年，美国企业对孟加拉国投资达到34亿美元，占孟加拉国接收外国直接投资总额的20%。这些投资绝大多数用于石油和天然气、银行和保险以及发电行业。

美国贸易代表办公室公布的数据显示：[①] 2019年，孟加拉国是美国第46大贸易伙伴。美孟双边货物贸易总额为90亿美元，其中，美国向孟加拉国货物出口额为23亿美元，自孟加拉国进口商品额为67亿美元。美国主要向孟加拉国出口飞机、杂粮、种子、水果、棉花、钢铁和机械产品等，从孟加拉国进口服装、纺织品、饰品和鞋类等。

三、对美国与孟加拉国关系的展望

孟加拉国处于重要的战略位置，廉价的人力资源优势以及温和的穆斯林形象的确能进一步吸引美国加大对孟加拉国的战略投入。与此同时，孟加拉国也较为看重来自美国的大规模经济援助以及美国是孟加拉国最大商

---

① Office of the United States Trade Representative, “Bangladesh,” accessed October 2, 2020, https://ustr.gov/countries-regions/south-central-asia/bangladesh.

品出口市场的地位。因此，虽然双方对彼此的利益需求不同，但可预计的是，孟加拉国在美国南亚安全战略中的作用将会继续受到美国的关注，美国也愈发将孟加拉国视为其构建“印太”安全网络中的重要节点。孟加拉国也将继续寻求美国对其国家发展的支持，特别是在下述事务中：

一是继续谋求美国对解决罗兴亚人问题的支持和帮助；二是希望获得美国更大规模的经济援助和投资，以帮助孟加拉国提升公共基础设施建设，加强互联互通水平，创造就业机会，实现外国投资多样化，提升教育、医疗、科技水平并推动孟加拉国经济可持续发展；三是寻求美国对于引渡拉希德・乔杜里（Rashed Chowdhury）的法律支持。拉希德・乔杜里曾是孟加拉国一名军官，被指控杀害了孟加拉国国父谢赫・穆吉布・拉赫曼而被判处死刑，目前拉希德・乔杜在逃美国，孟加拉国政府已多次要求美国政府遣返乔杜里。

此外，在美国生活的50万孟加拉国侨民也将进一步成为美国与孟加拉国发展友好关系的桥梁和纽带。

第二节　斯里兰卡：发展成为美国在印度洋上的重要经济和战略枢纽

斯里兰卡是位于南亚次大陆南端、印度洋东北部的岛国，战略位置居于繁忙的波斯湾—东亚航线上，是“印太”地区重要的战略据点。美国力图帮助斯里兰卡成为印度洋地区的重要经济和战略枢纽国家。历史上，美斯关系较为友好，美国支持了斯里兰卡的民族独立，斯里兰卡也曾支持第一次海湾战争期间美国的海外军事行动。目前，美国对斯里兰卡的政策旨在支持斯里兰卡的民主制度建设，鼓励其经济发展，打击恐怖主义，并促进一个自由、开放和繁荣的印度洋地区。美斯两国政府计划进一步促进海上安全合作及经济合作，并同意采取联合行动加强安全、稳定、透明和经济发展。[①]

① U.S. Department of State, “U.S. Relations with Sri Lanka,” accessed July 27, 2020, https://www.state.gov/u-s-relations-with-sri-lanka/.

一、美国在斯里兰卡的战略利益

21世纪以来，随着斯里兰卡内战结束及斯里兰卡在印度洋地区战略地位的提升，美国加大了对斯里兰卡的安全战略部署，以确保美国在斯里兰卡及南亚地区的地缘战略、反恐战略得以平稳开展，并推行民主价值观和制度建设。再者，美国还从中印战略竞争背景下考虑对斯关系。

（一）美国在斯里兰卡的地缘战略利益

斯里兰卡位于印度洋上具有重大战略价值的海上通道附近，这些海上运输线将能源丰富的波斯湾与亚洲经济体连接起来。每年6万多艘船只装载着占世界66%的石油和50%的集装箱从斯里兰卡附近的海上航道通过。斯里兰卡重要的地缘战略价值事关美国从波斯湾获取能源以及维持印度洋上的贸易自由流通。斯里兰卡的战略价值对美国在“印太”地区的重要盟友——日本也非常重要。战略资源匮乏的日本几乎完全依赖印度洋海上通道获取能源资源。因此，美国较为重视与斯里兰卡的海上安全合作。2015年以来，美国国防部加强了与斯里兰卡的军事接触，特别是与斯里兰卡海军的合作。2016年，两国举行了首次美斯伙伴关系对话，讨论了斯里兰卡“在印度洋地区的关键地缘战略位置，以及如何在地区重要问题上加强合作”。[①] 2017年，美国尼米兹级航母战斗群停靠斯里兰卡科伦坡港，这是30年来美国航母首访斯里兰卡。2017年，美国还同斯里兰卡进行了首次双边联合海上战略训练（CARAT）演习。2019年，美斯双方加强了在印度洋上应对灾害和互助物流安排的合作。在2019年美国国防部发布的《印太战略报告》中进一步将斯里兰卡定位为“区域物流和商业中心”，为此，“美国海军发起了一系列临时货物转运计划，为途经斯里兰卡的海军船只提供非致命性补给。这些合作为一系列有利于地区互联互通和安全的倡议（包括人道主义援助和灾害应对）提供了原则和依据”。[②] 美国还一直希望斯里兰卡能像新加坡那样成为美国的后勤基地并允许美军使用斯里兰卡港口等基

---

① U.S. Department of State, “Joint Statement from the U.S. Department of State and the Ministry of Foreign Affairs of Sri Lanka on the Inaugural U.S.-Sri Lanka Partnership Dialogue,” accessed February 29, 2017, https://2009-2017.state.gov/r/pa/prs/ps/2016/02/253775.htm.

② Department of Defence, “Indo-Pacific Strategy Report 2019,” accessed June 2, 2020, https://media.defense.gov/2019/Jul/01/2002152311/-1/-1/1/DEPARTMENT-OF-DEFENSE-INDO-PACIFIC-STRATEGY-REPORT-2019.PDF, p.5.

础设施，以便美军能利用斯里兰卡重要的战略位置维护地区安全。

（二）美国反恐战略与斯里兰卡国内安全

印度洋地区主要有三大安全威胁——恐怖主义、国家间冲突和海盗。由于斯里兰卡两大族群僧伽罗人和泰米尔人之间的历史积怨，致使斯里兰卡国内曾遭受过这三大安全威胁的挑战。据估算，2020年斯里兰卡人口达到2290万人，其中僧伽罗人占74.9%、泰米尔人占11.2%。[①] 僧伽罗人的祖先是公元前5世纪从印度北部迁徙到斯里兰卡中部和南亚的雅利安人，他们建立了僧伽罗佛教王国。而泰米尔人的祖先是从印度南部迁徙到斯里兰卡北部和东部沿海的，他们在贾夫纳半岛上建立了印度教王国，之后僧伽罗王国和泰米尔王国之间征战不断。16世纪开始，斯里兰卡先后成为葡萄牙、荷兰和英国的殖民地。在英国统治时期，英国采取惯用的“分而治之”手段压制斯里兰卡多数人口僧伽罗人，而对泰米尔人给予了大量优待政策，越来越多的泰米尔人在英殖民政府中任职，这招致了僧伽罗人对泰米尔人的不满。1948年，斯里兰卡获得独立后，僧伽罗人主导了政府，泰米尔人在诸多领域受到歧视，政府规定僧伽罗语为唯一官方语言，并在大学招生和政府招聘中对僧伽罗人赋予优先权。虽然僧伽罗人在人数和社会地位上获得了优势，然而由于斯里兰卡泰米尔人与6000多万生活在印度的泰米尔人的亲缘联系加剧了僧伽罗人形成这样一种不安的认知：尽管他们在斯里兰卡是多数群体，但在大区域背景下他们只是少数派。为进一步巩固僧伽罗人的优势地位，僧伽罗人加大了对泰米尔人的打压。1976年，“泰米尔伊拉姆猛虎解放组织”（简称“泰米尔猛虎组织”，LTTE）成立，目标是在斯里兰卡东部和北部建立独立的泰米尔国家。1983年，LTTE向斯里兰卡陆军巡逻队发动了袭击，一场持续26年的血腥内战由此拉开序幕。据估算，1983—2009年，这场由LTTE向斯里兰卡政府军发动的分离主义战争造成了7万至13万人的死亡。持续的动乱和冲突严重破坏了斯里兰卡的经济发展和社会稳定。斯里兰卡僧泰仇恨也为印度提供了介入斯里兰卡内战的机会，当印度军队踏上斯里兰土地时激起了斯里兰卡人反对印度的强烈民族主义情绪，并严重影响了日后印斯关系的发展。

1997年，美国将LTTE列为外国恐怖组织并对斯里兰卡政府打击恐怖

① Congressional Research Service, “Sri Lanka,” accessed January 28, 2021, https://crsreports.congress.gov/product/pdf/IF/IF10213.

分子提供了支持。为打击恐怖分子，美国武装部队与斯里兰卡国防力量建立了联系。斯里兰卡内战期间，美国除了向斯里兰卡出售军事装备，美国太平洋海军司令部还向斯里兰卡政府提供情报，协助追捕泰米尔猛虎组织成员。美国还与斯里兰卡开展了多部门间合作，如为捍卫斯里兰卡海疆权益，斯里兰卡政府与美国国务院、国土安全部、国防部、能源部等部门进行了合作，美国海岸警卫队还对斯里兰卡海岸警卫队以及海军进行了训练，斯里兰卡政府与美国海关及边防部门进行了合作。[①] 2019年，斯里兰卡发生恐怖袭击，造成三百余人死亡。"伊斯兰国"宣称对此负责。美国对此次恐怖袭击事件加以谴责，并派出联邦调查局专家支持调查，美国司法部指控三人参与了此次恐怖袭击。

斯里兰卡也面临海盗活动的威胁。作为LTTE分支的"海上猛虎组织"（Sea Tigers）实施了多起绑架、爆炸、杀害等海盗侵扰活动。目前，"海上猛虎组织"已被有效清除，但在斯里兰卡附近的环礁仍然有海盗出没，对途经船只安全造成困扰。

（三）通过援助塑造亲美的、民主的斯里兰卡

自1948年斯里兰卡独立以来，美国对斯里兰卡的援助总计超过20亿美元。[②] 美国对斯里兰卡的援助旨在帮助斯里兰卡政府努力加快经济增长、发展民主制度、促进斯里兰卡多民族和各宗教派别间的和解，从而建设一个认同美式民主价值、维护美国全球主导地位的国家。

美国国际开发署（USAID）是美对斯提供援助的主要机构，USAID通过以下方式帮助斯里兰卡民主建设：

美国国际开发署的项目力图加强法治，建立一个健全的公民社会，促进和解——所有这些都是长期稳定和繁荣的先决条件。美国国际开发署通过建设当地公民社会能力和专业法律机构，提供法律教育和技能，联系高校和当地组织发展政策和进行法律改革，以确保公民有更多机会享有司法公正，满足公民的需求，为边缘化群体提供法律援助……USAID项目还向包括斯里兰卡议会在内的关键民主机构提供技术援助，帮助这些机构改进立法程序和执法，并向选举委员会提交意见，以确保持续自由公平的

① 许娟、马勇：《"9·11"事件后美国与南亚国家反恐合作评析》，《东南亚南亚研究》2013年第4期。

② Bureau of South and Central Asian Affairs, "U.S. Relations with Sri Lanka," accessed July 27, 2020，https://www.State.Gov/U-S-Relations-With-Sri-Lanka/.

选举。[1]

USAID援助的另一关键目标是消除僧伽罗人和泰米尔人各自占主导地位的省之间的不平等发展，为退伍军人、战斗人员和边缘化人员提供经济援助。并且，USAID还帮助斯里兰卡发展农业，提高农业生产能力，帮助农民提高效率。USAID还提供一些基础设施援建项目，重点是改善医院和学校建设。

此外，由美国国会资助的、作为美国中央情报局下属机构的亚洲基金会（The Asia Foundation）自1954年以来就在斯里兰卡进行活动。亚洲基金会在支持斯里兰卡政府和公民增进民主建设、法治和人权事务等方面发挥着低调但十分重要的作用，亚洲基金会与斯里兰卡议会和地方政府间具有密切合作。

二、21世纪以来的美国与斯里兰卡关系

21世纪以来，随着南亚地区整体在美国国家安全战略中地位的提升，斯里兰卡的地缘战略价值逐渐受到美国重视，美国与斯里兰卡的关系随斯里兰卡内战结束、政府更迭等出现一定程度的变化。

（一）2009年斯里兰卡内战结束前的美斯关系

在2009年LTTE头目被斯里兰卡政府军击毙以前，美国对斯里兰卡的关注主要围绕反恐和2004年印度洋大海啸救援这两项议题。

由于LTTE不具有反美性质，因此相比较其他恐怖组织而言，美国对LTTE的打击力度相对有限，并且未深度介入斯里兰卡内战进程。在里根政府第一届任期即将结束时，斯里兰卡内战全面爆发。然而，在冷战大背景下美国更加关心的是苏联对阿富汗的占领。美国培养了一大批反苏的“圣战者”并向他们提供武器装备，只有很少一部分武器用于援助斯里兰卡打击LTTE。在老布什政府时期，美国对斯国内冲突的兴趣也较为淡漠，而专注加快冷战的结束。在克林顿政府时期，美国逐渐开始重视斯里兰卡内战事务，并将LTTE纳入外国恐怖组织名单。在小布什时期，美国进一步将斯里兰卡对LTTE的打击视作美国全球反恐战略框架下的一部分。在此时期，美国主要通过东京会议援助计划参与对LTTE的打击。不过，为

---

① USAID, “Democracy, Human Rights and Governance,” accessed March 17, 2016, https://www.usaid.gov/sri-lanka/democracy-human-rights-and-governance.

避免同印度关系出现嫌隙，美国较为含糊地反对在斯里兰卡建立一个独立的泰米尔国家，担心这会刺激南印度的分裂。总体上，2009年以前，斯里兰卡并不是美国南亚安全战略的优先排序国家（印度、巴基斯坦和阿富汗），美国仍透过印度审视与斯关系。

2004年，斯里兰卡遭受了里氏9.3级地震引发的印度洋海啸的重创，海啸导致斯里兰卡4万多人死亡，[①] 斯里兰卡损失高达14.5亿美元。[②] 为了帮助斯里兰卡走出海啸重灾影响，美国国际开发署发起了斯里兰卡海啸重建计划，该计划财政预算为5002万美元，实施时间为2005年7月至2009年1月，项目主要包含桥梁、港口、职业中心、供水厂、农业等在内的基础设施建设和升级，以及职业教育、海岸管理等的技术援助。[③]

（二）内战结束后拉贾帕克萨执政时期的美斯关系（2009—2015）

2009年斯里兰卡内战结束后，美国和斯里兰卡关系聚焦在美国对斯里兰卡进行战后人权调查这一问题上。就在斯内战结束前几天，奥巴马总统在白宫玫瑰园发表了一份声明，敦促斯里兰卡寻求安全和持久和平，并基于对所有公民的尊重。他还表示虽然美国将继续发展与斯里兰卡的经济和安全关系，但美国将着重关注斯里兰卡人道主义问题和政治改革。美国认为斯里兰卡政府和LTTE双方在内战时期都有侵犯人权的行为，并以斯里兰卡政府侵犯人权为由，停止了对斯里兰卡的军事援助。

2011年在美国的支持下，联合国呼吁国际社会对斯里兰卡内战交战双方进行战争罪调查。2012年，在美国的发起下，联合国人权理事会通过有关决议，呼吁斯里兰卡政府提供更为全面的行动和法律支持以解决内战时期侵犯人权的问题，并解决斯里兰卡僧泰民族间的不平等，这引起斯里兰卡政府的极度不满。2013年，联合国人权委员会通过了一项由美国提起的议案，再次呼吁斯里兰卡政府解决人权问题并采取行动促进和解。2013年，美国国会第247号决议进一步表达了对斯里兰卡人权问题的关注，该决议

① Reuters, “15 Years on, A Look Back at the Boxing Day Tsunami,” accessed December 22, 2019, https://www.reuters.com/article/us-indianocean-tsunami-file-idUSKBN1YN02E.

② Loy Rego, “Social and Economic Impact of December 2004 Tsunami,” accessed January 23, 2021, https://www.iucn.org/sites/dev/files/import/downloads/social_and_economic_impact_of_december_2004_tsunami_apdc.pdf, p.14.

③ USAID, “Sri Lanka Tsunami Reconstruction Program,” accessed December 27, 2020, http://www.energytoolbox.org/library/infra2008/references/33_12-17-08_rebuilding_after_the_asian_tsunami_gould.pdf.

要求在斯里兰卡进行透明、以和解为目的、媒体自由介入的战争罪调查，并要求斯里兰卡政府允许人道主义工作者进入受战争影响的地区，推行非军事化，进行政治权利平等分配。2014年3月，联合国人权理事会通过决议，要求联合国人权事务高级专员办事处成立斯里兰卡调查组，全面调查2002—2011年斯里兰卡内战双方严重侵犯和践踏人权行为及相关罪行的指控。斯里兰卡政府认为，美国对斯里兰卡发起的战争罪调查有损斯里兰卡主权，并否认了有关指控。许多斯里兰卡官员也对斯里兰卡政府在战后遭到国际社会调查以及国际舆论批评感到诧异，他们原本以为斯里兰卡政府打败了一个臭名昭著的恐怖组织会得到美国的赞扬，这个恐怖组织使用自杀式爆炸手段刺杀了印度前总理拉吉夫·甘地和斯里兰卡前总统拉纳辛格·普雷马达萨。此外，美国还指责马欣达·拉贾帕克萨政府滥用权力，搞裙带关系，具有种族偏见并限制媒体自由。这些均导致了拉贾帕克萨总统主政期间，美国与斯里兰卡关系持续紧张。拉贾帕克萨总统胞弟、斯里兰卡总统高级顾问巴希尔认为："美国应该以'朋友'的身份对待斯里兰卡，提出建议而不是发表批评。"拉贾帕克萨总统的胞弟、时任斯里兰卡国防部常务秘书的戈塔巴雅·拉贾帕克萨认为美国没有承认斯里兰卡政府为过渡到民主、实现民族和解、解除武装、遣散准军事团体、帮助儿童兵重返正常生活以及恢复经济发展所做出的努力。

美斯关系的一再僵持让一部分美国政治家开始反思对斯政策，他们认为美国仅仅关注斯里兰卡人权问题和公民社会发展，而忽略了经济和安全合作，由此导致这一时期斯里兰卡与非西方国家迅速走近。

（三）西里塞纳总统时期的美斯关系（2015—2019）

2015年1月，打着"廉洁政治"旗号的西里塞纳击败拉贾帕克萨，当选新一届斯里兰卡总统。奥巴马政府将西里塞纳的上任视为美斯关系的一次重大转机，因为西里塞纳被认为持亲西方立场。美国开始重新评估斯里兰卡对美国南亚安全战略的重要性并调整了对斯里兰卡的政策，美斯关系得以升温。

在人权问题上，亲西方的新政府上台后，美国改变了过去对斯里兰卡人权问题的高压态度，帮助斯里兰卡将联合国人权理事会关于斯里兰卡战争罪的指控报告推迟发布。与此同时，美国强调斯里兰卡民族和解需要时间，美国将为此继续向斯里兰卡提供帮助。一个关注民主和人权的美国非政府组织"自由之屋"（Freedom House）对斯里兰卡新政府的民主状况给予了正面评价，认为："2015年1月的总统选举和8月的议会选举是自由公正的，新政府改善了言论自由、宗教自由、公民社会和司法独立。"[①]

一时间，美斯政府间双边对话和访问较为频繁。2015年2月，美国国务院派出负责南亚和中亚事务的助理国务卿尼沙·比斯瓦尔（Nisha Biswal）访问科伦坡，并与负责南亚事务的副助理国务卿阿图尔·凯夏普（Atul Keshap）一道与斯里兰卡新政府官员就扩大双边合作进行会谈。2015年5月，美国国务卿约翰·克里到访斯里兰卡，成为十年来首位到访斯里兰卡的美国国务卿。克里表示将开启美斯双边对话，并且派出专家帮助斯里兰卡发展经济，提升贸易和投资。[②]2016年2月，首次美国—斯里兰卡伙伴关系对话在华盛顿特区举行。该对话讨论了斯里兰卡在印度洋地区的关键战略地位，以及提升两国在经济、政府治理、社会发展等领域的合作，并且强调今后将加强两国人员往来和联系。2016年9月，美国国会与斯里兰卡议会签署合作协议，双方共享各自立法系统信息。

美斯安全合作取得新突破。2016年8月，双方进行了安全对话，对未来合作时间表达成一致。同年，美国国务院国防贸易管制理事会宣布取消对斯里兰卡的国防出口许可证限制。美国越发重视斯里兰卡在印度洋上的战略位置，并推动两国海洋安全合作。2016年，美国海军部长访问设在亭可马里的斯里兰卡海军造船厂，参观了美国和斯里兰卡海军正在进行的双边训练。2016年，美国太平洋司令部领导了一项名为"太平洋天使行动"的多边人道主义援助项目，向斯里兰卡人提供医疗援助。

美斯两国经贸关系也得以提升。2016年和2019年，美斯先后开展了第十二次和第十三次贸易和投资框架协议谈判。美国是斯里兰卡主要的出口市场，美国从斯里兰卡进口的产品主要有服装、橡胶、工业用品、宝石、茶叶和香料等。美国主要对斯里兰卡出口动物饲料、医疗设备、大豆、乳制品、小麦、布料和纺织品等。

（四）戈塔巴雅总统时期的美斯关系（2019.11—）

2019年，斯里兰卡前总统拉贾帕克萨的胞弟戈塔巴雅·拉贾帕克萨

---

① "Sri Lanka, Freedom in the World 2016," accessed January 17, 2021, https://freedomhouse.org/sites/default/files/FH_FITW_Report_2016.pdf, p.19.

② Lesley Wroughton and Shihar Aneez, "Kerry Visits Sri Lanka, Pledges Support for New Government," accessed May 2, 2016, https://www.reuters.com/article/us-srilanka-usa-kerry-idUSKBN0NN02V20150502.

宣示就任斯里兰卡新一任总统，拉贾帕克萨家族重掌斯里兰卡大权。美国一些观察家担心戈塔巴雅将重新恢复拉贾帕克萨总统时期的专制和极权风格，终止斯里兰卡民主改革，并转向从国家安全角度处理泰米尔人问题。他们关注到了戈塔巴雅宣誓仪式地点的特别意义。戈塔巴雅的就职典礼在斯里兰卡佛教圣地阿努拉德普勒举行，这里曾是古代僧伽罗王国的首都。

戈塔巴雅总统上任后，美斯关系出现了一些波折，尽管美国重视斯里兰卡在印度洋地区的战略作用。在西里塞纳政府时期，斯里兰卡曾允诺与美国达成《部队地位协定》并参与千禧挑战公司（MCC）项目。然而，目前《部队地位协定》在斯里兰卡国内遭到了极力反对，因为斯里兰卡政府担心通过该协议美国将在斯里兰卡建立军事基地，从而破坏斯里兰卡主权独立。另一项遭到反对的合作是与MCC的合作协议，该协议是西里塞纳政府时期通过谈判达成的。MCC斯里兰卡项目计划周期为5年，价值共4.8亿美元。由于斯里兰卡特别委员会建议斯里兰卡政府拒绝该合作协议，2020年12月，MCC终止了与斯里兰卡的合作协议。

三、对美国与斯里兰卡关系的展望

美国已在政治、经济、国防、人文交流等领域与斯里兰卡进行了全方位的接触，从战略层面，美国需要斯里兰卡支持其在印度洋的地区战略利益。从双边经贸领域看，美国是斯里兰卡最大的出口市场之一，也是斯里兰卡重要的外国直接投资来源，斯里兰卡需要美国帮助其经济、科技和社会发展，但美国与斯里兰卡关系还存在一些不确定因素。如在人权问题上，随着美国重新寻求成为联合国人权理事会成员，美斯关系可能出现波动。相较于前几任美国总统，特朗普政府时期，美国对美式民主价值在全球传播的重视程度有所减弱，并退出了包括联合国人权理事会等在内的数个多边国际组织。因此，特朗普政府时期，美国未曾强烈要求斯里兰卡政府解决相关内战遗留问题。但随着美国重新寻求在国际多边组织中的领导地位，美国很可能会重新关注斯里兰卡的人权问题。而现任斯里兰卡总统戈塔巴雅当选后不久便通知联合国，斯里兰卡决定退出关于“在斯里兰卡促进和解、问责制和人权”的2015年决议。

第三节　马尔代夫：发展成为美国在印度洋上的新兴伙伴

马尔代夫是印度洋上的群岛国家，由一千余个岛屿组成，主要人口为穆斯林。自1966年从英国独立以来，美国与马尔代夫关系较为稳定。美国支持马尔代夫正在进行的民主计划和经济发展议程，推动马尔代夫改善社会和环境问题。

一、美国与马尔代夫关系的回顾

由于马尔代夫各岛礁面积狭小，岛上资源有限，曾被联合国列为最不发达国家（2011年1月毕业），因此很长一段时间马尔代夫可谓是美国南亚安全战略的“盲点”。1978—2008年，穆蒙·阿卜杜勒·加尧姆长期执掌马尔代夫政权。由于历史、地理、文化、民族等的因素，相较于印度，美国对马尔代夫的影响较小。1988年马尔代夫发生政变，印度派军队直接介入马尔代夫政局。在加尧姆执政时期，美马关系发展有限。2008年马尔代夫举行大选，纳希德击败加尧姆成为马尔代夫第三任民选总统。纳希德政府期间，马尔代夫试图推行大国平衡政策，并强调马尔代夫不接受在马设立任何外国军事设施。2012年马尔代夫再次出现政治动荡，在国内爆发警察叛变和大规模游行数周后，纳希德辞去马尔代夫总统一职，由瓦希德接任。但瓦希德执掌马尔代夫时间非常短暂，2013年11月，亚明成为新一任马尔代夫总统。也就是在亚明政府时期，美国开始大肆批评亚明政府政治不透明、滥用权力导致债务高筑、颠覆民主进程等。在2018年马尔代夫大选中，萨利赫击败亚明当选新一任马尔代夫总统。当时一些分析家认为亚明可能拒绝将权力转移给萨利赫，这将导致马尔代夫再一次出现政治危机。时任美国总统特朗普警告马尔代夫政府，如果亚明政府出现民主倒退，美国将对马尔代夫实施制裁，并要求马尔代夫当局释放“被错误指控的政治犯”。[①] 然而，亚明平稳地将权力交接给萨利赫。当被认为亲西方的萨利赫总统就任后，萨利赫立即重申了“印度优先”的马尔代夫外交政策，

① Yashwant Raj, “US Threatens Maldives with Sanctions if It Fails to Hold Fair Elections,” accessed September 11, 2018, https://www.hindustantimes.com/world-news/us-threatens-maldives-with-sanctions-if-it-fails-to-hold-fair-elections/story-ksEg46A2hMyvhU0ysaA0iK.html.

印度对此表示高度赞许。同印度一样，美国对萨利赫的当选表示欢迎，特朗普政府认为萨利赫是“致力于重建该国民主制度的改革派领导人”。[①]

美国采取实际行动，加大了对马尔代夫的资金投入。2019年2月，马尔代夫外长沙希德到访美国期间，美国承诺将向马尔代夫提供1000万美元的支持资金，促进马尔代夫财务管理、法治和公民社会建设。2019年7月，美国国务院再次称赞马尔代夫大力支持美国打击恐怖主义，并宣布根据孟加拉湾倡议提供700万美元的军事援助。[②] 在2019年，美国公布的《自由开放的印太战略》文件中，美国政府表示已向马尔代夫提供2300万美元的援助，以鼓励该国的反腐败、法治和反恐等。[③]

二、美国对马尔代夫的战略关切

尽管马尔代夫国土狭小，美国对马战略投入有限。但进入21世纪后，马尔代夫在美国南亚安全战略中的显著性正在上升。

一是随着印度洋战略地位的提升，以及中国、印度与马尔代夫关系的变化，美国愈发重视马尔代夫的地缘战略价值。马尔代夫是印度洋上重要的海上运输线枢纽。并且，尽管马尔代夫领土面积较小，但马尔代夫拥有广阔的、比巴基斯坦国土面积还大的专属经济区。在位于马尔代夫以南240公里的查戈斯群岛上的迪戈加西亚基地，是美国在印度洋上最重要的海军基地。在海湾战争以及阿富汗反恐战争期间，迪戈加西亚基地发挥了重要的作用。马尔代夫与印度拉克沙群岛最南端的米尼科伊岛距离仅为70海里。马尔代夫向东，是印度安达曼—尼科巴群岛，印度在此建立了第一个三军联合司令部。安达曼—尼科巴群岛紧挨马六甲海峡，马六甲海峡是东亚、东南亚、欧洲、非洲间重要的海上锁钥。马尔代夫南端的甘岛曾为英国军事基地，“二战”时期供英军和美军使用。直至今天，美国仍看重甘岛得天独厚的战略价值。

二是美国需要马尔代夫配合南亚反恐行动并积极支持美国打击恐怖主

---

① U.S. Department of State, “A Free and Open Indo-Pacific: Advancing a Shared Vision,” accessed November 7, 2019, https://www.state.gov/wp-content/uploads/2019/11/Free-and-Open-Indo-Pacific-4Nov2019.pdf.

② U.S. Department of State, “U.S. Relations with Maldives,” accessed July 18, 2019, https://www.state.gov/u-s-relations-with-maldives/.

③ U.S. Department of State, “A Free and Open Indo-Pacific,” accessed January 27, 2020, https://www.state.gov/wp-content/uploads/2019/11/Free-and-Open-Indo-Pacific-4Nov2019.pdf, p.12.

义。马尔代夫自身也面临恐怖主义威胁，2010年后，受国际恐怖主义势力蔓延影响，在马尔代夫出现了一小撮本土极端分子，他们试图与境外恐怖组织建立联系，马尔代夫政府和美国政府对此加以关注。一些马尔代夫年轻人，特别是那些刑满释放人员及处于社会底层的人，思想上变得较为激进，甚至有些人加入了暴力团体。2015年，有媒体援引当时马尔代夫警察局长的讲话，他估计至少有50名马尔代夫人加入境外恐怖组织，而当时的反对党马尔代夫民主党对这一数字的预估达到200人。2015年，四名马尔代夫人因涉嫌试图前往叙利亚参与恐怖组织活动而在马来西亚被逮捕。美国认为，从这一事件可以看出，马尔代夫有部分国民试图经第三国中转加入境外恐怖组织。2011年，马尔代夫与美国签署了《反恐合作备忘录》，提升美马反恐合作的机制化水平。2015年，马尔代夫前总统亚明签署了新的《反洗钱和打击资助恐怖分子法》。该法案明确了马尔代夫对恐怖主义的界定，并对参与恐怖活动及煽动他们进行恐怖活动的行为处以7至25年的监禁。然而，美国认为亚明政府为打击政治对手而滥用该法。2014年1月至2019年10月，马尔代夫共发生了188起与“宗教极端主义”有关的案件。2019年，马尔代夫警方以“涉嫌传播极端主义意识形态”，逮捕了一名嫌疑人，该嫌疑人试图在马尔代夫为“伊斯兰国”招募恐怖分子。总体上，马尔代夫积极参与由美国发起的各类反恐合作。马尔代夫参加了由美国国务院发起的反恐援助项目，该项目旨在为马尔代夫公共安全部人员、海岸警卫队员以及边境管理人员提供培训。美国国务院还支持马尔代夫调查人员和检察官的能力建设，提高他们对处理反恐安全案件的技术能力。此外，马尔代夫还积极参与了由美国国务院、印度国家调查分析局主办的一些会议，与有关国家的警察、检察官、法官等一道就反恐经验和安全立法进行交流。①

三是为维护美国安全战略利益，美国加深了与马尔代夫在防务领域的合作。近年来，美国海军经常到访马尔代夫。2014年7月，美国提升了与马尔代夫的伙伴关系，以加强与马尔代夫在印度洋的海上安全合作。2014年10月，隶属于美国第七舰队的罗德尼·戴维斯导弹护卫舰队在印度洋例

---

① United States Department of State, “Country Reports on Terrorism 2015-Maldives,” accessed June 5, 2016, https://www.refworld.org/docid/57518da423.html; United States Department of State, “Country Reports on Terrorism 2019-Maldives,” accessed June 2, 2020, https://www.state.gov/reports/country-reports-on-terrorism-2019/maldives/.

行巡逻期间，访问了马尔代夫。美国和马尔代夫还致力于促进两国在海岸防卫、海上航道安全、情报交流等领域的合作，以加深美马两军互信。为此，美国帮助马尔代夫培训军事人员。2013年，美马两国签署了关于提升马尔代夫边境安全的备忘录。2020年9月，美国和马尔代夫在费城签署了《美国国防部与马尔代夫国防部防务和安全关系框架》。该协议阐明了两国在支持维护印度洋和平与安全方面深化接触与合作的意图，标志着两国防务伙伴关系向前迈进了重要一步。2013年，美马两国就开始筹划该协议，但因印度政府反对而受到阻碍。以往印度将其余南亚国家及北印度洋区域视作印度的后院，一直对域外势力进入该区域表示不满和担忧。然而，印度对2020年美马防务协议的签署表示欢迎。2021年年初，部署在美国太平洋特种作战司令部的美国特种部队与马尔代夫国防军进行了军事交流。

四是强化美马经贸合作。美国已与马尔代夫签署了《贸易和投资框架协议》，并于2014年10月举行了首次会议，为加强双边贸易和投资提供了新机遇。马尔代夫已被指定为美国普惠制（GSP）计划的受益国。根据GSP，马尔代夫出口至美国的一系列产品享受免税待遇。马尔代夫欢迎美国企业赴马投资，美国企业在马投资的领域主要包括旅游、建筑、服装、电子组装等。但由于马尔代夫本土技术工人较为短缺，大多数劳动工人主要来自斯里兰卡、孟加拉国等南亚国家。

此外，为了防止马尔代夫被淹没，从而导致美国失去在印度洋上的一个重要战略支点，美国与马尔代夫在应对全球气候变化议题上保持了长期合作。2014年6月，美国太平洋司令部与马尔代夫发起了南亚环境安全论坛，促进两国在关于废物管理、资源保护和能源等领域的合作。美国还帮助马尔代夫发展雨水净化和海水淡化项目，保障马尔代夫水安全。

三、对美国与马尔代夫关系的展望

随着美国日益看重马尔代夫的战略地位，可以预计的是，美国将从以下方面推进与马尔代夫关系的发展：

一是加强与印度就马尔代夫政策的协调。在美国一种较为普遍的观点是，相较于其他地区大国，美国与印度在马尔代夫的利益较为相似，两国均支持马尔代夫民主建设、财政稳定并与其他域外大国保持一定距离。过去印度曾对美国在该地区的存在持怀疑态度，但近年来美国与印度在南亚及印度洋上的互动愈发频繁和深入，美印两国官员也加强了就南亚地区事务的协调与合作，美马防务框架的签订便是美印在马尔代夫事务上实现深度协调、密切合作的体现。

二是加强与马尔代夫的合作机制建设。目前美国在马尔代夫没有常驻大使，仅在马累设有美国中心，美国驻斯里兰卡大使兼管美国在马尔代夫事务。同样的，马尔代夫也未在华盛顿设立大使馆，马尔代夫驻联合国常任代表为马尔代夫驻美国的高级外交官。当前，美国政府已表态将在马尔代夫建立大使馆并派驻大使。

三是加强美国对马尔代夫互联互通项目的投入，增强美国对马尔代夫的经济援助和军事援助。为了引领“印太”地区基础设施建设，美国联合日本、澳大利亚等提出了“蓝点网络”计划，旨在促进全球及基础设施发展的高质量可信标准，并推动私营部门对全球互联互通建设的参与。考虑到美国对马尔代夫地缘战略价值的日益重视，美国有可能将马尔代夫纳入“蓝点网络”计划框架内。另外，美国正在考虑向马尔代夫提供更大规模的财政技术援助和法律援助，并在必要情形下协助马尔代夫对外国投资及贷款进行审查，以防止马尔代夫陷入债务困境。

四是帮助马尔代夫应对气候变化，保护海洋环境，开发淡水资源，开发专属经济区等。马尔代夫是世界上海拔最低的国家之一，面临被海水淹没的风险。为解决国家生存危机，马尔代夫将进一步寻求与美国等大国为马尔代夫应对气候变化提供支持。与此同时，合作开发马尔代夫庞大的专属经济区也是美国的兴趣所在。

第四节　尼泊尔：发展成为美国“牢固而积极”的伙伴

尽管南亚山麓小国尼泊尔国土面积仅有14.7万平方公里，仅相当于美国蒙大拿州的总面积，但尼泊尔是美国在南亚的长期合作伙伴。尼泊尔坐落于喜马拉雅山脉两侧的两大新兴经济体——中国和印度之间。特殊的地理方位让尼泊尔能在促进地区稳定、推动互联互通等发面发挥关键作用。囿于内陆多山地形，过去尼泊尔处于一种孤立状态。这种封闭的发展模式并未让尼泊尔如同他的邻国不丹那样确保了其内部统治的稳定，相反，尼泊尔政治局势起伏不定，传统君主制和现代民主制的较量充斥着近代尼泊尔的整个发展时期。正是基于对尼泊尔地缘政治不稳定的关切，美国将尼泊尔的民主制度建设、主权独立和领土完整与美国南亚安全战略紧密连接起来。

美国于1947年承认尼泊尔独立，两国于1948年正式建立外交关系。美国对尼泊尔的战略目标是帮助尼泊尔建立一个和平、繁荣和民主的国家。[①] 为此美国支持尼泊尔民主制度和经济自由化建设；支持尼泊尔领土完整以促进南亚和平稳定；帮助尼泊尔减轻贫困，消除引起尼泊尔社会不稳定的根源；帮助尼泊尔降低对国际人道主义援助的依赖；增强其为地区安全和更广泛的全球社会作出积极贡献的能力。

冷战时期，美国将尼泊尔置于其反苏反共的全球安全战略框架之下。杜鲁门总统和他的顾问坚信尼泊尔有可能受到共产主义的威胁，认为若尼泊尔"赤色化"将波及南亚其他国家的稳定，进而影响美国在全球的利益。冷战结束后，防止尼泊尔倒向共产主义依然是美国对尼安全战略的重中之重。美国认为尼泊尔社会贫困阶层的起义将会对尼泊尔和美国带来共产主义"威胁"。1994年尼泊尔共产党（毛主义）的出现，进一步加深了美国对尼泊尔的担忧。为抵制共产主义对尼泊尔的影响，20世纪末至21世纪初，美国对尼安全战略的核心仍围绕推广美式民主"普世价值"进行。在地缘战略利益层面，美国继续发挥尼泊尔的地缘政治价值，建设和平的尼泊尔以维护美国的地区战略利益；在政治利益层面，美国深度介入尼泊尔政治发展，希望建立民主的尼泊尔；在互联互通利益层面，美国通过各种政府和非政府合作项目，帮助尼泊尔消除不利于其民主发展的社会问题，从而推动尼泊尔的繁荣稳定。

一、美国在尼泊尔的地缘战略利益：确保和平的尼泊尔

战略家们通常将尼泊尔视为中印间的缓冲带。巍峨的喜马拉雅山脉在地理上将尼泊尔和中国青藏高原隔开，但季节性开放的山口仍可成为中尼两国陆路往来的重要通道。尼泊尔南部平原直接与印度接壤，尼印陆路连接更为便捷。对于美国而言，和平的尼泊尔能使其以伙伴国身份服务于美国南亚安全战略，而不是麻烦制造者；并且能让尼泊尔以独立国家身份在中印地缘战略竞争中发挥作用。

---

① The Department of State, Bureau of South and Central Asian Affairs, "US Relations with Nepal," accessed February 5, 2015, https://www.state.gov/u-s-relations-with-nepal/.

（一）与尼泊尔关系服从于美国南亚安全战略优先排序

随着南亚在美国国家安全战略地位的提升，美国对尼泊尔的战略投入也愈发加大，并根据历届美国总统的南亚安全战略优先排序进行调整。

在冷战结束前，美国曾将尼泊尔列为最不尊重人权的国家之一。在老布什政府时期，美国支持那些反对君主专制、推行君主立宪的政党。克林顿政府时期，尼泊尔共产党（毛主义）于1996年在尼中西部边远山区发起武装运动并迅速蔓延至尼泊尔大部分地区。尼泊尔共产党（毛主义）与尼泊尔政府军展开了激烈的较量。在此背景下，为了防止尼泊尔共产党（毛主义）接管尼泊尔，美国加紧了与尼泊尔国王领导下的尼泊尔皇家陆军的合作，共同打击尼泊尔共产党（毛主义）。

“9・11”事件后，反恐成为美国国家安全战略的优先议题，南亚也成为美国反恐主战场。“9・11”事件后不久，时任美国国务卿鲍威尔访问尼泊尔。这是美尼建交以来，美国国务卿对尼泊尔进行的首次正式访问。双方就反恐战争和打击武装叛乱进行了深入会谈。鲍威尔表示，美国将继续支持尼泊尔打击叛军。[①] 美国此时对尼泊尔国王的支持被解读为美国将打击尼泊尔共产党（毛主义）作为美国全球反恐行动的一部分，2001年底，尼美政府宣布尼泊尔共产党（毛主义）为恐怖组织。2003年，美国根据13224号行政命令，将尼泊尔共产党（毛主义）列为指定的全球恐怖主义实体，并在《移民和国籍法》中将其列为恐怖主义组织禁入名单（Terrorist Exclusion List），尽管没有证据表明尼泊尔共产党（毛主义）与在南亚以外活动的国际恐怖组织之间有关联，尼泊尔共产党（毛主义）也未获得某些国家提供的武器和补给。为进一步打击尼泊尔共产党（毛主义），美国向尼泊尔政府提供了大量军事援助（见表7）。并且，根据两国达成的《美国尼泊尔反恐训练协议》，美国为尼泊尔警察和尼泊尔皇家陆军提供反恐军事训练。2005年1月，尼泊尔共产党（毛主义）与“七党联盟”联手反对国王，2006年4月反国王获胜，11月与政府签署《全面和平协议》，停止武装斗争。2007年1月，尼泊尔共产党（毛主义）加入临时议会，回归政治主流。在小布什政府后期，由于尼泊尔共产党（毛主义）在尼泊尔的政治地位发展根本转变，美国适时调整了对尼泊尔共产党（毛主义）的立场。

---

① BBC, “US Pledges Support to Nepal,” accessed January 19, 2021, http://news.bbc.co.uk/2/hi/south_asia/1767826.stm.

表7　小布什政府时期美国对尼泊尔军事援助占总援助支持比重

2001	2002	2003	2004	2005	2006	2007	2008
3%	35%	9%	10%	2%	1%	1%	1%

资料来源：根据美国国际开发署公布数据整理，https://explorer.usaid.gov/cd/NPL?implementing_agency_id=1，访问日期：2016年4月23日。

奥巴马政府上台后对小布什政府的全球反恐战略进行收缩，并推出“亚太再平衡”战略。在南亚，“印度第一”愈发成为美国南亚安全战略的显著特征。2009年，美国时任国务卿希拉里在接受专访时表示：“印度不仅是一个地区大国，而且是一个全球大国……认为印度有机会解决地区问题，并与其他国家合作解决一些全球挑战。”[①] 为了鼓励印度承担地区领导责任，2009年，美国国防部长盖茨在香格里拉对话会议上首次使用“净安全提供者”这一措辞表述印度在亚太地区的地位和责任。在2017年美国国务院和国防部联合向国会提交的《强化与印度的防务和安全合作》[②] 报告中再次强调，承认印度作为美国主要防务伙伴地位的重要性。这一时期，为了确保印度能成为美国南亚安全战略的“排头兵”，美国希望尼泊尔成为印度领导下的南亚秩序的“追随者”。尼泊尔一方面时常抱怨美国透过印度“棱镜”看待尼泊尔，另一方面，不可否认的是尼泊尔在诸多领域受制于印度的影响，并且尼泊尔也无力对印度的干预进行有效抵抗。典型的事例便是2015年因马德西人不满尼泊尔新宪法而引发动乱，导致印度对尼泊尔采取非正式禁运，使尼泊尔陷入严重的经济和人道主义危机。在此次骚乱中，印度对马德西人采取了同情和支持的立场。马德西人是17世纪从印度迁入尼泊尔，集中居住在特莱平原的群体。北方山区的尼泊尔人经常质疑马德西人对尼泊尔的忠诚，而马德西人则指责北方尼泊尔人在政治和经济上占主导地位。2015年4月，尼泊尔刚遭遇了一场导致大量建筑被毁、数万人死伤的大地震。2015年9月，印度便开始切断尼泊尔的生命线，实

① Arnab Goswami, “I Consider India A Global Power: Hillary Clinton,” accessed July 19, 2019, https://economictimes.indiatimes.com/news/politics-and-nation/i-consider-india-a-global-power-hillary-clinton/articleshow/4793247.cms?from=mdr.

② Department of Defense and Department of State, “Enhancing Defense and Security Cooperation with India Fiscal Year July 2017 Joint Report to Congress,” accessed April 23, 2020, https://dod.defense.gov/Portals/1/Documents/pubs/NDAA-India-Joint-Report-FY-July-2017.pdf.

施大封锁，直至2016年3月两国燃油运输才基本恢复正常。这对急需灾害重建，在生活用品、药品和燃料上严重依赖印度的尼泊尔来说是一场巨大的灾难。但对印度此举，美国政府并无过多反应。

特朗普政府上台后将美国的亚太战略调整为“印太”战略，包括印度和尼泊尔等在内的南亚地区在美国国家安全中的地位再次得以提升。2018年，时任美国国务卿蓬佩奥在华盛顿会见了尼泊尔外长贾瓦利。蓬佩奥强调了美尼关系的持久力量，双方讨论了尼泊尔在自由、开放、繁荣的“印太”地区的中心地位（Central Role）。① 由此可见，在“印太”战略框架下，美国对尼泊尔的战略价值关切空前提升，而在过去，尼泊尔是一个美国国务卿们极少提起或到访的小国，更不用说给予“中心地位”这样如此之高的战略定位。在2019年美国国防部发布的《印太战略报告》中，明确指出美国正在努力寻求与斯里兰卡、马尔代夫、孟加拉国和尼泊尔构建新兴伙伴关系（Emerging Partnerships）。② 与此同时，美国继续扩大与尼泊尔的防务关系，注重人道主义援助和救灾、维和行动、国防专业化、地面部队能力和反恐合作。自2018年，美国和尼泊尔建立了高层次的军方对话机制。美国印太司令部高级别指挥官以及负责南亚和东南亚事务的副助理国防部长均到访尼泊尔，以推动美国和尼泊尔的防务合作。2019年，尼泊尔被列入美国州伙伴计划（The State Partnership Program，SPP）。美国州伙伴计划是由美国国防部、美国各州和有关国家共同达成的联合倡议。这项计划将美国各州的国民警卫队与美国在全球的伙伴国联系起来，以支持美国各联合作战司令部的安全合作目标。尼泊尔的SPP合作对象为美国犹他州国民警卫队，由美国印太司令部负责维持合作。尽管加德满都拒绝与任何国家结成军事联盟，但对SPP给予了积极回应。

二、美国在尼泊尔的政治利益：建设民主的尼泊尔

尼泊尔原为印度教君主制国家，曾实行无党派评议会制度，在其基础

---

① “Secretary Pompeo’s Meeting with Foreign Minister Pradeep Gyawali of Nepal,” accessed December 18, 2018, https://np.usembassy.gov/secretary-pompeos-meeting-with-foreign-minister-pradeep-gyawali-of-nepal/.

② The Deparment of Defense, “Indo-Pacific Strategy Report,” accessed June 1, 2019, https://media.defense.gov/2019/Jul/01/2002152311/-1/-1/1/DEPARTMENT-OF-DEFENSE-INDO-PACIFIC-STRATEGY-REPORT-2019.PDF, p.21.

上引入多党议会制。尼泊尔政治发展几经重大变动，美国不得不投入大量财力和人力用于稳定尼泊尔的政局。进入21世纪后，美国对在尼泊尔政坛上发挥浓墨重彩作用的尼泊尔共产党（毛主义）的态度出现重大转变。美国始终将建设一个民主的、亲西方的尼泊尔作为其与尼泊尔关系的优先，为此向尼泊尔提供了大量具有政治目的的援助。

（一）美国支持尼泊尔王室打击尼泊尔共产党（毛主义）（2000—2005年）

1996年，尼泊尔共产党（毛主义）退出议会，宣布发起一场“人民战争”，抗衡尼泊尔王室统治，走上武装夺权道路。学者们普遍认为尼泊尔人民生活困苦且无法获得可耕种的土地；而政府腐败且未能改善民众生活质量导致了这场彻底改变尼泊尔政治发展进程、长达10年之久的内战。“人民战争”发起后，尼泊尔共产党（毛主义）很快设立了平行政府并制定了区别于尼泊尔王室政府的税收制度，并对管辖区内土地制度进行改革，将没收的财产和食物重新分配给穷人。尼泊尔共产党（毛主义）的政策获得了相当数量尼泊尔民众的支持，但一些政策和行为也备受争议和批评。尼泊尔共产党（毛主义）起义后，美国将其视为对尼泊尔政治稳定性的最大威胁。为了避免尼泊尔共产党（毛主义）彻底推翻尼泊尔王室统治并成为美国眼中的“失败国家”，美国开始加紧通过资助各种计划和项目，间接支持尼泊尔君主专制制度的延续，尽管美国对尼泊尔君主制也多有不满。此时，美国将尼泊尔君主制视为对抗共产主义的强大堡垒，有时甚至认为民主秩序可能并不适用于尼泊尔。因此，克林顿政府和小布什政府执政前半期，美国对尼泊尔外交政策的重点是防止尼泊尔“崩溃”，加强同尼泊尔政府合作，防止尼泊尔共产党（毛主义）夺权，防止恐怖主义蔓延，加强地区稳定，促进民主并保护在尼美国公民安全成为美国在南亚和尼泊尔的战略目标关键。[①] 为了实现美国的战略目标，美国要求尼泊尔国王和其他“合法”政党团结起来，在一个多党的、民主的框架内，共同对抗尼泊尔共产党（毛主义）。然而，由于尼泊尔国王和各政党之间存在长期的矛盾和分歧，并且各政党之间和内部斗争不断，这都影响了尼泊尔政府对尼泊尔共产党（毛主义）的抵抗，尽管美国通过资金援助、专业训练、武

① Department of State, “FY 2006, Congressional Budget Justification for Foreign Operations,” accessed February 15, 2018, https://2009-2017.state.gov/s/d/rm/rls/cbj/2006/index.htm.

器配备等途径大力帮助尼泊尔军队镇压“叛乱分子”。与此同时，在美国的援助下，贾南德拉国王的力量进一步增强，然而他并未按照美国设计的民主路线行事。相反，2005年贾南德拉国王宣布亲政。在他的直接统治下，尼泊尔侵犯人权的行为增加。在此背景下，美国停止了与尼泊尔的军事合作。美国也逐渐转变了对尼泊尔共产党（毛主义）进行彻底围剿的立场，而提出让尼泊尔共产党（毛主义）重新回归尼泊尔政治主流。2006年在民众的反抗下，尼泊尔议会解除了贾南德拉国王的实际权力。随后，美国继续向尼泊尔提供援助并与尼泊尔共产党（毛主义）进行接触，向他们施压要求放弃其暴力斗争。2006年11月，尼泊尔共产党（毛主义）与政府签署《全面和平协议》后宣布停止了武装斗争。

（二）美国对尼泊尔共产党（毛主义）态度的转变（2006— ）

2007年，尼泊尔共产党（毛主义）加入尼泊尔临时议会，回归政治主流。在2008年尼泊尔首届制宪会议选举中，尼共（毛主义）成为第一大党，随后宣布建立尼泊尔联邦共和国。虽然第一次制宪会议选举结果出人意料，但美国对选举结果表示欢迎。在经过审查后，美国国务院认为尼共（毛主义）不再从事威胁美国国民安全和美国外交政策的恐怖活动，并且表现出对在尼泊尔推行和平和解进程的可信承诺，[①] 于是于2012年9月将尼泊尔共产党（毛主义）从美国所认为的恐怖组织名单中删除。与此同时，尼泊尔共产党（毛主义）也对自身进行了改造重组。2009年，尼泊尔共产党（毛主义）与尼泊尔共产党（团结中心—火炬）合并为联合尼泊尔共产党（毛主义）；2016年，再次合并组建尼泊尔共产党（毛主义中心）。2018年5月，尼泊尔共产党（毛主义中心）与尼泊尔共产党（联合马列）合并为尼泊尔共产党。尼泊尔政治进入各政党轮流执政时代。

（三）美国对尼援助的政治目的

尼泊尔经济较为落后，严重依赖外援。1951年美国开始对尼泊尔提供援助，是较早对尼泊尔提供援助的国家。美国政府主要通过美国国际开发署（USAID）、国家发展合作战略（CDCS）、美国千禧年挑战公司（MCC）对尼泊尔开展技术援助、军事援助、人道主义救援和灾害响应援助。美国的援助旨在巩固尼泊尔的和平与安全，推动民主过渡，协助尼

① U.S. Department of State, “Delisting of the Communist Party of Nepal (Maoist),” accessed September 6, 2016, https://2009-2017.state.gov/r/pa/prs/ps/2012/09/197411.htm.

政府对社会提供基本服务，加强公共卫生，应对粮食安全和气候变化的挑战。

1951—2020年，美国共向尼泊尔提供了超过16亿美元的援助。[①] 美国是向尼泊尔提供双边援助最多的前五个国家（其他包括英国、日本、中国和印度）之一。美国对尼泊尔的援助的确在帮助尼泊尔社会发展、促进经济发展、增进尼泊尔人福祉、改善自然资源管理、提高防灾救灾能力等方面发挥了重要的作用。例如，美国为2015年尼泊尔灾害重建提供了1.9亿美元的援助。但美国对尼泊尔的援助除了道义上的人道主义关怀外，还具有强烈的政治目的。美国政治家和战略家认为："援助有助于改善穷人的生活水平，从而阻止他们成为激进（共产主义）势力手中的政治工具……如果经济实现增长，尼泊尔等国家将能走向民主和政治稳定。这有利于这类国家倾向西方。"[②] 因此，美国对尼泊尔的援助很大一部分集中于提升尼泊尔的民主理念传播和民主机制建设，美国的援助也直接介入尼泊尔政治选举。USAID是美国对尼援助的最大提供者，在其网站中明确写道：2017年尼泊尔大选中，在USAID的支持和帮助下这次选举创造了纪录，选民投票率高达75%，超过170万尼泊尔人参与选举，其中超过10%的选民为妇女和边缘化群体，他们首次登记投票。[③] 此外，美国还通过各类政府和非政府组织以援助或培训的名义影响尼泊尔民主制发展。其中，美国国家民主研究所和美国国家民主基金会是向尼泊尔进行民主输出的主要机构。1994年，美国国家民主研究所便在尼泊尔开展工作，主要就政党和议会发展、选民教育、选举观察、青年和妇女政治赋权等议题开展项目。2006年美国国家民主基金会尼泊尔分支机构成立，美国国家民主基金会曾在中亚地区的"颜色革命"中发挥了极其重要的作用。此外，尼泊尔和平队（Peace Corp Nepal）也是美国政府支持下的一个志愿者组织，旨在招募美国人赴尼泊尔开展一系列的社会、教育和经济援助活动。尼泊尔和平队自1962年成立后，已有数以千计的美国志愿者在尼泊尔开展工作，他们主要活跃在尼泊尔农村的各个部门。因政局不稳，2004年尼泊尔和平队活动暂停，

---

① Congressional Research Service, "Nepal," accessed January 6, 2021, https://crsreports.congress.gov/product/pdf/IF/IF10216.

② Erika Cornelius Smith and Kalpana Khana, "Nepal-US Relations Post 1950," in *Nepal and Great Powers*, Pramod Jaiswal (New Delhi: Raj Publication, 2019), p.5.

③ USAID, "Our Work," accessed January 22, 2021, https://www.usaid.gov/nepal/our-work/.

2012年重启恢复。

三、美国在尼泊尔的互联互通利益：打造繁荣的尼泊尔

尽管尼泊尔对全球经济的贡献较小，但在基础设施、能源、信息技术、农业等方面具有相当大的发展潜力。美国注重加强与尼泊尔在经贸、基础设施、数字连接、人文交流等领域的互联互通建设。

在经贸和投资领域，美国是尼泊尔最重要的贸易伙伴之一，是尼泊尔最大的服装、地毯出口收入和旅游收入的来源国。美国对尼泊尔主要出口农产品、飞机部件、光学和医疗仪器和机械。美国从尼泊尔进口的主要商品有地毯、服装和珠宝。美国和尼泊尔已签署一项贸易和投资框架协议。根据该协议美国和尼泊尔设立一个双边论坛就加强贸易和投资、提升两国之间更全面的贸易协议和具体贸易问题进行对话。为了帮助尼泊尔实现震后经济复苏，美国根据《贸易便利化和贸易执法法案》，规定自2016年12月16日起，对来自尼泊尔的地毯、披肩、围巾、行李包、手提包和其他箱包、帽子、手套等可以零关税进入美国市场。两国间还设有美国尼泊尔贸易投资框架理事会，就投资、贸易便利化、电子商务、检验检疫、市场准入、优惠制度等进行讨论。美国是尼泊尔最大的投资国之一，截至2020年7月15日，美国对尼泊尔的投资达到134亿卢比，分布在418个企业并创造了18,848个工作岗位。[①]

在基础设施领域，美尼两国签署了美国千禧年挑战公司（MCC）尼泊尔项目协议。MCC项目是美国国会批准的双边援助计划，2010年尼泊尔经过评估后，被认为符合“门槛计划”（Threshold Program）条件，列入MCC项目计划。2017年9月14日，尼泊尔同MCC签署了总额为6.3亿美元的合作协议，其中1.3亿美元为尼泊尔政府出资。该协议旨在5年内帮助尼泊尔增加电力供应，降低运输成本。此协议涉及两大合作项目：一是电力传输项目，计划帮助尼泊尔建设300公里长的高压电线，包括一条连接尼泊尔与印度边境的线路以促进电力贸易，并建设三座变电站；二是交通项目，包括建立一个激励匹配基金鼓励尼泊尔扩大道路维护预算，此外，定

① Government of Nepal Ministry of Foreign Affairs, “Nepal-US Relations,” accessed July 29, 2020, https://mofa.gov.np/nepal-us-relations/s.

期维护305公里的尼泊尔国家战略公路网。[①] MCC尼泊尔项目协议需经美国国会和尼泊尔议会批准后方可实施，MCC尼泊尔项目协议在尼泊尔国内遭到了巨大的分歧，尼政府内部对该协议的立场不一。有学者认为，争议并不在于协议的不对等性，而在于尼泊尔担忧美国对尼援助会成为美国南亚战略的一部分并被用于军事目的。[②] 2019年5月，美国国务院负责南亚事务的代理副助理国务卿兰茨在访问尼泊尔时表示："MCC计划是美国印太战略在尼泊尔实施的最重要计划之一。"[③] 兰茨的讲话在尼泊尔引起轩然大波，因在美国国防部通过的《印太战略报告》中，详细公布了美国在印太地区的战略利益、威胁判断和战略部署，所以很多尼泊尔政治家及学者将美国"印太"战略视为一项军事战略。他们担心将MCC项目计划纳入"印太"战略意味着尼泊尔需承担起美国赋予的安全责任，这将违反尼泊尔宪法有关尼泊尔必须坚持不结盟原则的规定。此外，MCC项目计划还要求尼泊尔在修建跨境电线时需事先征得印度的同意，并且MCC项目计划工作人员可在尼泊尔获得豁免权。

在数字连接领域，美国致力于将数字连接、网络安全伙伴关系（DCCP）与尼泊尔政府的"数字尼泊尔"政策相对接。[④] DCCP是美国政府的一项全面战略，内容覆盖数字经济、网络安全、数据治理等。DCCP通过经济和技术援助，改善美国伙伴国的网络安全监管政策。一些尼泊尔政府官员和专家已经同DCCP进行了接触，并且，美国关注华为、中兴在尼泊尔的发展，并推动高通在尼泊尔的竞争力。

在人文交流领域，美国通过教育、旅游、文化交流、非政府组织合作等加强与尼泊尔的合作，旨在带动尼泊尔社会发展的同时，进一步提升尼泊尔人对美国的好感度。美国通过奖学金等吸引了大量的尼泊尔学生赴美学习，美国成为尼泊尔人出国留学的首选目的地。在本科生和研究生总数

---

① MCC, "Nepal Compact," accessed February 23, 2021, https://www.mcc.gov/where-we-work/program/nepal-compact.

② Kripendra Amatya, "The MCC and Nepal's Strategicies with the US," February 19, 2020, accessed July 20, 2020, https://thediplomat.com/2020/02/the-mcc-and-nepals-strategic-ties-with-the-us/.

③ Roshan S Nepal, "MCC Important Initiative under Indo-Pacific Strategy," May 15, 2019, accessed July 15, 2020, https://thehimalayantimes.com/nepal/millennium-challenge-corporation-compact-programme-important-initiative-under-indo-pacific-strategy.

④ Anil Sigdel, "US-Nepal Relations Series 2, Nepal Matters for America," accessed July 29, 2020, https://nepalmatters.files.wordpress.com/2020/07/us-nepal-prospects.pdf, p.5.

方面，尼泊尔学生总人数在美国国际留学生中的排名高达第12位。[①] 此外，当前在美国生活的30万尼泊尔人在促进美尼两国合作方面也发挥了一定的作用。

四、对美国与尼泊尔关系的展望

2021年1月21日，拜登正式就任美国第46任总统后的第二天，美国驻尼泊尔大使兰迪·贝里（Randy Berry）拜会了尼泊尔总理奥利，就美国新一届政府与尼泊尔的关系进行了会谈。结合美国南亚安全战略态势，以及有关对此次会谈的报道，可以预计美国将从以下方面推进同尼泊尔的关系：

第一，美国将继续加紧并重振与尼泊尔的“民主伙伴”关系。在特朗普政府后期，美国对尼泊尔与中国关系走近多有不满，美国对尼投资、旅游人数等也出现衰减现象，尼泊尔也特别注意到在美国前国务卿蓬佩奥下台前的最后一次南亚之行国家名单中并未列入尼泊尔。2019年，尼泊尔共产党主席普拉昌达就委内瑞拉政治危机发表了一份新闻声明，指责华盛顿几度在委内瑞拉发动“帝国主义政变”。[②] 美国对此大为恼火，当即要求尼泊尔驻华盛顿大使做出解释，随后美国驻尼泊尔大使也缺席尼泊尔政府向外交界举行的简报会。加之MCC项目在尼泊尔受阻，美尼关系出现降温。因此，在贝里与奥利总理的谈话中提到，拜登总统将恢复与包括尼泊尔在内的美国与世界上其他民主国家的伙伴关系。[③]

第二，深化尼泊尔在气候变化等全球治理议题中的合作。尼泊尔是较为关注气候变化议题的国家，积极参与并发起了有关气候变化事务的全球性和区域性多边组织。2019年，在美国宣布正式启动《巴黎协定》程序之际，尼泊尔发布“萨加玛塔对话”（Sagarmatha Sambaad）构想。“萨加玛塔对话”是一个永久的全球论坛，总部设在尼泊尔首都加德满都，是由尼泊

① U.S. Embassy in Nepal, “The United States Remains the First Choice for International Students,” accessed November 17, 2020, https://np.usembassy.gov/the-united-states-remains-the-first-choice-for-international-students/.

② Kripendra Amatya, “Why Is Nepal Sticking up for Venezuela’s Maduro?” accessed February 7, 2019, https://thediplomat.com/2019/02/why-is-nepal-sticking-up-for-venezuelas-maduro/.

③ “U.S. Emabassy in Nepal, U.S. Ambassador Berry Meets with PM Oli to Discuss Biden Priorities,” accessed January 22, 2021, https://np.usembassy.gov/u-s-ambassador-berry-meets-with-pm-oli/.

尔外交部、尼泊尔外交研究所和尼泊尔政策研究所联合发起的合作倡议。2020年首次“萨加玛塔对话”在加德满都举行，对话的主题是“气候变化、山脉与人类未来”。拜登总统上任后，美国重新加入《巴黎协定》。美国也向尼泊尔表示，愿意帮助尼泊尔举办“萨加玛塔对话”，并在气候变化等方面加强合作。

第三，美国可能更加重视尼泊尔少数族裔人权问题。由于拜登政府团队人员构成的多元化以及对人权问题的重视，可以预见的是，在尼泊尔，包括马德西人、贾那贾提人等传统上在尼泊尔处于边缘地位的群体的人权问题可能会影响美尼未来关系的发展。

第四，继续鼓励尼泊尔配合美国南亚安全战略的实施。尽管美国官员否认透过印度看待与尼泊尔的关系，但不可否认的是，美国更加重视与新德里的关系，并正在不断拉近与印度的关系。美国希望尼泊尔能遵循印度主导下的南亚秩序，与域外其他大国保持一定距离。

第五节　不丹：发展成为美国“友好而亲近”的伙伴

位于喜马拉雅山南麓的内陆小国不丹，面积仅为3.8万平方公里，人口约76.3万人（2019），[①] 是被联合国划定的世界上最不发达的国家之一。为了维护不丹主权、领土完整及文化独特性，长期以来，不丹对外较为封闭保守，直到1999年才正式引入电视和互联网。截至2020年底，不丹仅同世界上55个国家建立了正式的外交关系，未与任何一个联合国安理会常任理事国（中、俄、英、美、法）建交。不丹直至1971年才成为联合国成员国。当前，仅有印度、孟加拉国和芬兰在不丹设有大使馆。不丹也是世界上驻外使团最少的国家之一，仅在23个国家设有使馆、领事馆或代办处。因此，在国家领土、市场规模、经济实力、对外开放程度以及国际影响力等方面，不丹和美国都处于一种高度不对等的关系中。然而，随着不丹地缘战略价值的提升、民主转型加速以及不丹难民问题涌现等对美国南亚安全战略产生了一定程度的影响，美国开始推动与不丹的国家间关系的发展。虽然美国和不丹没有建立外交关系，但美国仍乐意与不丹发展“友

---

① The World Bank, “Population, Total – Bhutan,” accessed January 23, 2021, https://data.worldbank.org/indicator/SP.POP.TOTL?locations=BT.

好而亲近”的伙伴关系。

一、美国与不丹关系概述

根据美国国务院对美国和不丹关系的介绍，可以看出，虽然美国没有与这个喜马拉雅山麓小国建立正式的外交关系，但作为世界头号强国，美国依然对不丹保持了一定的战略关注并建立有限的联系。两国通过美国驻新德里大使馆和不丹驻纽约联合国代表团维持着非正式的合作关系。美国驻新德里大使馆对不丹负有领事责任，并与不丹驻新德里大使馆保持频繁和友好的联系。美国领事官员会定期访问不丹，提供更新护照等领事服务。

美国和不丹的非正式双边关系主要体现在三个方面：

一是软外交领域，美国帮助不丹发展人力资源及能力。例如，美国向不丹民众提供包括富布莱特项目、汉弗莱项目等奖学金用于文化和教育交流。再如，许多不丹文职官员和军人参加在夏威夷檀香山举行的由美国亚太安全中心开设的培训课程。二是绿色外交领域，美国与不丹在森林保护、清洁能源等领域进行接触合作。不丹参与了由美国国际开发署（USAID）资助的南亚能源一体化区域倡议。这一倡议旨在通过跨境贸易、清洁能源的获取和能源市场的提升等帮助南亚各国增进能源安全。三是灾害管理与协作。不丹参与由美国国际开发署所支持的、一系列有关灾害管理的培训项目。不丹接收由美国国务院提供的支持援助，以打击人口贩卖。2015财年，美国国际开发署向联合国开发计划署提供了约4.8万美元的经费，支持不丹继续推广抗灾建筑。来自不丹20个区的建筑师、木匠、石匠等参与了这项培训。2020年，美国政府进一步向不丹提供援助抗击新冠肺炎疫情。

由于不丹对外开放度低且市场规模狭小，美国和不丹之间的贸易规模也十分有限。以2018年为例，美国向不丹货物贸易出口总额仅为273万美元，美国向不丹出口的产品主要是体育设备、实验室试剂，服务贸易值为零。而不丹能向美国出口的产品更少，2018年不丹向美国出口额仅为68.5万美元。[①]

① The Observatory of Economic Complexity, “United States / Bhutan,” accessed January 15, 2021, https://oec.world/en/profile/bilateral-country/usa/partner/btn#about.

二、不丹在美国南亚安全战略中的价值

在美国南亚安全战略中，不丹的重要性虽不明显，但不丹对美国维护其在南亚地区的影响力、推行民主价值观，甚至是维护美国国土安全都具有特殊的意义。

（一）不丹独特的地缘战略价值

不丹经常被描述为夹在两个大国之间的神秘小国。不丹北、东、西三面与中国西藏接壤；南面和西南侧与印度阿萨姆邦及锡金邦相邻，隔锡金邦与尼泊尔相望。由于历史、地理、宗教、文化、民族等的联系，中国和印度成为对不丹最具影响力的国家。这样，不丹既能成为中印间的沟通桥梁和纽带并受中印关系整体态势影响，也能对中印关系带来波动，不丹在中印两国间的小国平衡手角色正在被美国所重视。

公元7世纪时，不丹曾是吐蕃王朝属地。清政府时期，不丹国王曾接受清廷的册封。藏传佛教竺巴噶举在不丹具有重要地位以至于不丹将藏传佛教定为国教，不少不丹人将西藏拉萨视为心目中的圣地。在过去，不丹喇嘛的转世灵童在西藏被发现。直到1959年，一些不丹喇嘛仍在西藏接受宗教教育。并且，历史上，西藏和不丹通过帕罗（Parody）的法里山谷（Phari Valley）进行密切的贸易往来，达旺地区也曾是中国和不丹进行贸易交往的重要枢纽。在1959年平定西藏上层反动集团武装叛乱以及1962年中印边界冲突后，不丹停止了与西藏的经济联系，并将合作重点转向印度。除印度外，不丹是中国周边唯一未与我国划定边界的国家，也是唯一未与中国建立正式外交关系的周边国家。为解决边界争议并推动中不关系发展，1984—2016年，中国和不丹共举行了24轮边界会谈。

历史上，英国曾多次武力侵扰不丹。1910年，英国与不丹签署《普纳卡条约》，规定不丹对外关系接受英国“指导”。印度独立后，继承了大英帝国的衣钵，继续在印度和中国边境地区打造缓冲区。1949年，在印度与不丹签订的《永久和平与友好条约》第二条中明确规定：“不丹政府同意在对外关系方面遵循印度政府的指导意见。”[1] 从此，不丹大多数时候被视为印度的“保护国”。1974—1975年，印度强行修改锡金王国宪法并吞并锡

---

① “Treaty of Friendship between India and Bhutan,” August 8, 1949, accessed April 2, 2016, https://www.refworld.org/docid/3ae6b4d620.html.

金，锡金就此丧失了独立主权国家地位。锡金国家的覆灭让不丹感到极大的触动，不丹和锡金同样作为喜马拉雅山麓小国并接受印度在外交政策上的指导，并同样面临内部民族矛盾的困扰。这些促使不丹努力扩大同其他国家外交关系的发展，并强调不丹独特的国家文化。这一点在不丹的第八个发展计划（1997年）中得到了明确表达，该计划指出："由于不丹缺乏军事和经济实力，文化认同是给予安全的手段。"[①] 为了进一步强调不丹的独立性，不丹与印度于2007年签署了新的《印度与不丹友好条约》，将第二条修改为："为了保持不丹和印度之间长期的密切友谊和合作关系，不丹王国政府和印度共和国将在涉及彼此国家利益问题上进行密切合作。两国政府不得允许利用其领土从事危害对方国家安全和利益的活动。"[②] 由此可见，在对外事务上印度仍对不丹具有巨大的影响。

随着美国"印太"战略的实施，南亚甚至是不丹对美国国家安全战略的重要性都得以提升。2019年8月，美国副国务卿约翰·J. 沙利文（John J. Sullivan）对不丹进行了访问，沙利文是20年来到访不丹的最高级别的美国官员。在与不丹领导人的会晤中，沙利文特别强调了"在印太地区保护和加强基于规则的秩序的重要性"[③]，印度总理莫迪紧随沙利文之后到访不丹。

（二）推行美式民主价值

虽然不丹的全称为不丹王国（Kingdom of Bhutan），但在当代美国的政府文件中，美国均将不丹界定为一个民主的君主立宪制国家。不丹的民主化过程也较具特色。不丹的民主化是一个自上而下的过程，以在位君主的积极鼓励和参与为标志。不丹的现代化和民主化进程是由不丹旺楚克王朝的第三任国王吉格梅·多尔吉·旺楚克（Jigme Dorji Wangchuck）发起的。多尔吉国王民主化改革的一项重要举措便是废除了奴隶制，并建立了不丹的立法机构——一个由130名成员组成的国民大会。第四任国王吉格

---

① Michael Hutland, "Bhutan: From the Mediaeval to the Millennium," *Asian Affairs*, 1999, Vol.3, No.3, p.287.

② "India-Bhutan Friendship Treaty," accessed January 23, 2021, https://carnegieendowment.org/newsletters/SAP/pdf/march07/india_bhutan_treaty.pdf.

③ "Top US Diplomat Visits Bhutan, Calls For Rule-Based Order in Indo-Pacific Region," *The Economic Times*, accessed August 14, 2019, https://economictimes.indiatimes.com/news/defence/top-us-diplomat-visits-bhutan-calls-for-rule-based-order-in-indo-pacific-region/articleshow/70670082.cms?from=mdr.

梅·辛格·旺楚克（Jigme Singye Wangchuck）进一步推动了不丹民主化进程。1998年辛格国王解散内阁，将政府管理权移交给大臣委员会。2001年辛格国王下令起草宪法，推动建立君主立宪制，设置议会。2005年不丹宪法通过了全民公决。2006年第五任国王吉格梅·凯萨尔·纳姆耶尔·旺楚克（Jigme Khesar Namgyel Wangchuck）加冕，2007年12月，不丹举行首次国家委员会（上院）选举。2008年3月，不丹举行首次国民议会（下院）选举，成立首届民选政府标志着不丹开始向君主立宪制转变。2008年7月，不丹颁布首部宪法。

美国认为不丹的民主化进程符合美国南亚安全战略利益并加以称赞。有人将不丹的这种内部驱动型改革称为"迄今学者所见证过的最令人震惊、最独特的民主转型之一"。[①] 前不丹首相策林·托杰（Tshering Tobgay）及现任首相洛塔·策林（Lotay Tshering）分别有在美国哈佛大学肯尼迪政府学院和美国威斯康辛医学院的学习经历，进一步拉近了美国对不丹政府的好感。2015年，时任美国国务卿约翰·克里在印度会见了不丹总理策林·托杰，克里是首位与不丹举行内阁级别会晤的美国国务卿。在会见中，克里表示："作为共同致力于民主和法治的社会，美国和不丹正在支持为印太地区和全世界带来和平与繁荣的制度和价值观念。"[②] 很显然，美国希望不丹成为美国基于共同民主价值理念的志同道合的朋友。有一种观点正在美国出现，认为美国应努力成为不丹最重要伙伴国——印度的补充而不是替代，小国可以不只有一个大朋友。通过与不丹这样的小国站在一起，美国能履行自己优秀传统——保护弱小国家不受强者侵害，支持那些信奉自由民主价值观的国家，并巩固几十年来全球繁荣与和平赖以生存的国际体系，[③] 换句话说，发展与不丹关系，既可以推行美国"普世价值"，又可以维护美国的全球领导地位。

（三）不丹难民与美国社会安全

不丹虽为一个经济不发达的小国，但因其首创的"国民幸福总值"

---

① Matthew F. Ferraro, "The Case for Stronger Bhutanese-American Ties," accessed December 22, 2017, https://thediplomat.com/2014/12/the-case-for-a-stronger-bhutanese-american-relationship/.

② U.S. Department of State, "Press Statement John Kerry Secretary of State Washington," accessed December 17, 2015, https://2009-2017.state.gov/secretary/remarks/2015/12/250752.htm.

③ Matthew F. Ferraro, "The Case for Stronger Bhutanese-American Ties," accessed December 22, 2016, https://thediplomat.com/2014/12/the-case-for-a-stronger-bhutanese-american-relationship/.

（Gross National Happiness，GNH）而为世界所关注。但在不丹有一个群体的幸福指数非常低，他们便是不被不丹国家所认可的不丹难民。在今天，不丹难民的命运与美国国土安全问题紧密地联系在一起。

不丹民族大致可分为四类：生活在西部的嘎隆人（Ngalon），他们大部分是西藏移民的后代；生活在中部的不丹人（Bhutanese）；生活在东部的沙尔乔普人（Sharchop），他们是不丹土著民族；生活在南部的尼泊尔洛昌人（Lhotshampa）。不过，不丹社会通常将生活在不丹的民族划分为两类：一类是居住在北部信奉佛教的竹巴噶举派（Drukpas）；另一类是居住在南部信奉印度教、讲尼泊尔语的洛昌人。洛昌人的祖先是19世纪90年代不丹王国从尼泊尔东部招募至不丹南部开垦山林的尼泊尔人。1958年，不丹政府根据当时的国籍法授予洛昌人公民身份。然而20世纪70年代后，随着洛昌人的大幅增长，锡金尼泊尔人对印度吞并锡金的支持，以及印度西孟加拉邦尼泊尔裔要求独立等问题的出现，不丹政府为维护不丹主权独立、文化特性和纯净性，改变了对洛昌人的态度。1988年，不丹政府取消了洛昌人的公民身份，将其重新划为“非法移民”，并强行驱逐了10多万名洛昌人。作为南亚地区第一强国的印度拒绝接收这些难民，基于历史和血缘联系，尼泊尔为不丹难民提供了安置。为了解决难民问题，尼泊尔和不丹进行了15次协商，但不丹拒绝让难民重返家园。沉重的难民负担为原本就作为世界上最不发达国家的尼泊尔带来了巨大的困扰。2007年联合国难民署启动了新的安置项目，美国参与其中。然而，并不是所有在尼泊尔的不丹难民都接受美国的新安置方案，反对者认为美国与不丹合谋阻止洛昌人返回不丹，他们通过殴打、放火甚至是死亡威胁阻碍那些接受美国安置方案的人。

首批不丹难民于2008年抵达美国。据美国国务院统计，2008年至2015年，美国共接收了80413名不丹难民，[①] 他们主要被安置在宾夕法尼亚州、纽约州、德克萨斯州、俄亥俄州和乔治亚州等。不丹难民占美国所接收的总难民比重明显提升。2011年不丹难民成为美国安置人数最多的两个难民群体之一（另一群体为缅甸难民）。对于接收国和难民而言均需要一个彼此相互适应和融合过程，若双方彼此接纳将为接收国带来新的劳动

① Department of State, “FY15 Refugee Admissions Statistics,” accessed December 31, 2017, https://2009-2017.state.gov/j/prm/releases/statistics/251285.htm.

力资源和社会发展动力，难民自身也可获得“新生”；否则难民将会遭受再次伤害，并对接收国带来严重的社会问题。2014年，奥巴马总统成立了白宫新美国人特别工作组，帮助移民和难民融入社会。为了鼓励符合条件的合法永久居民成为美国公民，奥巴马总统发起了“公民意识活动”。不丹难民在美国获得了比在尼泊尔难民安置点更好的居住条件，然而，由于文化、语言、宗教、饮食等方面的巨大差异，不丹难民入境美国后面临了许多挑战。2009年至2012年，美国卫生部报告了16起不丹难民自杀事件（这在各难民群体中比例最高）。根据美国疾病与预防中心（CDC）的一项调查报告发现，不丹难民群体中存在高度焦虑和抑郁的心理健康问题。[①]。显然，不丹难民对美国新的生活环境存在较大的不适应性。在美国的不丹难民很大一部分是中老年人，他们缺乏快速学习能力。在皮尤研究中心2015年对生活在美国的不丹人的调查中，仅有27%的不丹人能流利地使用英语，仅有5%的不丹人拥有本科学历，而高达33%的不丹人生活在贫苦中。[②]

三、对美国与不丹关系的展望

考虑到国家实力、社会状况和地理环境等方面的结构性局限，以及不丹谨慎开放、限制外部势力过多参与内部发展的外交政策。笔者认为在一定时期内，美国与不丹关系仍维持一种总体发展，但无重大突破的态势。美国将继续重视不丹在中印关系中的地缘战略价值，继续鼓励并乐于支持不丹的民主化发展，并将不丹纳入美国南亚安全战略框架，以防止不丹成为游离于美国主导的国际及地区秩序之外的国家。

截至2017年初，不丹已同印度等53个国家及欧盟建立了外交关系，但与不丹建立正式外交关系并非美国南亚安全战略的优先排序。除继续开展直接的双边合作外，未来美国可能会通过第三国实现美国在不丹的利益。近几年，美印关系的持续走近有利于美国通过印度更多地与不丹进行接触。美国与不丹关系也将同美国与印度关系、印度与不丹关系实现相互协调。此外，以色列有可能成为美国发展与不丹关系从而维护美国南亚安

---

① CDC, “Suicide and Suicidal Ideation among Bhutanese Refugees-United States, 2009–2012,” accessed July 5, 2018，https://www.cdc.gov/mmwr/preview/mmwrhtml/mm6226a2.htm.

② Pew Research Center, “Bhutanese Population in the U.S., 2000–2015,” accessed January 22, 2021, https://www.pewsocialtrends.org/fact-sheet/asian-americans-bhutanese-in-the-u-s/.

全战略利益的另一个重要帮手。2020年12月，以色列与不丹正式建立外交关系，建交仪式上两国表示将在水资源管理、人力资源开发、农业科学和其他领域开展新的合作。鉴于以色列与美国的盟友关系，以色列在发展与不丹关系时将会体现美国在南亚的安全利益。未来美国与不丹的合作仍主要集中于自然资源保护、气候变化、人文交流、科技发展、卫生健康等领域，而非防务合作、战略协助等高级政治领域。

小　结

整体上，由于印度和巴基斯坦是南亚安全局势的决定力量，阿富汗是美国反恐主阵地，因此美国对其余南亚国家的战略投入相对有限。一方面，其余南亚诸国综合国力不强，大多为不发达国家，与美国综合实力悬殊较大；但另一方面，这些南亚国家各具独特的地缘优势，是美国布局南亚安全战略中不可缺少的一环。因此，对于南亚诸国美国较为看重的是发挥这些国家的地缘价值，传播美式民主，力图使其遵守“印度第一”的美国南亚安全战略秩序，并通过提供援助等方式帮助其实现政治稳定、社会发展，以防止他们成为“失败国家”，从而影响美国在南亚乃至亚太的整体战略实施。

随着美国将“亚太再平衡”战略扩大为“印太”战略。陆权方面，美国愈发看重喜马拉雅山麓国家尼泊尔的战略通道价值；海权方面，美国加大了与斯里兰卡、马尔代夫的海上安全合作与互动。对于海陆地缘价值兼备的孟加拉国，美国与其发展了多领域的关系。

结　论

进入21世纪后，南亚在美国安全战略中的整体地位得到了史无前例的提升和发展。在全球及南亚地区范围内出现的新变化和新挑战，促使美国通过接触战略维护美国在南亚的安全战略利益。美国南亚安全战略不仅作用于南亚地区内部，还对地区外国家产生巨大影响。2000年至2016年这一阶段是美国历史上第一次国内安全直接与南亚地区安全挂钩，为了维护冷战后美国在全球以及南亚地区的霸权，美国逐步确立起了美国南亚安全战略的三大核心支柱——与主要南亚国家（印巴）关系、打击恐怖主义及核安全问题。这一时期的美国南亚安全战略不仅聚焦于南亚陆路，还逐渐拓展到了印度洋区域。

一、美国南亚安全战略的效果

从克林顿政府时期开始，美国对南亚安全战略进行了新的部署，通过小布什及奥巴马总统的继承发展，美国南亚安全战略达到了以下效果。

第一，历史上第一次同时发展了与印度和巴基斯坦的关系。通过与印度战略伙伴和巴基斯坦战时盟友关系的构建，同时提升了与印巴两国的关系。美国不再通过发展与印巴的二元对立关系实现南亚地区稳定。美国运用了对印巴“去连接”的手段，赋予了印度和巴基斯坦在不同层面的安全角色。美印安全关系的作用拓展到区域以外，而巴基斯坦的安全作用主要局限于南亚地区内。为了扩大印巴对美国安全战略的作用，美国不再运用结成传统军事同盟手段，而是通过趋近于同盟关系的协约体及特殊联合的构建，发展与印巴两国的正向但不极端化的安全关系。

第二，针对南亚内部问题，以实现管控危机而非解决危机为战略目的。以往，美国主要通过制裁、强制介入、调停干预等手段对南亚内部的克什米尔问题、核问题等进行化解。美国希望通过强制手段消除或阻止南亚内部矛盾和冲突，但是并没有得到良好的成效。新时期，在南亚核扩散、恐怖主义等问题上，美国不再企图彻底解决这些问题，而是运用机制霸权以及集体安全等手段，实现对危机的有效管控。

第三，通过实施安全战略继续保持了美国在南亚及全球的霸权。在南亚，美国通过与印巴防务关系的发展，巩固了美国的军事优势地位；通过发起反恐战争，打击了对美国安全构成最直接挑战的恐怖主义；通过对南亚地区核机制的重构，确保了美国主导下核秩序的相对稳定；通过均势手段，防止在“印太”地区出现对美国霸权形成挑战的国家。

从维护美国霸权这一终极目标而言，美国这一时期的南亚安全战略部署是较为成功有效的。但是，美国霸权建立在对其他国家人民造成不安全的基础上以及让各崛起中国家进行相互制衡，而非以实现共同安全、共享发展为目标。同时，美国南亚安全战略加剧了南亚地区安全形势的复杂化，这为今后南亚安全局势的发展了留下隐患。

二、对美国南亚安全战略的展望

美国安全战略可能会因总统更迭发生局部调整。不过，整体而言，美国南亚安全战略在一定时期内具有明显的延续性。因此，本书判断：

第一，美国南亚安全战略的短期和长期战略核心不变。短期战略依然是协调印巴关系。随着美国军事力量逐步从阿富汗撤出，美国继续将部分地区安全责任转交给印度和巴基斯坦，这很可能导致印巴在阿富汗问题上进行新一轮的较量，南亚安全局势又会进入一个新的时代。美国将继续提升印度在国际政治中的地位，继续发挥巴基斯坦在维护南亚地区安全的作用。

第二，继续不再充当南亚内部纠纷的“救火员”，避免深陷南亚内部矛盾。美国南亚安全战略依旧以维护美国霸权为准绳，不过度介入南亚内部斗争，以防止精力和实力消耗过多。此外，美国将继续鼓励印巴关系和解，防止印巴矛盾成为南亚安全事务的主题，从而牵制美国南亚安全战略的长期目标的实现，“去连接”原则将得以延续。

第三，美国南亚安全战略优先议题有可能发生变化。如果说从2000年至2016年，美国对南亚的实力投入主要为军事力量，那么未来美国很可能转而加大对南亚的经济与战略协作投入。通过经济手段，加强南亚地区基础设施建设以及南亚和中亚间的互联互通建设。美国还将进一步借助南亚以让美国影响力延伸至中亚和印度洋区域。

第四，南亚“小国”的战略地位将会得到进一步提升。到目前为止，美国南亚安全战略的主要目标还是针对印度、巴基斯坦和阿富汗。随着南亚“小国”特别是孟加拉国在民主进程以及经济发展上的出色表现以及地缘战略地位的日益突出，美国很可能会加大对这些“小国”的战略投入。因此，美国南亚安全战略的覆盖面积和领域将更为全面。

总之，南亚安全形势将继续影响美国单极霸权的未来，美国南亚安全战略的调整与重组也将深刻地改变着地区的力量分配及国际体系架构稳定。

参考文献

一、中文专著

1. 巴里·布赞、琳娜·汉森:《国际安全研究的演化》，余潇枫译，浙江大学出版社，2011。
2. 邓小平:《邓小平文选》第二卷，人民出版社，1993。
3. 邓小平:《邓小平文选》第三卷，人民出版社，1993。
4. 费正清:《美国与中国》，世界知识出版社，1999。
5. 亨利·基辛格:《美国的全球战略》，胡利平、凌建平译，海南出版社，2012。
6. 胡志勇:《21世纪初期南亚国际关系研究》，上海社会科学院出版社，2013。
7. 季羡林:《中印文化关系史论文集》，生活·读书·新知三联书店，1982。
8. 贾丽红:《阿富汗战争和伊拉克战争中的美国大战略分析》，中央编译出版社，2013。
9. 金应忠、倪世雄:《国际关系理论比较研究》，中国社会科学出版社，1992。
10. 雷嘉·莫汉:《中印海洋大战略》，朱宪超、张玉梅译，中国民主法制出版社，2014。
11. 里亚兹·穆罕默德·汗:《阿富汗和巴基斯坦：冲突·极端主义·抵制现代性》，曾祥裕、赵超兰、孟雪译，时事出版社，2014。
12. 林承节:《独立后的印度史》，北京大学出版社，2005。
13. 刘建、朱明忠、葛维钧:《印度文明》，中国社会科学出版社，2004。
14. 刘曙雄:《南亚伊斯兰现代进程》，北京大学出版社，2013。
15. 罗伯特·D.卡普兰:《季风：印度洋与美国权力的未来》，吴兆礼、毛悦译，社会科学文献出版社，2013。
16. 罗伯特·基欧汉:《霸权之后：世界政治经济中的合作与纷争》，苏长和等译，上海人民出版社，2011。
17. 马加力:《崛起中的巨象》，山东大学出版社，2010。
18. 毛泽东:《毛泽东外交文选》，中央文献出版社、世界知识出版社，1994。
19. 毛泽东:《毛泽东著作专题摘编》，中央文献出版社，2003。

20. 门洪华:《解读美国大战略》，浙江人民出版社，2003。
21. 慕永鹏:《中美印三边关系：形成中的动态平衡体系》，世界知识出版社，2011。
22. 倪世雄:《当代西方国际关系理论》，复旦大学出版社，2001。
23. 秦亚青:《霸权体系与国际冲突》，上海人民出版社，2008。
24. 尚会鹏:《印度文化传统研究》，北京大学出版社，2004。
25. 沈丁立:《现实主义与美国外交政策》，上海三联书店，2004。
26. 宋德星:《战略与外交》，时事出版社，2012。
27. 孙培钧:《印度国情与综合国力》，中国城市出版社，2001。
28. 孙士海:《二战后南亚国家对外关系研究》，方志出版社，2007。
29. 孙士海:《南亚的政治、国际关系及安全》，中国社会科学出版社，1998。
30. 孙士海:《印度的发展及其对外战略》，中国社会科学出版社，2000。
31. 王缉思:《布什主义的兴衰》，世界知识出版社，2012。
32. 王逸舟:《西方国际政治学：历史与理论》（第2版），上海人民出版社，2006。
33. 卫灵:《冷战后中印关系研究》，中国政法大学出版社，2008。
34. 许嘉:《美国战略思维研究》，军事科学出版社，2003。
35. 阎学通、孙学峰:《国际关系研究实用方法》，人民出版社，2001。
36. 阎学通:《美国霸权与中国安全》，天津人民出版社，2000。
37. 叶海林:《吹过开伯尔的风：理解巴基斯坦》，山东大学出版社，2010。
38. 尹锡南:《印度中国观演变研究》，时事出版社，2014。
39. 张贵洪:《超越均势——冷战后的美国南亚安全战略》，浙江大学出版社，2007。
40. 张贵洪:《中美印三边关系研究》，时事出版社，2013年。
41. 张文木:《印度与印度洋：基于中国地缘政治视角》，中国社会科学出版社，2015。
42. 赵伯乐:《当代南亚国际关系》，中国社会科学出版社，2003。
43. 赵干城:《印度大国地位与大国外交》，上海人民出版社，2009。
44. 兹比格涅夫・布热津斯基:《战略远见：美国与全球权力危机》，洪漫、于卉芹、何卫宁译，新华出版社，2012。
45. 资中筠:《战后美国外交史》，世界知识出版社，1994。

二、中文期刊

1. 安高乐:《从地缘政治视角看美国“反恐战争”中的巴基斯坦》,《南亚研究季刊》2012年第3期。
2. 陈继东、李景峰:《巴基斯坦在美国阿富汗新战略中的独特地位》,《东南亚南亚研究》2010年第4期。
3. 楚树龙、彭春艳:《战后国际安全理论的发展》,《现代国际关系》1999年第4期。
4. 杜幼康:《美国“阿富汗—巴基斯坦战略”的调整与未来走向》,《国际展望》2011年第3期。
5. 傅小强:《南亚:大国关系新布局》,《世界知识》2006年第6期。
6. 胡志勇:《美国南亚战略调整引发新变数》,《学习月刊》2012年第7期。
7. 江亚平:《美国的南亚平衡战略》,《瞭望》2005年第16期。
8. 江亦丽:《美国与南亚核问题》,《当代亚太》1997年第2期。
9. 蓝建学:《中美印三边关系应超越零和思维》,《学习月刊》2010年第7期。
10. 李少军:《国际安全模式与国家的安全战略选择》,《世界经济与政治》1999年第6期。
11. 李小军:《美国对南亚导弹扩散的安全评估与政策选择》,《美国研究》2004年第4期。
12. 凌胜利:《国家利益、体系角色与美国对外结盟政策》,《国际安全研究》2012年第2期。
13. 刘鹏:《印度洋地区研究的文献综述》,《南亚研究》2015年第2期。
14. 刘思伟:《印度外交政策制定:以印美民用核合作协议谈判为例》,《东南亚南亚研究》2010年第2期。
15. 楼春豪:《美印防务合作新态势评估》,《国际问题研究》2017年第1期。
16. 楼春豪:《印度洋新变局与中美印博弈》,《现代国际关系》2011年第5期。
17. 马加力:《“9·11”后美国南亚政策的变化》,《和平与发展》2002年第1期。
18. 马嫈:《冷战后美国与印度关系的发展》,《国际观察》2003年第2期。
19. 门洪华:《国际机制与美国霸权》,《美国研究》2001年第1期。
20. 钱其琛:《美国国家安全战略调整与新世纪初的国际关系》,《国际问题研究》2004年第1期。

21. 邱永辉:《美国的南亚政策试析》,《南亚研究季刊》2000年第2期。
22. 邵育群:《美国与印度的反恐合作：内容、问题与前景》,《南亚研究》2009年第1期。
23. 时宏远:《美国的印度洋政策及对中国的影响》,《国际问题研究》2012年第4期。
24. 时殷弘、宋德星:《印度和平崛起问题及中美印三角关系》,《国际展望》2009年第3期。
25. 时殷弘:《国际安全的基本哲理范式》,《中国社会科学》2000年第5期。
26. 宋德星、白俊:《“21世纪之洋”——地缘战略视角下的印度洋》,《南亚研究》2009年第3期。
27. 宋德星:《国际关系三大理论流派对国际安全的思考》,《国际论坛》2000年第4期。
28. 孙建波:《印美〈民用核能合作协议〉与印美关系的未来发展》,《南亚研究》2006年第1期。
29. 孙晋忠:《美国对印度的政策与美印关系》,《国际问题研究》2003年第4期。
30. 孙现朴:《美国的印度洋战略》,《太平洋学报》2013年第6期。
31. 孙哲:《美国霸权的发展维度——奥巴马政府全球发展战略评析》,《世界经济与政治》2009年第11期。
32. 陶亮:《印度的印度洋战略与中印关系发展》,《南亚研究》2011年第3期。
33. 王逸舟:《“9·11综合征”与新的国际安全态势》,《世界经济与政治》2001年第11期。
34. 韦宗友:《美国在印太地区的战略调整及其地缘战略影响》,《世界经济与政治》2013年第10期。
35. 卫灵:《美国南亚政策调整下的中印关系研究》,《中国浦东干部学院学报》2015年第4期。
36. 吴彤、张利华:《美国与印度进行核合作的动因》,《国际政治科学》2009年第4期。
37. 吴兆礼:《“印太”的缘起与多国战略博弈》,《太平洋学报》2014年第1期。
38. 吴兆礼:《美国南亚政策演变：1947—2006》,《南亚研究》2007年第1期。
39. 夏立平:《论21世纪中美印三边关系》,《当代亚太》2006年第12期。
40. 谢许潭、张明:《“扎尔达里时代”美巴反恐合作的制约性因素分析》,《世界经济与政治论坛》2009年第4期。
41. 杨思灵:《印日全球战略伙伴关系的发展与影响》,《南亚研究》2014年第2期。
42. 叶正佳:《美国的南亚政策》,《南亚研究》1996年第1期。
43. 张春燕:《美国南亚平衡战略的变化与延续——从小布什到奥巴马》,《南亚研究季刊》2010年第1期。
44. 张贵洪:《美印战略伙伴关系与中国: 影响和对策》,《当代亚太》2005年第5期。
45. 张力:《"9·11"事件后美国反恐战略对南亚安全格局的影响》,《四川大学学报: 哲学社会科学版》2006年第6期。
46. 张力:《美国奥巴马政府的南亚政策初探》,《南亚研究季刊》2009年第1期。
47. 张力:《美国调整南亚反恐战略: 观察与预测》,《南亚研究季刊》2009年第2期。
48. 张薇薇:《美日印三边合作: 议题与意义》,《国际研究参考》2012年第6期。
49. 张晓玉、张长军:《美国新南亚政策及其对南亚地区安全形势的影响》,《解放军外国语学院学报》2002年第3期。
50. 赵干城:《美国的南亚战略: 困局与难题》,《国际展望》2010年第4期。
51. 赵景芳:《南亚安全形势与美国的应对之策》,《外国军事学术》2010年第8期。
52. 赵青海:《"印太"概念及其对中国的含义》,《现代国际关系》2013年第7期。
53. 郑瑞祥:《美国阿富汗新战略中的印度和巴基斯坦因素》,《国际问题研究》2010年第3期。
54. 郑汕、刘利勤:《美国"海德法案"与美印核合作》,《和平与发展》2011年第6期。
55. 朱锋:《巴里·布赞的国际安全理论对安全研究"中国化"的启示》,《国际政治研究》2012年第1期。
56. 朱明权:《领导世界还是支配世界?——分析美国国家安全战略的一种视角》,《国际观察》2004年第1期。

三、英文专著

1. A. Z. Hilali, *US-Pakistan Relationship: Soviet Invation of Afganistan*, London: Routledge, 2018.
2. Amit Gupta and Army War College, Strategic Studies Institute, *The U.S.-India Relationship: Strategic Partnership or Complementary Interests?* Carlisle: Strategic Studies Institute and U.S. Army War College Press, 2005.
3. Amulya Kumar Tripathy, *Post 9/11 United States-India Relations: Towards an Active Engagement*, New Delhi: Ess Ess Publications, 2013.
4. Anuj Dhar, *CIA's Eye on South Asia*, New Delhi: Manas Publications, 2009.
5. Barry Eichengreen, Poonam Gupta and Rajiv Kumar, *Emerging Giants: China and India in the World Economy*, New York: Oxford University Press, 2010.
6. Burns Burns, Jonathon Price and Joseph S. Nye, *American Interests in South Asia: Building a Grand Strategy in Afghanistan, Pakistan, and India*, Washington, D.C.: Aspen Institute, 2011.
7. C. Raja Mohan, *Impossible Allies: Nuclear India, United States, and the Global Order*, New Delhi: India Research, 2006.
8. David M. Malone, C. Raja Mohan and Srinath Raghavan, *The Oxford Handbook of Indian Foreign Policy*, Oxford: Oxford University Press, 2015.
9. Eswaran Sridharan (ed.), *International Relations Theory and South Asia: Security, Political Economy, Domestic Politics, Identities, and Images*, New York: Oxford University Press, 2011.
10. Francine Frankel and Harry Harding, *The India-China Relationship: What the United States Needs to Know*, New York: Columbia University Press, 2004.
11. Frank G. Wisner, Wisner II, Nicholas Platt, Marshall M. Bouton, Dennis Kux and Mahnaz Ispahani, *New Priorities in South Asia: U.S. Policy toward India, Pakistan, and Afghanistan: Chairmen's Report of an Independent Task Force Cosponsored by the Council on Foreign Relations and the Asia Society*, Washington, D.C.: Council on Foreign Relation, 2003.
12. Harold A. Gould, *The South Asia Story: The First Sixty Years of U.S. Relations with India and Pakistan*, Los Angeles: Sage Publications, 2010.
13. Harsh Bhasin, *The Big Three: The Emerging Relationship between the United*

States, India and China in the Changing World Order, New Delhi: Academic Foundation, 2009.

14. Harsh V. Pant, *The US-India Nuclear Pact: Policy, Process, and Great Power Politics*, New Delhi: Oxford University Press, 2011.
15. Iftikhar Haider Malik, *US-South Asia Relations, 1784–1940: A Historical Perspective*, Islamabad: Quaid-i-Azam University, 1988.
16. John W. Garver, *The China-India-U.S. Triangle: Strategic Relations in the Post-Cold War Era*, Washington, D.C.: National Bureau of Asian Research, 2002.
17. Joseph S. Nye, *Is the American Century Over?* Cambridge: Polity Press, 2015.
18. Kanishkan Sathasivam, *Uneasy Neighbors: India, Pakistan and US Foreign Policy*, Burlington: Ashgate, 2005.
19. Lloyd I. Rudolph and Susanne Hoeber Rudolph, *Making U.S. Foreign Policy toward South Asia: Regional Imperatives and the Imperial Presidency*, Bloomington: Indiana University Press, 2008.
20. M. Saleem Kidwai (eds.), *US Policy towards South Asia: Focus on Sixty Years*, Delhi: Academic Excellence, 2008.
21. M. Saleem Kidwai, *Islam, America and South Asia*, New Delhi: Gyan House, 2005.
22. Mahmudul Huque, *War and Peace in South Asia: American Policy in Historical Perspective*, Dhaka: Academic Press and Publishers Library, 2014.
23. Maqsudul Hasan Nuri, *The Future of Pakistan in the Aftermath of September 11, 2001 and the US-led War in Afghanistan*, Abu Dhabi: Emirates Center for Strategic Studies and Research, 2003.
24. Michael Joseph Fratantuono, David M. Sarcone and John Colwell, *The U.S.-India Relationship: Cross-sector Collaboration to Promote Sustainable Development*, Carlisle: Strategic Studies Institute and U.S. Army War College Press, 2014.
25. Mohan Malik, *Maritime Security in the Indo-Pacific: Perspectives from China, India, and the United States*, Lanham: Rowman & Littlefield, 2014.
26. Pakistan Institute of Legislative Development Transparency, *Report Seminar on US Security Policy in Afghanistan and Implications for Pakistan: With*

Emphasis on How the US Congress Shapes Policies towards Pakistan, Islamabad: Pakistan Institute of Legislative Development and Transparency, 2009.

27. Prabhat P. Shukla, *India-US Partnership: Asian Challenges & Beyond*, New Delhi: Wisdom Tree in Association with The Heritage Foundation, 2014.
28. Rajeev Dhavan and Bhairav Acharya, *Implication of India-US Nuclear Agreement*, New Delhi: Center for Study of Global Trader System and Development, 2007.
29. Rodney W. Jones, *The U.S. War on Terrorism: Religious Radicalism and Nuclear Confrontation in South Asia*, Leicester: Centre for the History of Religious and Political Pluralism, University of Leicester, 2003.
30. Rollie Lal and Rajesh Rajagopalan, *U.S.-India Strategic Dialogue*, Santa Monica: RAND Electronically Distributed Documents, 2005.
31. Rollie Lal, *Understanding China and India: Security Implications for the United States and the World*, Westpor: Praeger Security International, 2006.
32. Sadia Tasleem, *Indo-US Nuclear Cooperation: Altering Strategic Positioning & Shifting Balance of Power in South Asia*, Colombo: Regional Centre for Strategic Studies, 2008.
33. Subramanyam Raju, *Terrorism in South Asia: Views from India*, Singapore: Marshall Cavendish Academic, 2004.
34. Sumit Ganguly, Brian Shoup and Andrew Scobell, *US-Indian Strategic Cooperation into the 21st Century: More than Words*, New York: Routledge, 2006.
35. Sumit Ganguly, *India as an Emerging Power*, Londo: Frank Cass Publishers, 2003.
36. Teresita C. Schaffer, *Rising India and U.S. Policy Options in Asia*, Washington, D.C.: Center for Strategic and International Studies, 2002.
37. Teresita C. Schaffer and CSIS South Asia Program, *Pakistan's Future and U.S. Policy Options: A Report of the CSIS South Asia Program*, Washington, D.C.: CSIS, 2004.
38. Umbreen Javaid (eds.), *Peace and Security in South Asia: Issues and Challenges*, Lahore: Pakistan Study Centre, University of the Punjab, 2006.

39. Subcommittee on the Middle East South Asia, Committee on Foreign Affairs, Congress House of United States, *U.S.-Pakistan Relations: Assassination, Instability and the Future of U.S. Policy: Hearing before the Subcommittee on the Middle East and South Asia of the Committee on Foreign Affairs, House of Representatives, One Hundred Tenth Congress, Second Session, January 16, 2008*, Washington, D.C.: U.S. Government Publishing Office, 2008.
40. United States. Congress. House. Committee on Foreign Affairs. Subcommittee on Asia the Pacific, *The Rebalance to Asia: Why South Asia Matters. Part I: Hearing before the Subcommittee on Asia and the Pacific of the Committee on Foreign Affairs, House of Representatives, One Hundred Thirteenth Congress, Second Session, February 26, 2013*, Washington, D.C.: U.S. Government Publishing Office, 2013.
41. United States. Congress. House. Committee on Homeland Security. Subcommittee on Counterterrorism Intelligence, *The Threat to the U.S. Homeland Emanating from Pakistan Hearing before the Subcommittee on Counterterrorism and Intelligence of the Committee on Homeland Security, House of Representatives, One Hundred Twelfth Congress, First Session, May 3, 2011*, Washington, D.C.: U.S. Government Publishing Office, 2012.
42. United States. Congress. House. Committee on International Relations, *The U.S.-India "Global Partnership": Legislative Options: Hearing before the Committee on International Relations, House of Representatives, One Hundred Ninth Congress, Second Session, May 11, 2006*, Washington, D.C.: U.S. Government Publishing Office, 2006.
43. United States. Congress. House. Committee on Oversight Government Reform. Subcommittee on National Security Foreign Affairs, *Oversight of U.S.-Pakistan Relations: From Ad Hoc and Transactional to Strategic and Enduring : Hearing before the Subcommittee on National Security and Foreign Affairs of the Committee on Oversight and Government Reform, House of Representatives, One Hundred Tenth Congress, Second Session, September 24, 2008*, Washington, D.C.: U.S. Government Publishing Office, 2008.
44. Usama Butt and Julian Schofield, *Pakistan: The US, Geopolitics and Grand Strategies*, London: Pluto Press, 2012.

45. V. R. Raghavan, *The U.S. and the Rising Powers: India and China*, Chennai: Centre for Security Analysis, 2006.

46. Vinay Rai and William L.Simon, *Think India: The Rise of the World's Next Superpower and What It Means for Every American*, New York: Dutton, 2007.

四、英文期刊

1. Andrew Taffer, "Japan-U.S. Maritime Cooperation in the Indo-Pacific: An Enhanced Framework," *Pacific Forum CSIS. Issues & Insights* 14.12 (2014): 15-17.

2. Ashley J.Tellis, "Balancing without Containment: A U.S. Strategy for Confronting China's Rise," *The Washington Quarterly* 36.4 (2013): 109-124.

3. Ashley J.Tellis, "The Geopolitics of the TTIP and the TPP," *Adelphi Papers* 54.450 (2014): 93-120.

4. Bruce Jentleson, "Strategic Recalibration: Framework for a 21st-Century National Security Strategy," *The Washington Quarterly* 37.1 (2014): 115.

5. Chintamani Mahapatra, "India-China-Pakistan Triangle: The U.S. Factor," *Indian Foreign Affairs Journal* 6.4 (2011): 407.

6. Chintamani Mahapatra, "India-U.S. Ties: Reviewing the Relationship," *Strategic Analysis* 39.2 (2015): 170-175.

7. Chunhao Lou, "U.S.-India-China Relations in the Indian Ocean: A Chinese Perspective," *Strategic Analysis* 36.4 (2012): 624-639.

8. David J. Karl, "U.S.-India Relations: The Way Forward," *Orbis* 56.2 (2012): 308-327.

9. David Scott, "The 'Indo-Pacific'–New Regional Formulations and New Maritime Frameworks for U.S.-India Strategic Convergence," *Asia-Pacific Review* 19.2 (2012): 85-109.

10. David Scott, "U.S. Strategy in the Pacific–Geopolitical Positioning for the Twenty-First Century," *Geopolitics* 17.3 (2012): 607-628.

11. Derek J. Mitchell, "U.S. Security Strategy for the Asia-Pacific Region," *Asian Affairs: An American Review* 28.3 (2001): 159-166.

12. Greg Chaffin, "Reorienting U.S. Security Strategy in South Asia," *Foreign Policy in Focus*, 2011.

13. Haider Ali Hussein Mullick, "Recalibrating U.S.-Pakistan Relations," *The Washington Quarterly* 35.3 (2012): 93-107.

14. Harsh V. Pant, "The Pakistan Thorn in China-India-U.S. Relations," *The Washington Quarterly* 35.1 (2012): 83-95.

15. Ishtiaq Ahmad, "The U.S. Af-Pak Strategy: Challenges and Opportunities for Pakistan," *Asian Affairs: An American Review*, 37.4 (2010): 191-209.

16. J.K. Baral and J.N. Mahanty, "The US War against Terrorism: Implications for South Asia," *Strategic Analysis* 26.4 (2002): 508-518.

17. Johannes Dragsbaek Schmidt, "The Asia-Pacific Strategic Triangle," *Journal of Asian Security and International Affairs* 1.2 (2014): 203-222.

18. John Garver, "Maritime Security in the Indo-Pacific: Perspectives from China, India, and the United States," *International Affairs* 91.6 (2015): 1454-1455.

19. Jonathan G.Odom, "What Does a 'Pivot' or 'Rebalance' Look Like? Elements of the U.S. Strategic Turn towards Security in the Asia-Pacific Region and Its Waters," *Asian-Pacific Law & Policy Journal* 14.1 (2012): 1-32.

20. Jyotirmoy Banerjee, "Obama's Af-Pak Dilemma," *Indian Journal of Asian Affairs23*.1/2 (2010): 21-40.

21. Kavita R. Khory, "Assessing 'Af-Pak' Strategy: Regional Perspectives on the Obama Administration's Foreign Policy in South Asia," *Asian Affairs: An American Review* 37.3 (2010): 105-112.

22. Kim Beazley, "Australia in the Indo-Pacific Century," *Policy: A Journal of Public Policy and Ideas* 28.3 (2012): 50-52.

23. Michael O'Hanlon, "Staying Power: The U.S. Mission in Afghanistan Beyond 2011," *Foreign Affairs* 89.5 (2010): 63-79.

24. Najam Rafique, "Rethinking Pakistan-U.S. Relations," *Strategic Studies* 31.3 (2011):124-152.

25. Nasreen Akhtar, "Pakistan and U.S. Partership: Cost or Benefit?" *International Journal on World Peace* 28.4 (2011): 7-31.

26. Peter Bergen and Katherine Tiedemann, "Washington's Phantom War: the Effects of the U.S. Drone Program in Pakistan," *Foreign Affairs* 90.4 (2011): 12-18.

27. R. S. Yadav, "'Indo-Pacific': Likely to Be Peripheral for India," *Indian Foreign*

Affairs Journal 9.2 (2014): 125-130.

28. Rory Medcalf, "The Indo-Pacific: What's in a Name?" *The American Interest* 9.2 (2013): 58-66.
29. Rudra Chaudhuri, "Balancing US Interests in India and Pakistan," *The International Spectator* 46.2 (2011): 75-89.
30. S. Paul Kapur, "The Effects on South Asia of Deep U.S. Nuclear Reductions," *The Nonproliferation Review* 20.2 (2013): 279-288.
31. Stephen Burgess, "The U.S. Pivot to Asia and Renewal of the U.S.-India Strategic Partnership," *Comparative Strategy* 34.4 (2015): 367-379.
32. Syed Khawaja Alqama, Muhammad Farooq and Saeeda Sultana, "U.S. Economics Assistance to India and Pakistan: A Comparative Study," *Pakistan Journal of Social Sciences* 33.1 (2013):25-35.
33. Toshi Yoshihara, "The US Navy's Indo–Pacific Challenge," *Journal of the Indian Ocean Region* 9.1 (2013): 90-103.
34. Uma Shankar, "Obama's AF-PAK Strategy and Implications for South Asia," *Hima-layan and Central Asian Studies* 15.1/2 (2011): 89-0_4.
35. Umbreen Javaid and Qamar Fatima, "US Foreign Policy Parameters towards Pakistan and India (2001-2008)," *Journal of Political Studies* 19.2 (2012): 21-40.
36. Umbreen Javaid, "Post-9/11 US Policies and South Asia," *Journal of Political Studies*21.2 (2014): 241-253.
37. Vandana Bhatia, "The US-India Nuclear Agreement: Revisiting the Debate," *Strategic Analysis* 36.4 (2012): 612-623.
38. Vernie Liebl, "Al Qaida on the US Invasion of Afghanistan in Their Own Words," *Small Wars & Insurgencies* 23.3 (2012): 542-568.
39. Wallace C.Gregson, "Rebalancing U.S. Security Posture in Asia," *Asia Policy* 14.1 (2012): 45-49.
40. Zia Mian, "The US-India Nuclear Pact: Policy, Process, and Great Power Politics," *Contemporary Security Policy* 33.3 (2012): 610-612.

五、美国政府文件及报告

1. The White House, *National Security Strategy, 1999/2000/2002/2006/2010/*

2015.

2. U.S. Department of Defense, *National Defense Strategy, 2008.*
3. U.S. Department of Defense, *Quadrennial Defense Review Report, 2001/2006/2010/2014.*
4. U.S. Department of Defense, *Quadrennial Roles and Missions Review Report, 2009.*
5. U.S. Department of Defense, *Sustaining U.S. Global Leadership: Priorities for 21st Century Defense, 2012.*
6. The White House, *National Strategy for Combating Terrorism, 2003/2006/2011.*
7. U.S. Department of Defense, *Afghanistan and Pakistan Regional Stabilization Strategy, 2010.*

六、报纸及网站

1. 美国白宫（The White House），https://www.whitehouse.gov/。
2. 美国国务院（U.S. Department of State），http://www.state.gov/aboutstate/。
3. 美国国家档案（National Archives），https://www.archives.gov/。
4. 美国国会研究报告（Congressional Research Service Reports），https://www.fas.org/sgp/crs/。
5. 美国南亚及中亚事务局（Bureau of South and Central Asian Affairs），http://www.state.gov/p/sca/。
6. 美国外交关系委员会（Council on Foreign Relations），http://www.cfr.org/。
7. 美国国际开发署（United States Agency for International Development），https://www.usaid.gov/。
8. 克林顿总统图书馆（William J. Clinton Presidential Library and Museum），https://www.clintonlibrary.gov/。
9. 小布什总统图书馆（George W. Bush Presidential Library and Museum），http://www.georgewbushlibrary.smu.edu/。
10. 《纽约时报》(*The New York Times*)，www.nytimes.com。
11. 《华盛顿邮报》(*Washington Post*)，www.washingtonpost.com。
12. 《华尔街日报》(*The Wall Street Journal*)，www.wsj.com。
13. 《印度时报》(*The Times of India*)，http://timesofindia.indiatimes.com/。
14. 《印度斯坦时报》(*Hindustan Times*)，http://www.hindustantimes.com/。

15.《印度教徒报》(*The Hindu*)，http://www.thehindu.com/。

16.《巴基斯坦黎明报》(*Dawn*)，http://www.dawn.com/。

17.《巴基斯坦国际新闻报》(*The News International*)，http://www.thenews.com.pk/。

后 记

本书源于2016年我的博士学位论文。还记得当年毕业答辩时的紧张与兴奋，以及答辩顺利通过后我的导师卫灵教授的叮嘱：“不要急于出版论文，应让它经受时间的考验。”转眼近5年过去了，在此期间国际形势发生了巨大变化，南亚成为美国愈加关注的战略区域，国内学界对南亚研究的热情也越发高涨。然而，国内学界对美国南亚安全战略的系统性专著还停留在张贵洪教授的《超越均势——冷战后的美国南亚安全战略》一书。21世纪是美国南亚安全战略的一大转折点，美国将南亚在其国家安全战略中的地位提升到了前所未有的高度：美国第一次将国内安全与南亚地区安全挂钩，第一次同时发展了与印度和巴基斯坦的关系，第一次将南亚安全战略由陆权视角扩大到海权视角。因此非常有必要重新梳理和分析21世纪美国南亚安全战略的发展、变化及影响。从克林顿政府后期，经小布什政府至奥巴马政府时期的美国南亚安全战略是一个相对完整的战略阶段（2000—2016年），也是美国南亚安全战略发生质变的阶段，因此本书的前四章着重论述了该时期美国南亚安全战略的三大支柱。为了增强实效性，本书后两章也关注到了特朗普政府时期美国南亚战略的发展和变化。

落笔之际，与卫灵教授初见一幕仍记忆犹新。在夏末的法大，卫老师一身优雅的装扮，利落的谈吐，当时就想若不是在校园，我定会将她认作一名职业外交官。在学术上，卫老师严谨治学、专业精深，为我树立了典范。从博士学习计划的设定到每一次小论文的撰写，卫老师都给予了我极大的帮助。结合我的研究兴趣，她鼓励我赴美进行交流学习，拓宽视野。对于博士学位论文，从题目确立、理论选取、提纲设定、文章结构到语句通顺等方方面面，卫老师都给予了悉心指导。每在写作中遇到瓶颈时，卫老师总能帮我找到解决问题的方法和途径。针对我在学习、研究中存在的问题，卫老师总是能及时指出并耐心帮我改正。在生活上，卫老师的温暖也无处不在，私下我们都将她称作“卫妈妈”。她总是帮我们一一化解各种难题，鼓励我们积极向上、真诚待人。借此机会，特别向卫老师表示感谢。

此外，还要感谢云南省社会科学院任佳研究员、陈利君研究员，正是在他们的大力支持下，我才能顺利完成学业并得以进一步提升。感谢美国马萨诸塞州大学全球治理与人类安全博士项目主任蒂莫西·肖（Timothy Shaw）教授，在他的帮助下，我在美国波士顿进行了为期一年的学习交流，并为本书的写作收集资料，开展访谈。感谢我的硕士导师北京师范大学的马勇教授长期以来对我的关心和指导。同时，也感谢博士后合作导师中国社会科学院亚太与全球战略研究院的王玉主研究员对我治学做人的谆谆教导。得益于《南亚研究》编辑部和现在更名为《南亚东南亚研究》编辑部的专家和老师们的支持，书中的部分章节已在这两本学术期刊上发表。当然，在我成长的道路上还有许多的老师和朋友给予了无私的帮助和支持，恕未能一一提及，唯有在此深表谢意。

本书的出版还得益于我现在的工作单位北京外国语大学区域与全球治理高等研究院的领导及诸位同事们的帮助，能让我有充分的时间专注学术研究。感谢北京外国语大学为此书提供出版资助，并感谢北外科研处邀请资深专家对本书提出宝贵的修改意见。

最后，衷心感谢我的父母和先生的呵护与支持，每每遇到困难，他们都是我最坚实的后盾。

当然，作为学术研究，本书还存有诸多不足，期待读者们提出批评和指正。

我将继续沿着前辈们的足迹，一路前行，不负韶华。

许　娟

2021年3月16日